TENHO UM ALUNO AUTISTA: E AGORA?

COMISSÃO EDITORIAL DA OBRA

Ana Luiza Navas
Fonoaudióloga. Mestre e Doutora em Psicologia- University of Connecticut. Pós-doutora em Linguística, Universidade Estadual de Campinas. Docente da Faculdade de Ciências Médicas da Santa Casa de São Paulo.

Cintia Salgado Azoni
Fonoaudióloga. Pós doutora, doutora e mestre em Ciências Médicas pela Universidade Estadual de Campinas, UNICAMP. Docente da Universidade Federal do Rio Grande do Norte.

Luciana Mendonça Alves
Fonoaudióloga. Doutora e mestre em Estudos Linguísticos pela Universidade Federal de Minas Gerais. Pós-Doutora pela Université de Provence. Docente da Universidade Federal de Minas Gerais.

Coleção
Aos Mestres com Carinho

TENHO UM ALUNO AUTISTA: E AGORA?

ORGANIZADORAS
ÂNGELA MATHYLDE
RENATA MOUSINHO

Artesã

Tenho um aluno autista: e agora?

1ª Edição - 1ª Reimpressão 2021

DIRETOR
Alcebino Santana

COORDENAÇÃO EDITORIAL
Karol Oliveira

DIREÇÃO DE ARTE
Tiago Rabello

REVISÃO
Diego Franco Gonçales

CAPA
Karol Oliveira

DIAGRAMAÇÃO
Luís Otávio Ferreira

T292 Tenho um aluno autista : e agora? / organizadoras: Angela Mathylde Soares, Renata Mousinho. – Belo Horizonte : Artesã, 2021.
266 p. ; 23 cm. – (Aos mestres com carinho)
ISBN: 978-65-86140-23-1

1. Educação inclusiva. 2. Autismo. I. Soares, Angela Mathylde. II. Mousinho, Renata.

CDU 376

Catalogação: Aline M. Sima CRB-6/2645

IMPRESSO NO BRASIL
Printed in Brazil

(31)2511-2040 (31)99403-2227
www.artesaeditora.com.br
Rua Rio Pomba 455, Carlos Prates - Cep: 30720-290 | Belo Horizonte - MG
/artesaeditora

APRESENTAÇÃO

A Coleção AOS MESTRES COM CARINHO é um diálogo com conteúdo sobre o dia a dia do chão de sala de aula com a intenção e objetivo de responder indagações e inquietações das perguntas sem respostas. O famoso "*e agora*?".

Esta coleção tem o desejo de trazer a valorização dos profissionais de educação.

Precisamos entender que essa ação de valorizar não está ligada apenas a remuneração, mas sim a dar condições para que os envolvidos no processo do educar e do aprender tragam bagagem pedagógica que acompanhe as novas tecnologias e as novas aprendizagens.

E não podemos nos esquecer das novas parcerias feitas com a educação, como a psicopedagogia, a saúde, a ciência, o direito e várias outras áreas presentes na educação do século XXI.

A Informação hoje é rápida, dinâmica e imediata, e com isso, com esta nova geração de estudantes, é necessário um professor que caminhe nesse mesmo território. Assim, há necessidade de capacitar e renovar para acompanhar as tão desejadas mudanças.

Precisamos alinhar as ações incluindo a capacitação dos docentes, as parcerias das famílias e o casamento com a ciência, trazendo respaldo a esta formação, com intuito, intenção E GARANTIA de melhora constante do ensino.

Esta coleção será um encontro carinhoso, respeitoso e eficaz sobre o tema que trabalhará a qualificação e a motivação dos nossos mestres e os envolvidos nesta gestão.

Uma equipe qualificada e preparada para as demandas de sala de aula é de suma importância, aliás, fundamental para que este objetivo seja cumprido.

Entendemos que esta coleção é um investimento importante que trará um conforto para professores, alunos, gestores e profissionais da educação, que possibilitará uma melhoria nas questões, individualidade e empoderamento do aluno – o que se fará por volumes e temáticas pontuais, possibilitando, assim, para o profissional da educação, ter informação ampla e bem assertiva sobre cada assunto proposto.

É importantíssimo ressaltar os benefícios que esta coleção trará aos cursos universitários, favorecendo a reflexão de que, no processo, precisam receber com a teoria, a prática e o envolvimento uma metodologia que traga excelência e respeite as competências e habilidades de nossos alunos.

A prática em sala de aula tem que nortear o aluno e o professor em atividades que estimulem a criatividade e a pesquisa baseada em evidências, por meio de um marco teórico fundamentado.

Pensando nessa discrepância entre o que se aprendeu na faculdade e a realidade de uma sala de aula, nasce a coleção AOS MESTRES COM CARINHO, para auxiliar responder os agoras dos profissionais da educação. Nasce uma coleção que se importa com a educação de qualidade e com evidência.

E não podemos nos esquecer do professor e de todos os envolvidos neste processo de receber o melhor de nós.

Com muito carinho, como professora, dedico esta coleção aos profissionais da educação, com o coração cientificado e motivado. Espero que esta experiência seja proveitosa. Curta os volumes e responda às perguntas que não querem calar!

O meu MUITO OBRIGADA!

Profa. Dra. Angela Mathylde Soares

PREFÁCIO – TENHO UM ALUNO AUTISTA. E AGORA? AGORA, VOCÊS PODEM FAZER TODA A DIFERENÇA!

Dra. Carla Gikovate

Descrito pela primeira vez em 1946 por Kanner, o autismo era considerado um transtorno raro até os anos 1990.

Estima-se que mais de 1% da população tenha algum grau de autismo[1], sendo atualmente denominado **transtorno do espectro do autismo** (TEA), já que hoje considera-se a existência de diferentes graus de gravidade desse transtorno.

Com esse número, é possível afirmar com certeza que todos os professores terão um aluno com transtorno do espectro do autismo em algum momento da sua vida profissional.

Nos capítulos deste livro, você terá a oportunidade de conhecer melhor o transtorno, suas características nos diferentes graus, assim como o que pode ser feito para remediar as dificuldades que esses alunos encontram no dia a dia.

Um professor pode ser um divisor de águas para que as pessoas sejam felizes, seguras e autônomas no futuro — qualquer aluno. Mas isso é especialmente verdadeiro para os alunos com alguma peculiaridade, como o TEA, por exemplo. No dia a dia da prática clínica, ouvimos relatos sobre o quanto um professor pode fazer um ano escolar ser produtivo e feliz. Livros autobiográficos de pessoas com autismo nos mostram isso também.

Já ouviu falar sobre Temple Grandin? Ela é uma senhora de 72 anos, com doutorado, autônoma e famosa. Foi uma autista não verbal até 4 anos de idade. Não falava nenhuma palavra, não conseguia manter uma boa interação social, apresentava ataques de birra intensos e grande desconforto sensorial. No livro autobiográfico "Uma menina muito estranha", Temple afirma que o seu professor de Ciências, William Carlock, foi o maior responsável pelo seu sucesso na vida. Ela se refere ao seu professor como um mentor. Alguém que lhe ensinou a usar e valorizar as suas potencialidades e a criar soluções para as suas dificuldades. Ele auxiliou a Temple a criar a "máquina do abraço" (máquina de pressão que a acalmava sensorialmente) e a estimulou a estudar e progredir nos seus interesses. Temple se tornou uma especialista em comportamento animal e, mesmo com suas peculiaridades, desenvolveu uma vida plena. O professor William transformou sua vida!

Após 28 anos de trabalho com autismo, percebo que o fundamental é procurarmos um equilíbrio entre ensinar os portadores de TEA a viver no mundo (dentro das expectativas de todos) e respeitar as suas peculiaridades e características. Por vezes a solução acontece no meio termo. É preciso atenção para valorizar o que a criança tem de bom, e não somente "consertar" o que está faltando para ela ser "normal". Ao mesmo tempo, o portador do transtorno do espectro do autismo pode necessitar de medidas de inclusão escolar para conseguir adquirir conceitos pedagógicos importantes, assim como para se relacionar com os pares.

Um movimento recente impulsionado por Ari Ne'eman, portador de autismo leve, afirma que o transtorno do espectro do autismo deve ser visto como parte da neurodiversidade humana, isto é, faz parte da identidade e da personalidade dessas pessoas as características descritas como anormais. Isso significa entender que o autismo é parte do que eles são como humanos, sendo importante para o professor ouvir e respeitar para as peculiaridades para conseguir auxiliar nas dificuldades.

O professor em sala de aula tem uma grande oportunidade ao incluir um estudante com alguma necessidade especial: mostrar para os demais alunos que no mundo existe diversidade. Não somos bons em tudo, assim como não somos ruins em tudo. Temos todos os mesmos direitos. O respeito, a cooperação, a empatia e a gentileza transformam o mundo.

Por isso a importância de um livro para professores. Você é a linha frente da batalha, um agente de transformação. Sei que o trabalho é árduo. Mas não perca a motivação. Nunca. Procure o melhor caminho, entendendo que cada um de nós tem as suas possibilidades. Brigamos pelos melhores resultados **possíveis**.

Se me permite, para terminar, gostaria de deixar alguns lembretes:

- Cada criança é única. Cada criança com TEA também única. Procure conhecer o seu aluno: pontos fortes, pontos fracos, o que gosta, o que tem medo e como vive na sua família. Essas informações valem muito na hora de criar as adaptações e intervenções.

- Ao pensar no seu aluno, entenda o que é possível mudar, o que é possível amenizar e o que não é possível solucionar. Por exemplo, as crianças que estão no espectro do autismo são, via de regra, metódicas, repetitivas, sistemáticas e apresentam movimentos corporais repetitivos. É possível trabalhar para amenizar essas características — e não *solucionar*! Isso é da essência, da personalidade desse aluno.
- Entre 69% e 93% das crianças e adultos portadores de TEA referem alterações no processamento sensoria[12,3]. Estímulos banais, como bater palma, podem ser aversivos para esses alunos, deixando-os extremamente irritados ou agitados. Pode ser necessário um tempo para que o aluno consiga se regular. Lembre-se de observar o que pode estar desencadeando um comportamento negativo. Assim, fica mais fácil encontrar uma medida preventiva para a próxima vez.
- Seja explícito nos comandos, nas regras de habilidade social, nas antecipações de possíveis mudanças e nos combinados. Quanto mais direta for a sua fala, maior chance do seu aluno compreender.
- Elogie o seu aluno. É sempre mais eficiente do que punir.
- Dar exemplos concretos e utilizar figuras ajuda o aluno com TEA a compreender e se organizar.
- Auxilie o seu aluno na hora do recreio e nos horários livres. As atividades sem *script* e imprevisíveis são as mais difíceis para ele.

Desejo que você aproveite o livro e seja feliz nas suas práticas diárias.

REFERÊNCIAS

1. CDC. Centers for Diseases Control and Prevention. Prevalence of autism spectrum disorder among children aged 8 years — autism and developmental disabilities monitoring network, 11 sites, United States, 2014. Surv Summ. 2018;67(6):1-23.

2. Klintwall L, Holm A, Eriksson M, Carlsson LH, Olsson MB, Hedvall A, et al. Sensory abnormalities in autism: a brief report. Res in Dev Disab. 2011;32(2):795-800.

3. Kanner L. Autistic disturbances of affective contact. Nervous Child. 1943; 2:150-217.

O TRANSTORNO DO ESPECTRO AUTISTA NA EDUCAÇÃO: DESAFIOS E COMPLEXIDADES NO ATENDIMENTO INCLUSIVO

Francisco B. Assumpção Jr.
Eduardo Leite Ribeiro do Valle
Luiza Elena Leite Ribeiro do Valle

AUTISMO (CONCEITO, EVOLUÇÃO E DIAGNÓSTICO)

Em 1942, Kanner descreveu sob o nome "Distúrbios Autísticos do Contacto Afetivo" um quadro caracterizado por isolamento extremo, obsessividade ou "tendência à mesmice", estereotipias e ecolalia, sendo esse conjunto de sinais considerado uma doença específica relacionada a fenômenos da linha esquizofrênica[1].

Em 1956, continuou descrevendo o quadro como uma "psicose", referindo que todos os exames clínicos e laboratoriais eram incapazes de fornecer dados consistentes relacionados à sua etiologia, insistindo em diferenciá-lo dos quadros deficitários sensoriais, como a afasia congênita, e dos quadros ligados às oligofrenias, novamente considerando-o uma verdadeira psicose[2].

Ao final dos anos 1960, considerando-se o Grupo de Estudos Avançados em Psiquiatria[3], tínhamos a seguinte visão nosológica que incluía o fenômeno autismo entre as **psicoses da primeira e segunda infância**:

1. Autismo Infantil: considerado como problema primário, a ser distinguido do autismo secundário devido a dano cerebral ou retardo mental.
2. Distúrbio Simbiótico Interacional: engloba as assim chamadas psicoses simbióticas, com dependência incomum à mãe, na forma de um prolongamento da ligação.

3. Outras psicoses: correspondem às crianças com desenvolvimento atípico, que exibem alguns comportamentos autísticos e indiferença emocional.

Paralelamente, dentro da visão psiquiátrica francesa, tínhamos uma nosologia que caracterizava psicoses infantis, incluindo as Psicoses Autísticas, as Psicoses Desintegrativas (a antiga Demência de Heller), as Psicoses de Expressão Deficitária, as Deficiências Mentais Psicotizadas e as Parapsicoses, incluindo os Estados Borderline e as Desarmonias de Evolução Psicótica[4].

Alterações dessa concepção compreensiva, dirigindo-se para um modelo descritivo de cunho empírico pragmático, surgem a partir de Ritvo em 1976[5], passando-se a considerar o autismo como uma síndrome, relacionando-o a um déficit cognitivo e considerando-o não uma psicose, e sim um distúrbio do desenvolvimento. Descreve então um fenômeno caracterizado por distúrbios de percepção, distúrbios de desenvolvimento, distúrbios de relacionamento, distúrbios de linguagem e distúrbios de motilidade.

Dessa maneira, a relação autismo–deficiência mental passou a ser cada vez mais considerada, levando-nos a uma situação que podemos considerar conflitante entre as classificações francesa, americana e da Organização Mundial de Saúde.

Hoje, as classificações representadas pelo DSM e pela CID[6,7] enquadram o autismo dentro das categorias "Transtornos do Espectro Autista" pela Associação Americana de Psiquiatria (APA), em 2013, e "Transtornos Abrangentes de Desenvolvimento" pela Organização Mundial de Saúde (WHO), em 1993, enfatizando a relação autismo–cognição, em oposição aos conceitos apresentados pelas versões anteriores da CID. A Classificação Francesa de Psiquiatria Infantil[8] remete-nos ainda ao conceito de "defeito de organização ou desorganização da personalidade"[9] caracterizando o conceito de "psicose" em sua expressão tradicional.

Entretanto, pela penetração e abrangência dos conceitos, somos obrigados a nos remeter ao autismo a partir de sua constelação comportamental para que este possa ser explorado minuciosamente e para que conexões causais possam ser estabelecidas dentro das possibilidades atuais.

Cabe lembrar que a escola francesa, com sua tradição psicodinâmica, prefere ver o autismo hoje vinculado à questão cognitiva[10,11], com toda a sua tradição psicanalítica e textual, quando diz que "para os clínicos, é uma síndrome relativamente precisa. A referência histórica a Kanner faz da síndrome autística uma maneira mais ou menos específica de estar no mundo e aí formar relações atípicas", caracterizando a ambiguidade e a diferença das duas abordagens, e mesmo da avaliação diversa que permite enquadrarmos crianças diferentes em um mesmo quadro nosográfico, consistindo em "emprestar ao conceito de psicose um caráter vago".

O DSM-IV organizava os diagnósticos psiquiátricos em cinco níveis (eixos) ficando o autismo incluso no eixo I, com possibilidades de associações, as mais diversas, nos diferentes eixos[12].

> **Eixo I**: transtornos clínicos, incluindo transtornos mentais bem como problemas do desenvolvimento e aprendizado.
> **Eixo II**: transtornos de personalidade, bem como retardo mental.
> **Eixo III**: condições médicas agudas ou físicas.
> **Eixo IV**: fatores ambientais ou psicossociais.
> **Eixo V**: Avaliação Global das Funções (*Global Assessment of Functioning*) ou Escala de Avaliação Global para Crianças (*Children's Global Assessment Scale*) para jovens abaixo de 18 anos (numa escala de 0 a 100).

O DSM-5 se vale de parâmetros dimensionais e limites mais claros entre normalidade e patologia, e transforma grande parte dos quadros clínicos em espectro. Considerando que os marcadores biológicos sirvam como características associadas, fatores de risco ou critérios diagnósticos são de grande interesse e se propõem a ser um documento vivo com estruturas que permitam revisão permanente de áreas específicas, podendo ser adotadas novas evidências[13].

Dessa forma, estabelece os seguintes critérios para seu diagnóstico:

DSM-5: TRANSTORNO DO ESPECTRO DO AUTISMO

Deve preencher os critérios 1, 2 e 3 abaixo:

1. *Deficit* clinicamente significativos e persistentes na comunicação social e nas interações sociais, manifestadas de todas as maneiras seguintes:
   a. *Deficit* expressivos na comunicação não verbal e verbal usadas para interação social;
   b. Falta de reciprocidade social;
   c. Incapacidade para desenvolver e manter relacionamentos de amizade apropriados para o estágio de desenvolvimento.
2. Padrões restritos e repetitivos de comportamento, interesses e atividades, manifestados por pelo menos duas das maneiras abaixo:
   a. Comportamentos motores ou verbais estereotipados, ou comportamentos sensoriais incomuns;

b. Excessiva adesão/aderência a rotinas e padrões ritualizados de comportamento;
c. Interesses restritos, fixos e intensos.

3. Os sintomas devem estar presentes no início da infância, mas podem não se manifestar completamente até que as demandas sociais excedam o limite de suas capacidades

Dá-se, assim, novo nome para a categoria – Transtorno do Espectro do Autismo – que inclui transtorno autístico (autismo), transtorno de Asperger, transtorno desintegrativo da infância e transtorno global ou invasivo do desenvolvimento sem outra especificação. Os três domínios do DSM-IV se tornam dois, a saber: Deficiências Sociais e de Comunicação e Interesses Restritos, Fixos e Intensos e Comportamentos Repetitivos. Isso porque considera-se que os *deficit* na comunicação e comportamentos sociais são inseparáveis, e avaliados mais acuradamente quando observados como um único conjunto de sintomas com especificidades contextuais e ambientais. Da mesma forma, os atrasos de linguagem não são características exclusivas dos transtornos do espectro do autismo e nem universais dentro dele. Podem ser definidos, mais apropriadamente, como fatores que influenciam nos sintomas clínicos de TEA, e não como critérios do *diagnóstico do autismo* para esses transtornos.

A partir dessas mudanças conceituais alteram-se questões epidemiológicas que o fazem passar de casos raros, descritos esporadicamente para aproximadamente 1 a 5 casos em cada 10000 crianças, numa proporção de 2 a 3 homens para 1 mulher[14], ou mesmo uma proporção de 2:1000[15], para os índices atuais de 1:68[16].

Da mesma forma, as abordagens terapêuticas passam a ser predominantemente de reabilitação embasada em modelos cognitivocomportamentais, ficando a abordagem farmacológica restrita ao tratamento de sintomas-alvo que impedem o desenvolvimento dos processos de reabilitação o que atinge cerca de somente um terço dos casos.

A ideia de espectro deriva de um "continuum" autístico, já descrito por Wing anteriormente, em 1988[17], e que pode ser visualizado no quadro a seguir:

Quadro 1 – O continuum autístico Wing (1988)

ITEM	Visto frequentemente em DMs mais comprometidos.	Visto frequentemente em DMs um pouco mais comprometidos.	Visto frequentemente em DMs um pouco menos comprometidos.	Visto frequentemente em DMs menos comprometidos.
INTERAÇÃO SOCIAL	1. Indiferente.	2. Aproximação somente para necessidades físicas.	3. Aceita passivamente a aproximação.	4.Aproximação de modo bizarro.
COMUNICAÇÃO SOCIAL (verbal e não verbal)	1. Ausente.	2.Somente necessidades.	3. Responde à aproximação.	4.Comunicação espontânea, repetitiva.
IMAGINAÇÃO SOCIAL	1.Sem imaginação.	2.Copia mecanicamente o outro.	3. Usa bonecos e brinquedos corretamente, mas repetitivo, limitado, não criativo.	4. Atos fora da situação mais repetitivos, usando o outro mecanicamente.
PADRÕES REPETITIVOS	1. Simples (autoagressão) ao corpo.	2.Simples (dirigido ao objeto) girar do objeto.	3. Rotinas complexas, manipulação de objetos e movimentos (rituais e ligações com objetos).	4. Verbal abstrato (questões repetitivas).
LINGUAGEM	1. Ausente.	2.Limitada (ecolalia).	3.Uso incorreto de pronomes, preposições, uso idiossincrático de frases.	4.Interpretações literais, frases gramaticais repetitivas.
RESPOSTAS A ESTÍMULOS SENSORIAIS (sensibilidade a sons, cheiros, gostos, indiferença à dor)	1. Muito marcada.	2.Marcada.	3.Ocasional.	4.Mínima ou ausente.
MOVIMENTOS (balanceios e estereotipias)	1.Muito marcados.	2.Presente.	3. Ocasionais.	4. Mínimos ou ausentes.
CONDUTAS ESPECIAIS	1. Ausentes.	2.Um padrão melhor que os outros, mas abaixo da IC.	3. Um padrão na sua idade cronológica, outros abaixo.	4. Um padrão de habilidade acima da IC. Diferente das outras habilidades.

Dessa maneira, o autismo pode ser visto enquanto um fenômeno multifacetado, com origens diversas, que depende de uma avaliação multidimensional e que, como tal, deve ser abordado visando não somente a remissão dos sintomas nele envolvidos, mas, principalmente, tendo-se em vista a autonomia e a independência daqueles por ele atingidos.

OS TRANSTORNOS DO SONO NO AUTISMO

O sono é um importante mecanismo fisiológico para manutenção de diversas funções do organismo, incluindo a consolidação da memória, conservação de energia, secreção de hormônios e a influência sobre os aspectos cognitivos. Embora alguns estudos demonstrem que os distúrbios do sono são mais frequentes no autismo, ainda pouco se conhece sobre a relação sono e autismo.

As alterações do sono estão associadas com a própria fisiopatologia do autismo, assim como podem influenciar o comportamento diário desses indivíduos. Foram publicados vários artigos científicos que evidenciam uma importante influência genética e uma associação desses distúrbios com alteração na síntese de melatonina[18]. Os transtornos do sono são mais frequentes no autismo e podem agravar o problema social e comportamental, assim como trazer um maior prejuízo na atenção e aprendizagem. Existem evidências que os transtornos de sono nos autistas estão relacionados com transtorno desafiador opositor, dificuldade no controle emocional e aumento da agressividade, impulsividade e hiperatividade[19]. O transtorno de sono pode piorar significativamente a qualidade de vida, trazer um maior comprometimento nas tarefas diurnas e gerar um grande estresse na família ou cuidadores.

Estudos indicam que até 50 a 80% dos autistas apresentam transtornos do sono, entre eles a insônia, os distúrbios respiratórios do sono, incluindo um maior risco de apneia do sono, de síndrome das pernas inquietas, do despertar confusional, de dormidor curto e de distúrbio do ritmo circadiano[20]. O aumento da prevalência dos distúrbios de sono no autismo é complexa e envolve a interação entre mecanismos biológicos, sociais, psicológicos, ambiente, aspectos familiares. Devemos lembrar também que uma das características do autismo é apresentar um processamento sensitivo alterado, que pode incluir uma redução de limiar sensitivo à dor, hipersensibilidade ao barulho e outros estímulos que normalmente não seriam tão impactantes para uma criança de desenvolvimento típico.

Uma grande dificuldade na realização de estudos para caracterizar o transtorno do sono no autismo deve-se à grande variabilidade de espectros nessa patologia, que dificultam uma padronização adequada.

O diagnóstico requer pesquisa ativa, questionando os familiares sobre esse tema. A avaliação do sono no autismo pode ser feita através da investigação subjetiva e através de aplicação de questionários de sono aos pais, e ainda podemos usar medidas objetivas como actigrafia e a polissonografia.

A investigação pelo exame polissonografia demonstra, geralmente, uma eficiência do sono reduzida, com redução no tempo total de sono e na cama, aumento da latência inicial do sono, redução da porcentagem de sono REM, aumento da proporção de estágio 1, distúrbio comportamental do sono REM, com ausência de atonia no sono REM e aumento de despertares noturnos[21].

É importante também ressaltar que o uso de alguns medicamentos frequentemente usados para o tratamento do autismo pode influenciar e interferir no sono desses indivíduos e devem ser considerados.

A principal medida efetiva para o tratamento dos transtornos do sono no autismo envolve a melhora da higiene do sono. Devemos orientar ativamente para que seja mantida uma boa rotina antes de dormir, no intuito de ajudar a pessoa a permanecer mais calma, relaxada, facilitando a iniciação do sono. Orientamos também a manter um ritual na hora de dormir que facilite e estimule a criança a dormir. Essa conduta deve ser iniciada precocemente, facilitando a adaptação da criança. O ambiente de dormir deve ser calmo e aconchegante. Sugere-se para retirar estímulos visuais desnecessários do quarto, reduzindo barulhos, cheiros, assim como adequar o controle da temperatura do quarto, e o uso de pijamas adequados e confortáveis. O uso de uma luz noturna pode ajudar o autista a sentir mais confiante.

A realização de atividades mais relaxantes antes de dormir, como ler um livro, ouvir uma música calmas, realizar massagem e ambientes mais escuros devem ser incentivadas.

O autista deve aprender a adormecer sozinho. Para isso, podemos usar desenhos para agendar as atividades, incluindo a hora de dormir, e incentivar o uso da agenda adequadamente.

Devemos atentar para problemas de saúde que possam estar interferindo na qualidade do sono, como distúrbios gastrointestinais, convulsões e amigdalite. Uma atenção especial deve ser dada à alimentação e possíveis alergias alimentares.

É importante também investigar a presença de transtornos do sono que possam estar prejudicando o sono, como apneia do sono, insônia e síndrome das pernas inquietas. A presença de roncos e alterações respiratórias podem sugerir a presença de apneia do sono. A ansiedade exacerbada pode agravar a insônia. Dependendo da severidade do espectro autista e quanto maior os distúrbios neurológicos associados, pode ser favorecida a associação com epilepsia e outros distúrbios de movimentos relacionados ao sono.

Em relação ao tratamento medicamentoso, há o uso de melatonina, um hormônio produzido na glândula pineal durante a noite, através de estímulos visuais no núcleo supraquiasmático. Estudos demonstraram um efeito benéfico na eficiência do sono nas crianças tratadas com a melatonina[22,23]. É uma substância segura, sem efeitos colaterais significativos.

Em alguns casos, nos quais as medidas comportamentais não foram suficientes, podemos utilizar outros medicamentos para manter o sono, como antidepressivos, neurolépticos ou benzodiazepínicos, conforme uma avaliação individualizada.

Em conclusão, apesar de muitas vezes não serem diagnosticados, existe um aumento de problemas de sono no autismo que pode interferir diretamente na terapia desses indivíduos, com maior prejuízo social, na aprendizagem e familiares e cuidadores. O tratamento destes distúrbios pode melhorar o sono, o comportamento e facilitar as intervenções comportamentais.

A RELAÇÃO PROFESSOR–ALUNO

A importância de fazer a capacitação do professor para o atendimento do autista se justifica para vencer dúvidas que podem provocar prejuízo no atendimento. Por exemplo, há uma ideia de que é preciso esperar a criança crescer para iniciar o tratamento, enquanto sabe-se, ao contrário, que um fator importante no tratamento é a precocidade. Quanto antes forem realizados o diagnóstico e a intervenção, melhores serão os resultados e a resposta da criança, porque o desenvolvimento neurológico permite maior aprendizagem quando se inicia mais cedo e os atrasos são reduzidos em relação a indivíduos da mesma idade.

O direito de acesso ao ensino é um exercício de cidadania. O cidadão, independentemente de sua condição física, psicológica, moral, econômica e social, tem o direito assegurado pelo Decreto nº 6.094/2007 de usufruir os espaços municipais, estaduais, e federais de educação[24]. Contudo, a existência desse conjunto de leis não assegura que os educadores saibam atuar no seu processo educativo, considerando ainda que a forma de reagir é diferente de criança para criança diante de uma proposta pedagógica. Esse fenômeno se depara com a realidade precária do educador na forma de condução do processo educativo, para que o direito a ter educação seja cumprido satisfatoriamente[25].

A inclusão social pode ser conceituada como sendo o processo através do qual a sociedade se adapta para poder incluir, em seus sistemas sociais, as pessoas com necessidades especiais e prepará-las para assumir seus papéis na sociedade[26]. Existem pontos fundamentais para a inclusão de uma criança autista na escola e todos os envolvidos, família, amigos e escola, para que sejam tratados com compreensão em sua forma de ser, promovendo seu desenvolvimento em todas as áreas que precisem. Para tanto é necessário que a inclusão seja iniciada na escola comum ainda na educação infantil, de preferência com a idade aproximada entre as crianças. Os professores e funcionários precisam ser capacitados para que a aceitação da criança ocorra por todos que o cercam, e a família também deve fazer parte desse movimento.

As famílias de crianças diagnosticadas com o autismo encontram diante de si o desafio de se adaptar à condição do filho para se dedicar à prestação de cuidados em suas necessidades específicas. O impacto das dificuldades próprias da síndrome sobre os pais vai depender de uma complexa interação entre a severidade das características próprias da criança e a personalidade dos pais, bem como da disponibilidade de recursos comunitários; o professor, que atende diretamente a criança, será um agente essencial nessa situação. Os familiares de indivíduos autistas são de grande importância para promover o desenvolvimento da comunicação, da interação social e do afeto, pois é o núcleo familiar que pode, juntamente com os profissionais capacitados, promover a interação de maneira adequada, tanto em casa como na escola, para que o indivíduo tenha bons resultados no seu desenvolvimento. Sendo assim, a família deve trabalhar junto ao filho autista em parceria com os educadores, que irá fortalecê-la como núcleo básico das ações inclusivas e de cidadania. Na relação professor–aluno, ao incluir o estudante, também a sua família deverá ser alvo de atenção e orientação na atuação psicopedagógica.

Para Campbell[27], a ideia básica de aprendizagem acontece como um processo de construção que se dá na interação constante e permanente do indivíduo com o meio familiar e escolar. Como trabalhar a relação professoraluno no autismo? Com o objetivo de responder a essas perguntas, concluímos a terceira parte deste capítulo.

A pessoa com autismo deve adquirir competências para levar uma vida funcional e autônoma. Porém, para que ocorra um bom desenvolvimento, que permita a interação do sujeito ao seu meio ambiente social, é preciso que se realize uma intervenção pedagógica que abranja não apenas as necessidades básicas de convivência, mas que explore os limites do indivíduo a fim de ampliálos.

A flexibilização do currículo é uma forma de estabelecer o vínculo e a cumplicidade entre pais e educadores no espaço escolar. Essa revolução estrutural acontece através do manejo do currículo, frente aos desafios enfrentados com a vinda da criança com autismo à escola regular.

Algumas propostas se destacam no atendimento ao autismo, como a Terapia Cognitivo Comportamental. De acordo com essa abordagem, a cognição se relaciona ao modo como percebemos e interpretamos os acontecimentos. Isso envolve uma série de fatores, tais como: pensar, planejar, resolver problemas do cotidiano, atribuir causas aparentes aos acontecimentos; desenvolver autopercepção e autoestima, além de formar e manifestar várias atitudes[28]. A premissa dessa abordagem está relacionada com os fenômenos internos, perceptuais e mnemônicos, gerados por experiências vivenciadas, principalmente na primeira infância, que influenciam o comportamento no presente, mantido por experiências reforçadoras. As experiências vão se acumulando e tecendo a consciência pessoal e ambiental do indivíduo. A educação mediática é importante para essa abordagem em que o sujeito é participante ativo em seu processo de aprendizagem, e o professor influencia o aluno a explorar espontaneamente para adquirir informação, aprender e formar conhecimento.

O método ABA (*Applied Behavior Analysis*) é a análise aplicada do comportamento, um dos métodos mais utilizados para o cuidado do indivíduo autista. Ele se baseia nos pressupostos teóricos da ciência do comportamento e seu emprego é geralmente utilizado para ajudar na aquisição de comportamentos socialmente adequados e diminuir ou extinguir o repertório comportamental problemático[29]. Fazem parte do seu repertório de técnicas a modelagem e o uso de agentes reforçadores, além de outras estratégias comportamentais. Kearney[30] descreve o emprego da ABA como uma forma para modificar o comportamento para aplicações na prática diária. O método baseiase naquilo que é real, observável e mensurável, e não com diagnósticos abstratos, cabendo fazer ajustes na intervenção. A atenção é um fator importante no uso dessa técnica para modificar o comportamento desejável, mas a atenção deve ser empregada para perceber as ocorrências ao redor, especialmente para os processos que ocorreram antes (antecedentes) e após (consequentes) a manifestação do comportamento.

Outro recurso utilizado é o método Currículo Funcional Natural (CFN), que surgiu nos Estados Unidos com a finalidade desenvolver a capacidade adaptativa da criança o máximo possível, explorando suas capacidades funcionais. A finalidade do currículo funcional era tornar o aluno mais independente, produtivo e aceito socialmente. Esse método, que a princípio foi planejado para crianças sem deficiência, à medida que se mostrou eficaz passou a ser utilizado para educar indivíduos com deficiência. Trata-se de um conjunto de instruções, metas e informações para a prática em sala de aula, mas compõe também uma filosofia e um conjunto de procedimentos, proporcionando-lhe rápida adaptação. A palavra *funcional* se refere à maneira como os objetivos educacionais são escolhidos para utilidade em curto prazo. A palavra *natural* diz respeito aos procedimentos de ensino, ambiente e materiais os quais deverão ser os mais semelhantes possíveis aos que encontramos no mundo real[31]. O currículo deve ser elaborado para suprir o aluno nas suas necessidades adaptativas e não meramente educativas e o professor deve avaliar constantemente o desempenho do aluno. O objetivo de ensinar capacidades que podem ser naturalmente aprendidas e que sejam funcionais ao indivíduo, permite que ele desenvolva o autoconceito e adquira autonomia e qualidade de vida.

Outra abordagem é o Tratamento e Educação de Crianças com Autismo e Problemas de Comunicação Relacionados (*Trearment and Education of Autistic and related Communication Handcapped Children* –TEACCH), que surgiu no ano de 1960, nos Estados Unidos, através de um grupo de psiquiatras do Departamento de Psiquiatria da Universidade da Carolina do Norte, para atender as necessidades apresentadas pelas crianças autistas e seus familiares, em todos os aspectos do desenvolvimento. O programa é considerado fruto das pesquisas de Eric Schopler, seu fundador. Schopler e Mesibov[32] desconsideraram que o transtorno era de base psicodinâmica (afetiva) e se concentraram nos aspectos psicobiológicos. O TEACCH foi o primeiro programa que conseguiu a validação do estado da Carolina do Norte para atendimento vitalício para as crianças autistas e seus familiares. No Brasil, ele é timidamente divulgado e faz parte de uma gama de métodos para lidar com a educação de autista. O programa TEACCH, de acordo com Nicolas e Medina[33], tem por finalidade desenvolver formas especiais para facilitar o convívio e permitir que o autista adquira a capacidade para compreender outras pessoas, promovendo um convívio harmônico, além de incentivar a capacidade para explorar os ambientes e estimular o aprendizado. Para que a integração da pessoa com autismo e seu ambiente aconteça, é preciso que determinadas capacidades intelectuais sejam desenvolvidas, que determinados impedimentos nas áreas motoras e de coordenação motora sejam superados, fora o estresse que é causado aos pais e professores na lida com a criança com autismo. Para Vatavuk[34], é fundamental que os profissionais recebam capacitação em oito áreas, cujos conceitos e questões tem dirigido a maior parte da atividade de pesquisa do TEACCH durante os últimos 30 anos, são elas:

1. Avaliações da criança em diferentes situações;
2. Envolvimento dos pais e colaboração com a família;
3. Ensino estruturado;
4. Manejo de comportamento;
5. Desenvolvimento e aquisição de comunicação espontânea;
6. Aquisição de habilidades sociais;
7. Capacitar nas áreas de independência e vocacional;
8. O desenvolvimento de habilidades de lazer e recreação.

E como deve atuar o professor? Antes de tudo, a sala é o reflexo desse líder, que encanta as crianças com seu jeito próprio de lidar com esse espaço preparado para acolher e tornar um lugar especial de aprendizagem e encontro. A sala de aula deve ser bem organizada e com semelhante distribuição todos os dias, e alguns cuidados podem ser tomados: pedir para o aluno olhar nos seus olhos; colocá-lo próximo; utilizar recursos visuais coloridos; manter a rotina e regras da sala; estimular amizades; trabalhar o concreto e repetição; elogiar sempre que se destacar; ter materiais e mobiliários adaptados; preparar a comunidade escolar e adaptar o currículo, inserindo a política da inclusão no Projeto Político Pedagógico (PPP) da escola.

E quanto às atividades? O brincar, assim como para qualquer criança, representa um papel importantíssimo para o desenvolvimento da criança autista, pois contribui para a socialização, têm efeitos positivos sobre a aprendizagem, estimula o desenvolvimento de habilidades básicas e a aquisição de novos conhecimentos. Nesse sentido, é importante oferecer para as crianças músicas cantadas com movimentos com partes do corpo, estimulando a percepção do corpo e o contato físico; pintura, esculturas, atividades que explorem sensações; brincadeiras afetivas, estimulando o contato visual e brincadeira de frente ao espelho.

Concluindo, uma criança que precisa ser amada acima de tudo e estimulada para que se desenvolva. O primeiro passo na relação professoraluno no autismo é livrar-se de todo preconceito e buscar informação, atitudes essenciais que perpassam pela família e amigos para melhor atender à criança autista. Essa pode ser uma dificuldade para quem espera regras práticas, porque é sabido que o diagnóstico não determina um perfil único e comum às crianças que se enquadram em TEA. A inclusão dessas crianças e adolescentes requer uma mudança no modo como a escola pensa e faz educação. O professor não precisa ser um especialista no transtorno, mas precisa conhecer os interesses e potencial de seu aluno para ser alguém reconhecido pela criança por laços de confiança. Depois de saber sobre cada aluno, o professor terá que buscar em sua própria bagagem a resposta para o relacionamento a que se propõe. No contato com o autismo, você entra num mundo novo, que foge aos padrões comuns. Não se pode esperar que a criança se adapte ao seu modo de ser, se não for capaz de perceber o jeito particular que essa criança vê o mundo, o que é importante para ela, o que a assusta, o que a move. Esperar que o autista atenda às suas exigências, sem que você primeiro compartilhe com o que ele pensa e sente, seria, no mínimo, ignorar seu parceiro nesse relacionamento. Somente compreendendo-o você poderá traçar o que ele precisa fazer para querer ser aceito num mundo que ele vê diferente do nosso.

A receita é diferente para cada um, mas traz em comum a necessidade de uma sensibilidade diferente, para que ela entenda o que acontece fora dela e, principalmente, fazer com que ela queira seguir nesse caminho, com reforço voltado para o que é significativo para ela e a confiança é o caminho desse amor que rege o relacionamento professor-aluno no autismo.

REFERÊNCIAS

1. Kanner L. Autistic disturbances of affective contact. Nerv Child. 1942;2:21750.
2. Kanner L. Early infantile autism revisited. Am J Orthopsychiatry. 1956;26:55–65.
3. Group for the Advancement of Psychiatry. Psychopatological disorders in childhood: theoretical implications and a proposed classification. New York: Jason Aronson; 1974.
4. Ajuriaguerra J. Manual de psiquiatria infantil. Barcelona: Toray-Masson; 1977.
5. Ritvo ER. Autism: diagnosis, current research and management. New York: Spectrum; 1976.
6. American Psychiatric Association. Diagnostic and statistical manual of mental disorders. Washington, D.C; 2013.
7. Organização Mundial de Saúde. Classificação de transtornos mentais e de comportamento da CID-10. Porto Alegre: Artmed; 1993.
8. Misès R. Classification française de troubles mentaux de l'enfant et de l'adolescent (cinquième édition). Paris: Presse de l'EHESP; 2012.
9. Housel D. Reflexões sobre a definição e a nosografia das psicoses infantis In: Mazet P, Lebovici S. Autismo e psicoses da criança. Porto Alegre: Artes Médicas; 1991.
10. Lellord G, Sauvage D. L'autisme de lénfant. Paris: Masson Eds; 1991.
11. Lebovici S, Duché DJ. Os conceitos de autismo e psicose na criança. In: Mazet P, Lebovici S. Autismo e psicoses da criança. Porto Alegre: Artes Médicas; 1991.

12. American Psychiatric Association. Diagnostic and statistical manual of mental disorders. Washington, D.C.; 2002.

13. Regier DA, Kuhl EA, Kupfer DJ. The DSM-5: classification and criteria changes. World Psychiatry. 2013;12(2):92–98.

14. Volkmar Fred R. Childhood and adolescent psychosis: a review of the past 10 years. J of the Am Acad of Child & Adolesc Psych. 1996;35(7):843–85.

15. Cohen S, Warren R. Despite care principles, programs and policies. Austin: Pro Ed; 1985.

16. Fombonne E. The changing epidemiology of autism. J Appl Res Intellect Disabil. 2005;18(4)281–94.

17. Wing L. The autistic continuum. In: Wing L. Aspects of autism: miological research. London: Royal College of Psychiatrists & The National Autistic Society; 1988.

18. Devnani PA, Hegde AU. Autism and sleep disorders. J of Ped Neuro. 2015;10(4):304–307.

19. May T, Cornish K, Conduit R, Rajaratnam SM, Rinehart NJ. Sleep in highfunctioning children with autism: longitudinal developmental change and associations with behaviour problems. Behav Sleep Med. 2015;13:2–18.

20. Gail WP, Sears LL, Allard A. Sleep problems in children with autism. J of Sleep Res. 2004;13:265-268.

21. Malow BA, Marzec ML, McGrew SG, et al. Characterizing sleep in children with autism spectrum disorders: a multidimensional approach. Sleep. 2006;29(12):1563–71.

22. Malow B, Adkins KW, McGrew SG, Wang L, Goldman SE, Fawkes D, et al. Melatonin for sleep in children with autism: a controlled trial examining dose, tolerability, and outcomes. J Autism Dev Disord. 2012;42:1729–37.

23. Andersen IM, Kaczmarska J, McGrew SG, Malow BA. Melatonin for insomnia in children with autism spectrum disorders. J Child Neurol. 2008;23:482–5.

24. Brasil. Marcos políticos legais da educação especial na perspectiva da educação inclusiva. Brasília: MEC; 2010.

25. Selau B, Hammes LJ. Educação inclusiva e educação para a paz: relações possíveis. São Luiz: EDUFMA; 2009.

26. Valle LELR, Assumpção JrFB, editores. Aprendizagem, linguagem e pensamento. Rio de Janeiro: WAK; 2008.

27. Campbell SL. Múltiplas faces da inclusão. Rio de Janeiro: Wak; 2009.

28. Farrell M. Dificuldades de relacionamento pessoal, social e emocional. Porto Alegre: Artmed; 2008.

29. Assumpção JRFB. Autismo. In: Valle LELR, Assumpção JrFB, Wajnsztejn R, Malloy-Diniz LF, organizadores. Aprendizagem na atualidade: neuropsicologia e desenvolvimento na inclusão. Ribeirão Preto, SP: Novo Conceito; 2010.

30. Kearney AJ. Understanding applied behavior analysis: an introduction to ABA for parents, teachers, and other professionals. Thomson-Shore; 2008.

31. Suplino M. Currículo Funcional Natural: guia prático para a educação na área de autismo e deficiência mental. SEDH/PR; 2005.

32. Schopler E, Mesibov GB. Diagnosis and assesment in autism. New York: Plenum Publishing Corp; 1988.

33. Nicolás FT, Medina CG. TEACCH: más que un programa para la comunicación. I Jornadas de Comunicación Aumentativa y Alternativa. Consejería de Educación y Cultura. Servicio de Atención a la Diversidad; 2003.

34. Vatavuk MC. Transtornos invasivos do desenvolvimento infantil. São Paulo: Lemos Editorial; 1997.

AUTISMO E PRÁTICAS INCLUSIVAS

Eugênio Cunha

> O professor caminha sobre utopias. Se assim não fosse, já teria desistido de ensinar. Por outro lado, educar é um ato de excelência, e o professor ama a excelência. Se assim não fosse, muitos já teriam desistido de aprender.

Resultados positivos no ensino de qualquer aprendente da educação especial são alcançados invariavelmente quando existe uma estreita parceria entre escola, família e profissionais de apoio. Esse é um ponto importante em toda a educação. Muitos trabalhos não chegam a bom termo porque não há uma participação ativa desses núcleos ou, em muitos casos, ocorre o rompimento dessa unidade durante o processo de inclusão escolar.

Não precisamos de esquemas complexos ou mirabolantes para aplicar ideias pedagógicas. O nosso cotidiano é feito de coisas simples. Quanto mais associamos a prática escolar a conteúdos significantes, mais tornamos a experiência do aprendizado profícua. A aprendizagem significante não somente generaliza o aprendizado, mas faz igualmente o aluno generalizar a experiência escolar.

A leitura de mundo, como afirma Freire[1], precede a leitura da palavra. Isso ocorre na educação especial ou na educação regular. Na verdade, poderíamos dizer que não podemos incluir sem trazer para a sala de aula a leitura de mundo do aprendente.

Obviamente, muitos alunos com autismo carecem, a princípio, da ratificação sistemática do que foi apreendido, repetindo-se os mesmos exercícios e atividades até o pleno domínio. Entretanto, tal procedimento deve prover o controle do educando sobre o seu comportamento, não do professor sobre o aluno, trazendo-lhe segurança e instrumentalidade para a vida escolar. Mas como lidar com o autismo na escola?

A Lei Federal 12.764/12[2], Lei Berenice Piana, descreve o Transtorno do Espectro Autista como uma deficiência significativa da comunicação e da interação social, atributos essenciais para o trabalho pedagógico. É uma condição complexa que afeta o desenvolvimento neurológico, manifestando-se de forma leve, moderada ou grave. Os sintomas variam muito em cada caso. O diagnóstico muitas vezes não é tão simples, e a aprendizagem é sempre um desafio.

O diagnóstico precoce é o primeiro grande instrumento da educação, o que torna o papel docente fundamental, pois é na idade escolar, quando se intensifica a interação social das crianças, que é possível perceber com bastante clareza singularidades comportamentais. A formação do educador e o seu conhecimento científico a respeito do assunto tornam-se essenciais. Da mesma sorte, sua capacitação pedagógica no exercício docente possibilitará uma educação adequada.

O PRIMEIRO PASSO DO PROFESSOR: CONHECER SEU ALUNO

Apesar de níveis de comprometimentos dissimilares, é comum o aluno com TEA apresentar algumas características mais marcantes que inicialmente poderão interferir na sua aprendizagem: o *deficit* de atenção, a hiperatividade, as estereotipias e os comportamentos disruptivos.

O que fazer diante delas?

O primeiro passo será o de conhecer o aluno, seus afetos, seus interesses. Isso possibilitará a instituição de exercícios, atividades e afazeres que ajudarão a canalizar a atenção. Com efeito, a partir do princípio afetivo da atividade pedagógica, o professor encontrará recursos para a superação do quadro de hiperatividade e de *deficit* de atenção. Não se trata de uma regra, mas de um caminho, pois o afeto traz o interesse para os movimentos de ensino e aprendizagem. Quais atividades o aluno gosta de fazer? Como utilizá-las para desenvolver sua atenção? São perguntas que irão ser respondidas nesse percurso.

Em alguns casos, dois minutos de atenção será um grande passo. Não importa tanto o espaço de tempo, importa mais o desenvolvimento da capacidade de concentração. Trabalhos artísticos estimulam o foco de atenção de qualquer aprendente, pois demandam proficuamente a concentração, servindo como mediação pedagógica. Na pintura, desenho, atividades com massa ou na música os canais sensoriais são os melhores receptores da aprendizagem.

E quanto às estereotipias? Elas podem expressar alegria, emoções, ansiedades, frustrações e momentos de excitação. Por outro lado, em razão delas, o indivíduo priva-se de experiências motoras maturativas, ocasionando a regressão e o bloqueio de habilidades. Diante disso, a observação das estereotipias deve ser feita com todo o cuidado e sensibilidade. Evitando-se o cerceamento e a irritação, é primordial inibir a constante recorrência aos movimentos estereotipados, substituindo-os por movimentos adequados, de cunho simbólico e social, que produzirão progressos na área cognitiva, motora e comunicativa.

Se o estudante demonstra sua alegria com *flaps* compulsivos, ele poderá aprender a expressá-la com palmas, por exemplo. Trata-se de uma expressão social. As estereotipias são regressivas. Há casos em que elas foram substituídas totalmente.

Um aspecto que pode fomentar as estereotipias é a alimentação inadequada. Estudos que buscam tratamentos biológicos para o autismo ressaltam a importância de uma dieta alimentar. Trata-se de um tema muito abordado atualmente. Porém, há tempos, pesquisas na área da bioquímica nutricional[3] já revelavam danos potenciais causados por alimentos que contêm caseína, glúten, açúcar, além de metais pesados, como o mercúrio, que se encontram no meio ambiente. Em razão dos sérios transtornos físicos, como as convulsões, essas descobertas são relevantes quando desejamos proporcionar melhores condições para o aprendizado. A alergia alimentar e outros alergênicos, assim como os efeitos tóxicos de alguns alimentos, podem alterar acentuadamente o comportamento.

Torna-se necessário uma dieta por causa das anormalidades metabólicas. A toxidade inclui tremor muscular, irritabilidade excessiva, nervosismo, insônia, dor de cabeça, defeitos nos campos visuais, hostilidade, diminuição da coordenação motora, perda de memória e agressividade. É extremamente dificultoso educar um aluno que apresente esses sintomas.

No que tange aos comportamentos disruptivos, poder-se-á pensar que será extremamente difícil — num contexto de sala de aula repleta de alunos — um docente, mesmo auxiliado por um mediador, conduzir todo o processo pedagógico. Evidentemente que será. Por isso, precisamos de formação profissional, capacitação humana e de políticas públicas que deem condições práticas às escolas no exercício da educação inclusiva.

Porém, o docente ainda terá algumas alternativas pedagógicas que poderão ajudá-lo:

- Não se alterar e não valorizar as reações excessivas;
- Redirecionar a atenção e a ação do aluno;
- Falar baixo, manter o mesmo tom de voz e o contato visual;

- Corrigir ensinando, não reprimindo;
- Disciplinar a atividade e não imobilizar o aluno; ele precisa confiar no seu professor.

Ademais, será preciso investigar as atitudes disruptivas a fim de se descobrir suas causas. Quanto mais tempo elas durarem, mais difícil será lidar com elas. Muitos são os fatores que as motivam, dentre os quais, questões sensoriais, a mudança de rotina, alimentação e as frustrações. Será preciso incansável perseverança para redirecionar as atitudes e ensinar uma maneira social de expressar sentimentos e desejos.

O aprendente com autismo cria formas próprias de relacionamento com mundo social. Em consequência do convívio, todos nós adquirimos uma mente social, que nos possibilita fazer conexões apropriadas com o mundo ao redor. Nossa razão consulta constantemente nossa memória social para direcionar o comportamento. Frequentemente, chegamos a um local e percebemos de modo global o ambiente, porque aprendemos a ver as coisas não isoladamente, mas conectadas, num contexto de relações. Dirigimos, consequentemente, nossas ações de acordo com o que é socialmente adequado.

No autismo, é comum a fixação em detalhes específicos, percebidos menos em razão do conhecimento social e mais por causa do estímulo que o indivíduo recebe de determinado objeto ou situação. Isso provoca comportamentos peculiares.

Assim, há uma relação singular com tudo que é externo. O mundo social torna-se invasivo. Por isso, as rotinas trazem segurança, porém surgem dificuldades na interação com pessoas e manuseio inadequados de objetos, gerando problemas na cognição, com reflexos na fala, na escrita e em outras áreas. É uma forma de aprender singular. Há uma relação diferente entre o cérebro e os sentidos e as informações nem sempre geram conhecimento.

Os objetos podem exercer atração não em razão da sua função, mas em razão do estímulo que promovem. Surge daí o manuseio estereotipado, por causa do contato sensorial de pouca ingerência cognitiva. Percebe-se uma fragmentação dos sentidos, em que as sensações sobrepõem à razão, causando a compulsão e a repetição.

Em suma, podemos concluir que esse quadro de comprometimento pedagógico requer práticas específicas, direcionadas à aquisição de habilidades necessárias para a inclusão familiar, social e escolar do indivíduo. O aluno carece de uma educação individualizada, com ênfase na mudança de alguns comportamentos e aprendizado de outros. Por causa das dificuldades comunicativas, um dos fatores que mais impede o seu aprendizado é o *deficit* de atenção à fala de alguém ou aos processos de ensino.

Em muitos casos, não há autonomia para realizar coisas simples e cotidianas, como escovar os dentes ou vestir-se. A vida social passa, então, a ter grande valor pedagógico. A aprendizagem dos usos e costumes torna-se crucial. No entanto, cada dificuldade poderá servir para inspirar o trabalho na escola, pois cada dificuldade poderá ser uma habilidade a ser desenvolvida, uma conquista no campo educacional.

De sorte que a tendência de se fixar em rotinas poderá ser usada, também, para benefício do aprendente na organização do seu dia, estabelecendo-se horários de café, almoço, jantar e banho. Ensinar rotinas e regras na família contribui para orientar a inclusão em distintos espaços sociais. Isto porque cada espaço social possui regras e normas próprias.

Todavia, as rotinas precisam ser quebradas quando fomentam atitudes prejudiciais. Ao mesmo tempo em que é importante mantê-las é importante também mudá-las, pois as mudanças fazem parte da vida cotidiana.

AUTISMO E PRÁTICAS PEDAGÓGICAS

Como podemos conhecer o nosso aluno? Como ensiná-lo?

O que devemos observar? Como avaliar e mediar o processo de ensino e aprendizagem?

Para responder a essas perguntas, listaremos alguns aspectos ou questões no processo de ensino e aprendizagem que poderão ajudar:

- *Motivação para o trabalho escolar*: Qual a motivação do aluno? Por que está motivado ou por que não está? Quais seus pontos de interesse em sala de aula?

Sugestões para o professor: Descobrir o que o aluno gosta de fazer. A partir daí, traçar estratégias de ensino. Há sempre canais comunicantes que podem ser conectados para colorir o trabalho pedagógico. Será sempre bem-vindo o incentivo após o término das tarefas, inclusive estabelecendo atividades em que já haja domínio para o permanente foco de interesse em toda a experiência escolar.

- *Perseverança na finalização das atividades*: O aluno termina o que começa? Quando termina? Quando não termina? O que se pode apreender com as respostas?

Sugestões para o professor: Primeiramente, é preciso salientar que as atividades não poderão ser muito longas se o aprendente tem dificuldades para manter o foco de atenção. Sugerimos que, aos poucos, o professor estabeleça um tempo maior dentro das possibilidades, sempre buscando aumentar a capacidade de concentração.

Quando o aprendente gosta do que faz e está motivado, o foco da mente torna-se mais fácil, mesmo diante das dificuldades da tarefa. Quando conseguimos atrair a sua atenção, ele cria oportunidades e ganhos no seu aprendizado. A atenção é extremamente relevante na aprendizagem escolar. Os pensamentos não estão separados das experiências exteriores, mas se conectam a elas e atuam em nosso desenvolvimento cognitivo à medida que experienciamos situações cotidianas. Essas situações, então, podem servir para criar o foco de atenção, principalmente aquelas que tragam sentido ao trabalho escolar.

A concentração evita a desordem das informações e os pensamentos aleatórios; organiza as elaborações cognitivas e auxilia a memória. O incentivo e o retorno positivo do professor após a realização das atividades nutrem o interesse do aluno.

- *Capacidade de atenção*: Quais são as atividades com menor ou maior nível de concentração? Por quê? O que fazer para aumentar capacidade de atenção?

Sugestões para o professor: Tudo que falamos no tópico sobre *Perseverança na finalização das atividades* poderá ser aplicado também aqui. A atenção orienta o aluno a ter respostas rápidas aos estímulos ambientais. Existem algumas atividades que poderão ser usadas para esse fim.

Trabalhos com artes estimulam o foco de atenção de qualquer aprendente, pois demandam proficuamente a concentração, servindo como mediação pedagógica. Pintura, desenho ou atividades com massa podem ser receptores sensoriais que ajudarão no ensino e na aprendizagem. Por eles, de forma lúdica, o aprendente poderá desenvolver sua capacidade de concentração, necessária para a aprendizagem em outras áreas, como a matemática.

A música desenvolve habilidades que estão relacionadas à memória, à representação geométrica e à leitura. Ademais, a música traz para o campo das atividades escolares a expressão da subjetividade e a instrumentalização sensorial. Por conta disso, a cognição e os movimentos no uso do instrumento musical fomentam constante articulação psicomotora, além de ajudarem no desenvolvimento da linguagem. O uso de violão, flauta ou percussão, por exemplo, por enfatizar tempo, espaço, ritmo e postura corporal, ajuda na escrita, no andar, na respiração e em outros aspectos importantes que se somam ao processo de aprendizagem que estarão presentes na assimilação de outros conteúdos escolares.

- *Participação em grupo*: Onde o aluno gosta de estar? Qual ambiente? Quando gosta de estar? O que o faz procurar o grupo? O que o impede de procurar o grupo? Quais características comportamentais são mais comuns nos ambientes que ele frequenta?

Sugestões para o professor: Atividades que o estudante possa fazer com os demais alunos favorecem o seu interesse e permanência no grupo. Em muitos casos, ele necessita descobrir primeiramente as regras dos grupos sociais. Acreditamos nas possibilidades de socialização que a instrução escolar permite a qualquer aluno. Na família, inicia-se o desenvolvimento do seu equilíbrio emocional e a construção dos seus valores sociais e afetivos, que trazem o respeito, a solidariedade e a disciplina para a convivência.

Após isso, o espaço adequado de aprendizagem é, sem dúvida, a instituição escolar. É na família que a criança aprende a reconhecer o papel do professor e a considerar seus pares, porque reconhece a autoridade dos pais e os valores da convivência que, indubitavelmente, começam a ser aprendidos no seio familiar.

Na escola, os jogos são propícios para a descoberta de limites e de valores sociais. Estimulam a linguagem pela interação, nos momentos descontraídos e até nos momentos quando discentes discutem regras para brincadeiras. O brincar da criança projeta as atividades adultas da sua cultura que pressupõem seus futuros papéis e valores[4]. O brinquedo e a instrução escolar criam, através da interação, o desenvolvimento de funções sociais ainda não amadurecidas, mas que estão em processo de maturação, podendo ser chamadas de "brotos" ou "flores" do desenvolvimento.

- *Autonomia:* O educando tem autonomia na vida prática? No campo pedagógico? Qual a área mais carente? Como sua autonomia pode ajudar o trabalho pedagógico? Ainda precisa de um mediador?

Sugestões para o professor: Ainda que seja inevitável a presença de um mediador, é conveniente que se busque a autonomia do aprendente, propiciando-lhe condições para que sempre o seu desenvolvimento individual apareça. A autonomia inicia-se quando o estudante já sabe o que fazer — reconhece o ambiente escolar, os materiais pedagógicos, os brinquedos e as atividades que deverá realizar. Posteriormente, falaremos um pouco mais sobre a autonomia.

- *Comunicação*: Como é o seu repertório verbal? Como o aluno estabelece comunicação? Dirige-se a um colega para iniciar um contato? Utiliza-se de gestos em lugar de palavras?

Sugestões para o professor: Em todos os níveis de incidência do autismo, a comunicação precisa ter caráter afetivo e ser provida de expressões claras e objetivas. Estabelecer o contato visual com o aluno, chamá-lo pelo nome, identificar-se, nomear objetos, ajudá-lo a entender sentimentos, desejos, vontades e necessidades são ações que sempre produzem bons resultados. É fundamental para o funcionamento social da linguagem que o significado da palavra seja percebido antes do seu uso, afetivamente. Isso favorece a compreensão simbólica da língua.

Toda a postura do professor é relevante na estruturação das habilidades linguísticas. Falar de maneira suave, sem pressa e claramente permite o aprendizado natural e descortina os caminhos da comunicação com o mundo exterior. Existe uma diferença crucial entre comunicar e transmitir. A transmissão é passível de interrupções ou ruídos. A comunicação pressupõe uma proposição acabada, uma ação intransitiva, que não precisa de complemento, pois se presume que atingiu o seu fim. Por isso, transmitir não é o mesmo que comunicar.

O primeiro passo na comunicação com educando será dado pelo professor em conhecê-lo. Conhecê-lo para aprender a comunicar-se com ele. Comunicar uma ação pedagógica, em que estarão entrelaçados os conhecimentos discentes e docentes. A comunicação abarca efetivamente o mundo dos significados e afetos.

É necessário entender como o aprendente compreende a nossa fala. A partir daí, poderemos criar exercícios, atividades, provocar situações estimulantes para a sua socialização. No autismo, é comum indivíduos com extremas limitações na linguagem. Será preciso criar mecanismos que facilitem a comunicação com eles. Existem procedimentos pedagógicos que podem ser utilizados nesses casos: cartões com imagens ou figuras, música, contatos sensoriais poderão ser grande valia.

A linguagem na comunicação social demanda, em sua essência, a abstração e a decodificação. Por isso, haverá momentos em que ela deverá ser extremamente simples, desprovida de muitos símbolos. Existem pessoas que têm dificuldades para dar sentido a elaborações linguísticas mais complexas. É imprescindível observar como falamos e se somos compreendidos.

Por outro lado, o desenvolvimento da linguagem está estreitamente ligado à capacidade simbólica e à representação do objeto ausente. Por conta disso, a partir do conhecimento do educando, surgem mecanismos para estimular o uso de expressões mais elaboradas, propiciando condições para a construção de novos significados.

Ações precedidas por palavras e palavras precedidas por ações colaboram para a comunicação e oralidade. O estabelecimento da comunicação e da compreensão da linguagem é um trabalho que requer sempre uma continuidade sistemática.

- *Vínculos afetivos*: Constitui amizades em sala? Qual sua relação com a família, educadores e colegas de turma?

Sugestões para o professor: Propor atividades que estejam articuladas com as dinâmicas sociais, com as dinâmicas dos grupos de pertença do aluno, com sua cultura social, que reflitam seu cotidiano, seu vínculo familiar, fazendo conexões ainda não experienciadas por ele em seus atributos afetivos, sociais e intelectuais. Estabelecer atividades para serem realizadas pelos demais alunos da sala de aula.

- *Interesses*: Para onde se dirige seus afetos? Do que gosta? O que lhe atrai? Quais os canais de sua vida afetiva poderão ser utilizados como propulsores da aprendizagem? De que forma o seu desejo poderá ser provocado para o trabalho pedagógico?

Sugestões para o professor: Os interesses do aluno estão no campo dos afetos. Em muitos casos, a afetividade é o único caminho para se estabelecer contato.

Certa vez, um aluno do ensino médio, desinteressado pelo trabalho escolar, despertou-se pela proposta do seu professor: escrever um texto sobre capitais brasileiras, suas características econômicas, históricas e culturais. O professor sabia que seu aluno seria capaz de se interessar, pois conhecia detalhes de todas as capitais brasileiras por causa do seu fascínio por futebol: ele fazia a relação do time de futebol com a cidade de origem. A pesquisa foi feita e transformou-se em aula.

É claro que o objetivo não era conhecer o futebol brasileiro, mas através da paixão do adolescente por esse esporte, adquirir os conhecimentos que, por estarem sendo construídos em razão do interesse, poderiam ser guardados para sempre. Uma prática simples, sem complicações e teorias, mas verdadeira, proveu o aprendizado. Isso é legítimo em qualquer nível e modalidade de ensino, idade ou nível social, em qualquer circunstância na educação.

- *Desenvolvimento emocional*: Como educar as emoções do aluno com o espectro autista? Quais aspectos poderiam ser utilizados para o trabalho pedagógico?

Sugestões para o professor: A vida emocional é um campo com o qual podemos lidar como outros campos do saber humano, com maior ou menor habilidade, exigindo, igualmente, um conjunto específico de habilidades. Decerto, os predicados dessas habilidades tornam-se fundamentais para sermos felizes, obtermos sucessos e prosperarmos, não só em nossa vida afetiva, mas, do mesmo modo, em nossas relações sociais e atividades profissionais. As nossas emoções são educáveis.

As nossas ações, condutas e pensamentos recebem permanente ingerência do nosso ser emocional, isso porque não é possível utilizarmos razão e corpo sem estarmos impregnados de propriedades afetivas.

Crianças e adolescentes com autismo nem sempre adquirem maturidade necessária para que os mecanismos mentais controlem as emoções. São propensos ao desequilíbrio por motivos aparentemente para nós insignificantes. É comum a criança ou adolescente sentir-se desconfortável e intimidado em um ambiente novo, como o da escola. É comum buscar apoio nas coisas ou movimentos que lhe trazem conforto emocional. É normal a reação diante da contrariedade. É comum o medo e a raiva ganharem proporções significativas.

Toda a equipe pedagógica da escola, bem como funcionários e outros profissionais, precisa saber lidar com as questões emocionais decorrentes do espectro. É frequente crianças e adolescentes passarem mais tempo no ambiente escolar do que efetivamente com os pais. Por essa razão, a educação emocional não pode estar dissociada da ação pedagógica, a fim de se tornar uma habilidade a mais para o aprendente; de propiciar maiores condições para a desenvoltura nos conhecimentos acadêmicos.

A nossa cognição possui trânsito melhor quando aliada à aptidão emocional. As emoções podem ser trabalháveis, tornando-se aparatos imprescindíveis para o aprendizado. Por elas, percebemos melhor os mecanismos das dimensões pessoais indispensáveis à vida em sociedade, como a tolerância, a compaixão, o compartir, dentre tantos outros que fogem ao escopo racional. O aluno com o espectro autista pode desenvolver essas propriedades na escola. Para tal, o amor é fundamental. Nada inclui melhor o aluno do que a ação educativa do amor. Ao mesmo tempo em que ele traz pertencimento afetivo, traz pertencimento social. Na comunicação da ação pedagógica, busca-se também alcançar o amor do aluno.

- *Desenvolvimento cognitivo*: O educando apresenta *deficit* cognitivo? Quais são suas maiores habilidades e dificuldades? Qual a sua relação com a linguagem? Como é a elaboração do seu pensamento? É muito literal? Consegue simbolizar?

Sugestões para o professor: Os cognitivistas entendem a mente como um conjunto de mecanismos de processamento de informação[5]. Nossos sentidos são responsáveis pela captação dessa informação, introduzindo-a no sistema cognitivo, envolvendo a atenção, a memória, as emoções e a linguagem. Nunes apresenta os subsistemas cognitivos envolvidos no tratamento da informação, que podem ser assim descritos:

- Linguagem: responsável pela transmissão da informação;
- Percepção: responsável pela captação da informação;
- Memória: responsável pela retenção, codificação e armazenamento da informação;
- Pensamento: responsável pelo processamento e transformação da informação em conhecimento;
- Inteligência: responsável pelo uso do conhecimento na resolução de tarefas;
- Aprendizagem: responsável pela modificação do organismo diante da informação captada.

Em situações cotidianas, faz-se necessária a articulação desses subsistemas. Quanto mais complexa for a situação maior será o grau de sofisticação das articulações cognitivas. Decerto, aspectos motivacionais e emocionais trarão novos matizes organizacionais para o pensamento.

É preciso ressaltar a estreita ligação que há entre cognição e linguagem. A linguagem é essencial para haver elaborações cognitivas mais complexas. Uma elaboração não mediatizada pela linguagem ou por outro sistema de signos viabiliza apenas a comunicação mais primitiva e limitada. Então, quanto mais a comunicação é permeada de signos, sofisticada em recursos da linguagem, superior ela será. Diante disso, podemos afirmar que quanto maior for o repertório linguístico do aluno, maiores serão as suas possibilidades cognitivas. Da mesma forma, quanto mais complexas forem as suas articulações cognitivas, maiores serão as suas possibilidades linguísticas.

Com efeito, cada palavra torna-se uma ação verbal do pensamento, uma ação cada vez mais lógica a fim de detectar símbolos incutidos nas conversas, nas interações sociais. Uma ação articulada com a nossa cultura e subjetividade, no uso profícuo da generalização da palavra, e a palavra pressupõe a ação, o verbo.

O estímulo à leitura ou ao contato com o livro pode ser uma atividade profícua para o desenvolvimento das habilidades cognitivas e da linguagem. O livro, porque nos conecta a temas tão diversos, é uma excelente ferramenta para a generalização da palavra. O ensino na escola precisa ser conectado com o todo, levando a amplitude do conhecimento e não promovendo o isolamento entre os saberes. Para o leitor, o livro representa a generalização da palavra; para o não leitor, representa a generalização do pensamento.

- *Desenvolvimento matemático*: O aluno reconhece as operações matemáticas? Conhece os numerais? Consegue sequenciá-los? Faz operações mentais complexas ou simples? Utiliza-se sempre do concreto?

Sugestões para o professor: A matemática é uma habilidade básica do cérebro humano, pois os números aparecem naturalmente em nosso cotidiano, fazendo parte de nossa vida. Nossas relações com os números intensificam-se a cada momento, localizando-nos no tempo e no espaço. Crianças e adolescentes convivem constantemente com essa realidade numérica exigida na escola e em outros ambientes sociais.

Numerais, sequenciamentos, pareamentos, adições e subtrações são mais bem apreendidos se estiverem ligados à vida social e afetiva do aprendente com autismo. Tanto na linguagem como na matemática, ele aprende a generalizar, classificar, organizar e sequenciar. Dessa forma, é possível ainda trabalhar com blocos lógicos, caixa de cores, barras coloridas que indiquem unidades numéricas e encaixes geométricos, dentre outros materiais, para o desenvolvimento do pensamento lógico-matemático.

Fazer sequências numéricas sem relacionar o ato de sequenciar ao mundo afetivo e cotidiano poderá ser inócuo. O educando poderá não ver sentido em contar os números, mas poderá encontrar sentido em contar estrelas, carros, brinquedos, e tantas outras coisas materiais e simbólicas, que estão em suas dimensões afetivas.

O professor poderá observar e avaliar melhor seu educando quanto ao nível de desenvolvimento matemático verificando se ele é capaz de:

- Fazer pareamentos simples ou complexos;
- Visualizar objetos dentro de um conjunto maior;
- Conservar quantidade e as relações de valor;
- Sequenciar números;
- Compreender sinais;
- Montar operações;

- Compreender medidas;
- Lembrar sequências para a realização de operações matemáticas;
- Contar sequencialmente.

A seguir, o professor poderá estabelecer atividades observando os seguintes critérios:

- Propor atividades baseadas no interesse do aluno;
- Usar linguagem objetiva;
- Utilizar o concreto e o lúdico, mesmo nos anos finais do ensino escolar;
- Utilizar abordagens sensoriais (estímulo visual, auditivo e sinestésico);
- Explorar o cotidiano;
- Utilizar jogos;
- Propor atividades que estimulem o pensamento lógico;
- Evitar atividades muito longas;
- Propor tarefas pequenas, mesmo que sejam diversas;
- Adaptar currículo, provas e avaliações;
- Incentivar sempre o aluno;
- Privilegiar os vínculos afetivos;
- Privilegiar as habilidades.
- *Desenvolvimento da leitura e da escrita*: Quais são as características da coordenação motora fina do estudante? Sua dificuldade na escrita provém de aspectos motores ou cognitivos? Quais os estágios da leitura e escrita?

Sugestões para o professor: Os processos de aprendizagem da leitura e da escrita de alunos com o espectro autista são semelhantes ao de qualquer aluno em muitos aspectos, tais como: no letramento, na dimensão desejante, nas expectativas do grupo social e familiar, no ensino e nas interações escolares.

A aprendizagem da leitura e da escrita como um conjunto de práticas sociais em contextos simbólicos ligados ao sujeito é o que podemos chamar de letramento. É a maneira como as pessoas utilizam a língua escrita e as práticas sociais de leitura e de escrita nos diferentes ambientes de convivência. O letramento traduz uma condição do sujeito: é o estado ou condição que assume aquele que aprende a ler e escrever[6].

Esse conceito traduz a ideia de que a leitura e a escrita resultam de experiência social, cultural, cognitivas e linguísticas. A escola é, sem dúvida, um espaço essencial para o letramento. Essa ideia ganha bastante relevância no ensino do aprendente com autismo, independentemente do nível do comprometimento. Porém, é preciso salientar que a ênfase dessa prática não pode estar centrada somente no processo de aquisição de códigos alfabéticos e numéricos, mas acima de tudo nas experiências e vivências socioculturais, familiar e escolar. Trata-se da aprendizagem da leitura do mundo, como aprendemos com Freire.

O que o aluno deseja ler? O que deseja escrever? Quais são as suas experiências pessoais que o impelem ao movimento da escrita e da leitura? O seu processo de letramento desenvolver-se-á a partir do seu mundo afetivo. É preciso, então, contextualizar o trabalho pedagógico com base nessa verificação.

Evidentemente, haverá uma série de condições prévias, tanto cognitivas, quanto motoras, para o letramento. As condições cognitivas estão ligadas à atenção, à memória e à linguagem, que falamos anteriormente. Quanto às condições motoras necessárias para a escrita, devem ser observados possíveis comprometimentos ou imaturidade na organização dos movimentos do estudante. A pega do lápis e outros movimentos motores finos podem ser estimulados e refinados por meio de exercícios específicos. Atividades que estimulem o movimento de pinça corroboram com o aperfeiçoamento motor.

Para avaliar a evolução escrita do seu aluno, o professor pode utilizar diversas proposições, tais como: escrita livre de palavras e frases, reescrita de atividades vivenciais, reescrita de histórias lidas, produção com base em imagens. Os registros dos aprendentes expressam o nível de evolução em que eles se encontram, desde a escrita sem valor representativo até a escrita alfabética, com valor representativo.

Avaliar o nível da escrita do aluno, bem como compreender o seu esquema de comunicação oral tornam-se indispensáveis para a proposição de atividades. A linguagem é percepção, relação e classificação. Toda criança aprende a nomear, categorizar e conceituar. Normalmente, a sua linguagem oral inicia-se com predominância dos gestos. Posteriormente, ocorre um desenvolvimento contínuo da oralização.

Cada etapa conquistada deve representar um estímulo para a próxima. Todo indivíduo elabora a sua fala mediante a sua subjetividade e interação com as pessoas. É comum a criança nos primeiros contatos com a linguagem criar nomeações próprias para pessoas ou objetos. São classificações que ela faz pela mediação da sua subjetividade, com pouca inferência externa. Trata-se de uma linguagem interior a partir do seu universo de significados. Nos esquemas cognitivos e linguísticos do autismo isso poderá ganhar grandes proporções. Por isso, será essencial incentivar a interação com os demais alunos da escola. Mais contato social, maiores possibilidades de desenvolvimento verbal oral e escrito, que incidirão na comunicação social.

CONCLUINDO NOSSA REFLEXÃO

Nosso objetivo neste pequeno texto foi discutir o trabalho do professor diante de questões fundamentalmente pedagógicas no que tange à inclusão escolar da pessoa com Transtorno do Espectro Autista. Longe da pretensão de esgotar o assunto, procuramos apontar alguns caminhos. Faz-se necessário ressalvar, entretanto, que qualquer esforço para situar as práticas de ensino será de pouco efeito se não estabelecer vínculos com situações concretas da escola. Vínculos, principalmente, com a condição discente e docente. Na educação, é o aluno quem melhor mostra o caminho da aprendizagem, e o professor quem melhor qualifica o trabalho pedagógico. Ademais, educar é uma atitude audaciosa. Exercemos uma atividade que, apesar de essencial, pouco atrai as novas gerações. De fato, o professor caminha sobre utopias. Se assim não fosse, já teria desistido de ensinar. Por outro lado, educar é um ato de excelência, e o professor ama a excelência. Se assim não fosse, muitos já teriam desistido de aprender.

REFERÊNCIAS

1. Freire P. Pedagogia da autonomia: saberes necessários à prática educativa. São Paulo: Paz e Terra; 2004.
2. Brasil. Presidência da República, Casa Civil, Subchefia Para Assuntos Jurídicos. Lei nº 12.764, institui a Política Nacional de Proteção dos Direitos da Pessoa com Transtorno do Espectro Autista; e altera o § 3º do art. 98 da Lei nº 8.112, de 11 de dezembro de 1990. Brasília, DF; 1990.
3. Shaw W. Tratamentos biológicos para autismo e PPD. São Paulo: Editora Atlantis; 2002.
4. Vygotsky LS. A formação social da mente: o desenvolvimento dos processos psicológicos superiores. São Paulo: Martins Fontes; 2007.
5. Nunes JMC. Linguagem e cognição. Rio de Janeiro: LTC; 2006.
6. Brasil. Lei de Diretrizes e Bases da Educação Nacional (9394/96): promulgada em 20 de dezembro de 1996. Apresentação Carlos Roberto Jamil Cury. 7. ed. Rio de Janeiro: DP&A; 2007.

SINAIS PRECOCES DO TRANSTORNO DO ESPECTRO AUTISTA: COMO OS PROFESSORES PODEM AUXILIAR

Felipe Guimarães de Castro Amorim
Rayssa Santos Lima

INTRODUÇÃO

O Transtorno do Espectro Autista (TEA) é um transtorno do neurodesenvolvimento, com características que surgem desde a infância. Alguns dos sintomas podem estar presentes desde o primeiro ano de vida, período este de grande importância para o desenvolvimento cerebral, em que há maior plasticidade e, com isso, maior possibilidade de efeitos das intervenções terapêuticas. O TEA acomete aproximadamente 1,5% da população, sendo mais frequente em meninos, na proporção de 4 para 1, mas a causa dessa desproporção não é clara, inclusive acredita-se que a etiologia seja multifatorial envolvendo fatores ambientais e genéticos[1,2].

O diagnóstico ou a suspeição precoce poderá proporcionar a intervenção ainda na idade pré-escolar e será de grande importância no curso dos sintomas ao longo da vida, podendo interferir significativamente no prognóstico. Os pais, avós, cuidadores e outros, além da escola, serão de extrema importância na percepção dos sinais de TEA, principalmente em faixa etária menor[3,4].

Informar a família sobre o desenvolvimento da criança, principalmente quando esta possui algumas características que não são esperadas para idade, e demonstrar a preocupação com suas habilidades ainda não adquiridas será importante para o futuro deste aluno, mas não é tarefa fácil fazer isso sem criar um mal-estar com a família, sem distanciá-la da escola, transmitindo uma real intenção de auxílio.

Neste capítulo iremos descrever sobre os sinais do TEA na primeira infância, sobre os sinais de alerta nessa faixa etária, sobre o modo como a participação de cuidadores e a relação da escola e família serão importantes nesta etapa diagnóstica como a precocidade das intervenções e dos cuidados pode influenciar no prognóstico ao longo da vida.

O TRANSTORNO DO ESPECTRO AUTISTA

O diagnóstico conhecido como Espectro foi utilizado a partir de 2013 no Manual Diagnóstico e Estatístico dos Transtornos Mentais em sua 5ª edição (DSM-5), mas a primeira descrição como hoje conhecemos as características primordiais do TEA, como *deficit* na relações sociais, linguagem, limitação de interesses e padronização do comportamento, foi apresentada pelo psiquiatra Leo Kanner em 1943, que, a partir das observações de seus pacientes percebeu comportamentos e desenvolvimento semelhantes entre eles[5].

Sobre o caso D, Kanner relatou assim:

> mais feliz quando deixado sozinho, quase nunca chorou para ir com sua mãe, não pareceu notar as tarefas domésticas de seu pai, e era indiferente ao visitar parentes... vagava sorrindo, fazendo movimentos estereotipados com os dedos... girou com grande prazer qualquer coisa que ele pudesse aproveitar girar... Palavras para ele tinham um literal significado... quando levado para uma sala, ele completamente desconsiderou as pessoas e instantaneamente procurou os objetos[4].

Desde os relatos de Kanner os conceitos sobre autismo sofreram diversas influências, questionando-se a causa, origem e motivos daqueles comportamentos. Hoje, com a evolução da ciência, diversas pesquisas demonstram fatores ambientais e genéticos relacionados na etiologia, vários genes foram descritos como causadores do TEA e estudo recente sugere que 80% dos casos tenha origem genética[6].

O TEA caracteriza-se por *deficit* em dois domínios do desenvolvimento, a comunicação social e o padrão repetitivo, restrito de seu comportamento, interesse ou atividades, sendo invariável, independente da cultura, condição socioeconômica, etnia, gênero ou raça. O diagnóstico é realizado através de características comportamentais e até o momento não existem exames ou marcadores específicos, sendo a avaliação clínica e história do desenvolvimento a principal forma de diagnóstico[2].

A ESCOLA E O DIAGNÓSTICO PRECOCE DO TEA

O início das crianças no ambiente escolar é cada vez mais precoce e comum. Os motivos são diversos: boa parte já se inicia após o término da licença-maternidade, permanecendo em tempo integral no berçário; outros, ainda no segundo ano de vida, por opção da rotina de trabalho familiar ou por motivo social, pois possuem poucas oportunidades no dia a dia em contato com outras crianças. Surgem inúmeras oportunidades a partir do fato de frequentar a escola, como o estímulo social com os pares, desenvolvimento de novas habilidades aprendidas por "imitar e observar", exploração sensorial do espaço físico, brincadeiras e diversas atividades planejadas. Os professores terão a possibilidade de assistir essas crianças, mas também de observar características no ambiente extremamente rico com inúmeras possibilidades, principalmente na presença do grupo. Os sinais de atraso no desenvolvimento, inabilidades ou habilidade ainda mal adquiridas devem ser consideradas, pois as intervenções profissionais, quando necessárias, têm maior efeito diante da precocidade[3].

O tratamento precoce possui melhor efeito, pois as crianças têm nos primeiros anos de vida o período de maior desenvolvimento cerebral. A neuroplasticidade está relacionada à capacidade do cérebro em superar as limitações impostas pela herança genética e de se adaptar ao ambiente continuamente modificado. A plasticidade é uma propriedade intrínseca que perdura durante a vida, mas tem seu maior potencial no início do ciclo vital, através do fortalecimento, enfraquecimento, poda ou acréscimos de conexões sinápticas. Assim, o cérebro está em contínua mudança como consequência de cada estímulo sensorial plano de ação, sinal de recompensa, associação e consciência[7].

O diagnóstico do TEA na maior parte das vezes, apesar do interesse cada vez maior sobre o tema e acesso à informação, ocorre acima dos 4 anos de idade, mas os sinais estão presentes e podem ser identificados nos primeiros anos de vida. Existem fatores que influenciam na idade do diagnóstico, usualmente será mais tardio nas populações de menor renda e pessoas que residam em regiões interioranas pois o acesso à assistência especializada será menor.[8] Por outro lado, algumas condições são favoráveis para que a suspeita ou percepção de atraso no desenvolvimento da criança seja precoce, como possuir irmão mais velho com TEA, não ser filho único e contato próximo com avós, pois conhecer o desenvolvimento típico e atípico favorece a possibilidade na procura de cuidados[4].

Os sintomas iniciais do TEA não são uniformes: podem surgir em alguns casos ainda no primeiro ano de vida, mas na maioria é mais consistente entre 12 e 24 meses de idade.[9] No primeiro ano de vida, podemos observar algumas características de alerta: crianças que estejam no berçário poderão não sustentar o olhar com o cuidador no momento da amamentação, não acompanhando os diversos sons do ambiente ou apresentando extremo desconforto. Frequentemente terão mais interesse em um objeto em relação ao rosto do cuidador, não correspondendo ao sorriso, não apresentando balbucios ou a intenção de se comunicar através de choro ou intensidade de sons diferentes.

No segundo e terceiro anos de vida a criança pode apresentar atraso nas primeiras palavras ou, quando surgem, podem parecer normais, mas com frequência e repetição sem autonomia ou espontaneidade, pouca variação na expressão facial em sua comunicação, e por vezes a repetição da fala do adulto (ecolalia), além de não acompanhar o contato visual ou gestual de outras pessoas. Pode possuir a tendência de brincar sozinho ou apenas assistir a outras crianças, mas não participando. Porém, quando participa não compreende bem as brincadeiras: a qualidade ou a variedade na brincadeira pode ser limitada, interessando-se por partes do brinquedo, como a roda, e não utilizar o objeto em brincadeira simbólica, sem engajamento ainda no "faz de conta". Podem ocorrer também alterações nos hábitos alimentares, restringindo os interesses e alterações motoras, sendo o padrão repetitivo, sem um propósito (estereotipias).

Os sintomas descritos, quando presentes, são importantes para a suspeita do TEA, e quanto maior a frequência, maior também será a possibilidade do diagnóstico. Porém, este deverá ser feito sempre por equipe multiprofissional, sendo fundamental para equipe pedagógica alertar sobre a necessidade de avaliação.

A RELAÇÃO ENTRE FAMÍLIA E ESCOLA

A família ocupa o lugar de instituição primária de vinculação das crianças com a sociedade. A família, desde os primeiros dias de um bebê, cria oportunidades de desenvolvimento que serão estruturantes na vida de um indivíduo. Além disso, a família constitui-se como uma instituição formadora de valores, pensamentos e comportamentos. No entanto, apesar de a família assumir algumas funções com exclusividade, outras influências irão se originar- ou ter impacto por outras instituições sociais[10].

A escola como uma instituição social é um ambiente rico de estímulos para o desenvolvimento, que propicia interações diversas nas quais as crianças terão oportunidade de testar suas habilidades motoras, cognitivas, de socialização e de cuidados pessoais, entre outras. É um ambiente que irá fazer parte de vários momentos e etapas do desenvolvimento das crianças, e será também de grande influência no desenvolvimento e formação de valores na vida das crianças.

Nesse sentido, família e escola, em conjunto, são os dois ambientes com os quais as crianças terão maior contato no início de suas vidas, sendo nesses ambientes que elas irão se desenvolver e aprender novas habilidades de maneira natural.

Assim sendo, escola deve estreitar o relacionamento com as famílias, orientando-as, comunicando sobre suas observações acerca do comportamento, desenvolvimento linguístico e motor, socialização e outras áreas do desenvolvimento dos seus alunos, visando o bem-estar e a qualidade de vida das crianças. Por outro lado, a família precisa compreender que a escola tem papel formador e potencializador do desenvolvimento dos seus filhos, em que a aliança com o corpo docente e outros profissionais da escola age como facilitador na criação de oportunidades de aprendizagem.

Ao pensar em famílias que vivenciam o autismo no desenvolvimento dos seus filhos, essa relação estreita com a escola tem se mostrado potencializadora no tratamento dessas crianças. Quando a família e a escola formam uma aliança e compromisso com o desenvolvimento e qualidade de vida das crianças, isso significa mais qualidade na inclusão, compreendendo que as crianças com autismo terão mais oportunidades de aprendizagem de habilidades em um contexto altamente social.

A literatura científica vem provando com resultados significativos em diversos ensaios clínicos que quando é fornecido a crianças com TEA maior suporte e inclusão nos ambientes que ela frequenta, há melhoria na aquisição de novas habilidades no processo de tratamento. Isso significa que, para as dificuldades de uma criança serem superadas, o suporte em mais de um ambiente cria mais oportunidades de desenvolvimento para essas crianças, de forma que os resultados virão com maior rapidez, uma vez que durante a semana as crianças serão expostas a mais situações/oportunidades para treinar desafios e novas habilidades traçadas em seu plano de tratamento[11-13].

A escola, nesse sentido, é vista como um ambiente potencializador, que, sendo parte diária do contato dessas crianças com diversas situações sociais, e por ser uma instituição que promove estímulos em várias áreas do desenvolvimento, atua também no ganho de habilidades das crianças com TEA.

Diante desses estudos que apresentam como as oportunidades de aprendizagem em mais de um ambiente são determinantes no tratamento de crianças com TEA, é fundamental que família e escola construam uma relação na qual a comunicação sobre o desempenho das crianças nas diversas áreas do desenvolvimento seja rotineiro e esteja periodicamente na pauta das reuniões escolares.

COMO COMUNICAR À FAMÍLIA OBSERVAÇÕES SOBRE POSSÍVEL ATRASO NO DESENVOLVIMENTO?

Crianças com autismo apresentam uma defasagem do desenvolvimento como um todo, uma vez que geralmente terão menos oportunidades de aprendizagem social, onde aprender habilidades de interação com outras pessoas não acontecem na mesma frequência que crianças com desenvolvimento típico[14-15].

Sabe-se também que é nos primeiros anos de vida que temos maior neuroplasticidade, que é a capacidade de plasticidade cerebral para aprender e compensar dificuldades na estrutura e conectividade no SNC[15]. Tendo isso em vista, pensar em potencializar ao máximo o desenvolvimento de cada criança significa observar os primeiros sinais de atraso, indícios de que o seu desenvolvimento não vai bem e comunicar à família sobre suspeita de atraso observados no contexto escolar, para que a ela possa procurar profissionais especialistas em avaliar o desenvolvimento infantil de maneira mais abrangente e criteriosa.

Compreende-se que essa é uma tarefa delicada. A escola pode se sentir apreensiva por ser responsável por sinalizar que algo está errado à família, com receio de que a relação entre a família e a escola seja de alguma forma prejudicada. Esse sentimento é compreensível, no entanto, a escola, como um lugar de promoção de aprendizagem deve fornecer o melhor ambiente para o desenvolvimento e qualidade de vida de seus alunos e isso significa entender que a comunicação entre família e escola perpassa por esse objetivo comum.

Diante dessas circunstâncias, algumas sugestões estão listadas abaixo para facilitar a comunicação à família para possibilitar uma comunicação assertiva[16].

Quadro 1 – Sugestões para facilitar uma comunicação assertiva

O que é assertividade?

A comunicação assertiva pode ser definida como aquela que envolve a expressão direta, das opiniões, pensamentos, emoções que, ao fazê-lo, o remetente não experiencie ansiedade indevida ou excessiva, também não sendo hostil com o receptor da mensagem.

Passo a passo para uma comunicação assertiva:

1 – Ser claro, conciso e específico: Diga aquilo que queira realmente dizer, de uma forma clara. Se necessário, dê exemplos que ilustrem as suas observações:

Exemplo: Temos observado que Pedro não tem acompanhado a turma nas atividades em sala e tem demonstrado preferência em ficar sozinho no grupo.

2 – Usar frases na 1ª pessoa: Ao adotar a 1ª pessoa — "eu" — na comunicação, o remetente assumirá que esses são pensamentos, sentimentos e ações, sem responsabilizar e culpabilizar o destinatário.

Exemplo: "Eu" (a escola que neste caso pode ser postulado como "nós"). "Eu" estou preocupado com o desenvolvimento de Maria.

3 – Empatizar: A empatia é a habilidade de reconhecer as dificuldades, sentimentos e opiniões do outro. Quando a empatia é usada na comunicação, aquele que está sendo reconhecido saberá que estará sendo ouvido e é dada atenção ao que é importante para ele e isso constrói a compreensão entre os dois interlocutores.

Exemplo: Compreendo que essas observações feitas pela equipe podem trazer preocupação, estamos preocupados também, pois queremos que a escola seja um espaço onde nossos alunos desenvolvam as suas potencialidades.

4 – Projetar as observações: Significa buscar pistas de comportamentos em comum que foram observadas em contextos/situações semelhantes. Pode ser feito em forma de indagação ao receptor da mensagem.

Exemplo: Você, pai, mãe, tem observado esses comportamentos que foram relatados em outros lugares e vocês estavam presentes?

5 – Oferecer auxílio para sugerir ações: O último passo diz respeito a oferecer suporte social à família, indicando profissionais, por exemplo.

Exemplo: Nesse momento, sugerimos que seja feita uma avaliação do desenvolvimento e temos profissionais para indicar ou nós podemos fornecer um relatório do aluno para contribuir na análise do especialista.

CONSIDERAÇÕES FINAIS

A infância é um período de extrema importância no desenvolvimento cerebral: a neuroplasticidade está em maior intensidade, as experiências irão modelar e proporcionar novos aprendizados e a escola será um período de intensa oportunidade em desenvolver suas potencialidades e novas habilidades, além de um contato precoce com o meio social ampliado e estímulos sensoriais.

Os professores exercem um papel importante na vida dessas crianças, não só na introdução dos aspectos pedagógicos, mas no acompanhamento de seu crescimento. Assim, precocemente, quando ocorrer algum atraso no desenvolvimento, a escola poderá informar à família possibilitando avaliação e atendimento precoce determinando um melhor futuro para estas crianças.

REFERÊNCIAS

1. Lord C, Elsabbagh M, Baird G, Veenstra-Vanderweelw J. Autism spectrum disorder. Lancet. 2018;392(10146):508-20.

2. American Psychiatric Association. Diagnostic and statistical manual of mental disorders: DSM 5. Arlington, VA; 2013.

3. Rogers SJ, Estes A, Lord C, Munson J, Rocha M, Winter J, et al. A multisite randomized controlled two-phase trial of the early start denver model compared to treatment as usual. J Am Acad Child Adolesc Psychiatry. 2019;58(9):853–65.

4. Lai MC, Lombardo M V., Baron-Cohen S. Autism. Lancet. 2014;383(9920):896–910.

5. Evans B. How autism became autism: the radical transformation of a central concept of child development in Britain. Hist Human Sci. 2013;26(3):3–31.

6. Bai D, Yip BHK, Windham GC, Sourander A, Francis R, Yoffe R, et al. Association of genetic and environmental factors with autism in a 5-country cohort. JAMA Psychiatry. 2019;76(10):1035–43.

7. Pascual-Leone A, Amedi A, Fregni F, Merabet LB. The plastic human brain cortex. Annu Rev Neurosci. 2005;28(1):377–401.

8. Guthrie W, Wallis K, Bennett A, Brooks E, Dudley J, Gerdes M, et al. Accuracy of autism screening in a large pediatric network. Pediatrics. 2019;144(4).

9. Pierce K, Gazestani VH, Bacon E, Barnes CC, Cha D, Nalabolu S, et al. Evaluation of the diagnostic stability of the early autism spectrum disorder phenotype in the general population starting at 12 months. JAMA Pediatr. 2019;173(6):578–87.

10. Carvalho EE. A participação da família na escola e as suas implicações na formação social da criança. Psicologado. 2017.

11. Licciardello CC, Harchik AE, Luiselli JK. Social skills intervention for children with autism during interactive play at a public elementary school. Educ and Treat of Child. 2008;31(1):27-37.

12. Linstead E, Dixon DR, Hong E, Burns CO, French R, Novack MN, Granpeesheh D. An evaluation of the effects of intensity and duration on outcomes across treatment domains for children with autism spectrum disorder. Trans Psych. 2017;7(9):1234-1234.

13. Prior M, Roberts J. Early intervention for children with autism spectrum disorders: guidelines for good practice. 2012. Canberra: FaHCSIA.

14. Zilbovicius M, Meresse I, Boddaert N. Autismo: neuroimagem. Braz J of Psych. 2006;28(1):21-28.

15. Rogers S, Dawson G. Intervenção precoce em crianças com autismo: modelo Denver para a promoção da linguagem, aprendizagem e da socialização. Lisboa: Editora Lidel; 2014.

16. Galassi MD, Galassi JP. Assert yourself: how to be own person. Human Sciences Press; 1977.

HABILIDADES DO ALUNO E HABILIDADES DO PROFESSOR PARA O PROCESSO DE INCLUSÃO DE CRIANÇAS COM TRANSTORNO DO ESPECTRO AUTISTA NA PERSPECTIVA DA ANÁLISE DO COMPORTAMENTO APLICADA (ABA)

Mariana Braido

INTRODUÇÃO

A inclusão escolar de crianças com Transtorno do Espectro Autista (TEA) é um desafio para as equipes escolares, dada a variabilidade de quadros clínicos que recebem esse diagnóstico. Há crianças que falam, crianças que não falam, que usam comunicação alternativa, com comportamento muito rígido, com *deficit* atencionais, sensorialmente mais ou menos afetadas.

Diante dessa realidade, e considerando que a escola é um ambiente para aprendizagem formal em primeiro lugar (mas não somente) e não de terapia, o que fazer para garantir que a criança que chega pela primeira vez a uma escola possa usufruir do plano educacional individualizado (PEI) preparado para ela diante de tantos prejuízos comportamentais, atencionais, estereotipias, baixa responsividade ou agitação?

Se há *deficit* e excessos comportamentais não relacionados com o conteúdo acadêmico que podem funcionar como barreiras para a aprendizagem formal, o que pode ser feito? O professor está preparado para lidar com isso?

O objetivo deste capítulo é apresentar habilidades básicas que professores e alunos devem adquirir no início do processo de inclusão, que podem funcionar para eliminar barreiras e facilitar, do ponto de vista comportamental pelo menos, a aprendizagem de conteúdo formal.

Ao final do capítulo, serão discutidos a viabilidade de aquisição de repertório do professor no dia a dia, enquanto seu aluno de inclusão traz desafios diários, e o impacto da aquisição dessas habilidades para o bem-estar dele e de seus aprendizes.

RECEBENDO O ALUNO COM TEA

Os dias que antecedem o início das aulas podem ser ansiogênicos quando sabemos que um aluno de inclusão desconhecido irá chegar e que suas características comportamentais não seguirão o padrão que se adequa facilmente às práticas de ensino elaboradas para crianças com desenvolvimento típico.

Como professor responsável por garantir as condições de aprendizagem na sala de aula, é natural que a apreensão emerja e que nos sintamos sem meios para ensinar crianças com estilos cognitivos diferentes, e que os métodos ensinados em seu processo de formação não tenham levado em conta a realidade ter um ou mais alunos de inclusão.

Infelizmente, muitos professores ficam sobrecarregados para superar as lacunas da formação profissional insuficientes para lidar com o desafio de ensinar em uma sala de inclusão.

Diante desse cenário, é importante que o professor se assegure de que não está sozinho. As equipes clínicas, em outro contexto, passam por aflições semelhantes e encontram desafios para ajudar a criança e sua família a desenvolver habilidades que favoreçam sua adaptação ao mundo físico e social. Entretanto, em contexto clínico, é mais fácil controlar as variáveis que afetam o comportamento da criança com TEA do que em sala de aula.

A boa notícia é que não é impossível planejar para que algum tipo de controle possa ser exercido pelo professor em sala de aula para que ele possa desfrutar da sensação de domínio desse novo desafio.

O que é possível fazer no período que antecede o início das aulas? O que é possível fazer no primeiro dia de aula? E no primeiro mês? Será apresentada abaixo uma proposta um tanto generalista para responder a tais perguntas.

No período que antecede o início das aulas, é importante que o professor tenha o máximo de informação sobre o aluno de inclusão. Além de nome, idade, se já esteve em outra escola anteriormente, é fundamental que o professor saiba se a criança tem habilidades de comunicação, se fala ou não, se tem comunicação alternativa, se usa linguagem de sinais. É importante saber também quais são seus brinquedos favoritos e outros itens de interesse, quais seus alimentos favoritos, se está desfraldada e se já foi treinada a usar o vaso sanitário, e quais são as habilidades de autonomia que já possui.

A sala de aula pode ser preparada com itens de interesse da criança (caso sejam compatíveis com o contexto) para que se torne um ambiente atrativo para ela. Se a escola não possui tais objetos, é possível que a coordenação autorize e envie um pedido para que a família providencie e leve para a escola?

Outro ponto importante é identificar se o professor contará com um professor assistente e se a escola ou a família fornecerá um mediador escolar.

Após a preparação na semana anterior, o que o professor fará com relação ao aluno de inclusão nos primeiros dias de aula?

O primeiro objetivo é observar os comportamentos do aluno neste novo ambiente para identificar se ele tem em seu repertório pré-requisitos comportamentais para aprender em sala de aula[1].

Nota1. Nos primeiros dias de aula

1. Observar os comportamentos: o que o aluno faz e o que ele deveria fazer, mas ainda não faz;
2. Identificar objetos e atividades de interesse;
3. Identificar barreiras – excessos comportamentais que não estão adequados ao contexto escolar;
4. Planejar o ambiente para aprendizagem.

AVALIANDO AS HABILIDADES PRESENTES E DEFICITÁRIAS/AUSENTES DO ALUNO

Durante 2 a 3 dias, observe o que a criança faz quando deixada livremente. Ela pode perambular pela sala, jogar objetos no chão, levá-los à boca, agitá-los de forma estereotipada, pular, chorar, buscar o adulto e puxá-lo pela mão como forma de se comunicar. Pode ser que ela não tenha outros meios de se comunicar a não ser puxar o adulto pela mão, mas pode ser que ela se comunique com gestos e com o olhar. Se é a primeira vez que ela está indo para a escola, pode ser que ela não saiba o que fazer e uma vez que criança com TEA tem *deficit* de imitação, não vai imitar o que os coleguinhas fazem e agirá de modo incompatível com o contexto de sala de aula. Outros comportamentos que podem aparecer no primeiro dia são crises de choro ou fugir da sala de aula.

A partir dessa descrição, podemos notar que as possibilidades comportamentais são diferentes das esperadas para o contexto de ensino e aprendizagem, o que significa que a criança ainda não tem os pré-requisitos básicos necessários para a aprendizagem de conteúdo formal.

Muitas vezes, nenhuma dessas habilidades estão presentes no repertório do aluno, e sem elas a aprendizagem de conteúdos mais complexos fica comprometida. Então o que temos identificado é que teremos que desenvolver essas habilidades para que outras possam ser aprendidas futuramente.

Nota 2. Após 2-3 dias de observação, você consegue identificar as habilidades deficitárias ou barreiras comportamentais do seu aluno?

Faça uma lista com todas elas.

Neste ponto, é importante termos clareza de que o repertório inicial do aluno (o que ele faz atualmente) não tem nenhuma ou tem pouca semelhança com o comportamento final que queremos que ele tenha. Então fica a pergunta: Como fazer para que ele consiga desenvolver tais pré-requisitos comportamentais?

A ABA (*Applied Behavior Analysis*, em português, Análise do Comportamento Aplicada) pode ajudar com procedimentos que a princípio podem parecer difíceis de aplicar em sala de aula, mas que, esperamos demonstrar aqui, são de implementação factível e podem fazer muita diferença para professores e aprendizes.

Gomes e Silveira[2] propuseram um currículo com 28 habilidades básicas distribuídas em cinco áreas — habilidades de atenção, habilidades de imitação, habilidades de linguagem receptiva, habilidades de linguagem expressiva e habilidades pré-acadêmicas — com três níveis de dificuldade distintos, que vão de habilidade fácil de ser ensinada, habilidade de dificuldade moderada de ser ensinada e habilidade muito difícil de ser ensinada.

O conjunto de habilidades fáceis de ser ensinadas pode ser muito útil para os professores que recebem pela primeira vez um aluno de inclusão.

HABILIDADES DO PROFESSOR

O professor desenvolve em sua formação um conjunto específico de habilidades que combinam com os comportamentos de crianças com desenvolvimento típico. Atentar-se socialmente, por exemplo, e imitar o que os adultos e outras crianças fazem são pré-requisitos comportamentais com que as crianças neurotípicas chegam à escola e facilitam sua adaptação ao contexto e o trabalho do professor. Isso significa que ele poderá mais facilmente seguir com o desenvolvimento do currículo elaborado para a turma prontamente.

Quando um aluno da turma não tem o repertório facilitador da adaptação ao contexto escolar, ele exigirá mais habilidades do professor do que as demais crianças para conseguir se adaptar.

Mais do que ter habilidades para incluir a criança com TEA, o professor encara o desafio de incluir mantendo o funcionamento da sala de aula e levar a cabo a execução de dois currículos paralelos que demandam dele habilidades distintas, mas não só isso, é difícil fazer as duas coisas ao mesmo tempo.

Supondo que ele dispõe de ajuda de um professor assistente ou de mediador escolar com quem dividir o desafio, que habilidades do professor são necessárias para tanto? No Quadro 1, a seguir, estão listadas cinco habilidades básicas que a criança de inclusão deve aprender para favorecer sua aprendizagem acadêmica em sala de aula em paralelo com as habilidades que o professor precisa ter para fazer com que a criança as aprenda.

Quadro 1 – habilidades iniciais de aluno com TEA e professor no início da escolaridade

Repertório do aluno	Repertório do professor
1.a. Sentar-se	1.b. Manter a criança sentada
2.a. Sustentar atenção 3 segundos	2.b. Manter a criança atenta
3.a. Olhar nos olhos 3-5 segundos	3.b. Manter a criança olhando seus olhos
4.a. Seguir instrução de um passo	4.b. Dar instruções curtas
5.a. Esperar	5.b. Manter o aluno esperando

À primeira vista, os comportamentos listados no quadro acima podem parecer simples, mas são cruciais para o andamento de todo desenvolvimento curricular da criança de inclusão. É imprescindível que seja ensinado rapidamente para que a criança tenha a vivência de que ela está naquele ambiente para aprender e que se trata de um ambiente de demandas e regras que ela tem que atender. Não queremos que o ambiente escolar fique associado a um local em que ela pode fazer o que quiser livremente.

O que fazer então para que ensinar esse repertório básico? Se você já conseguiu identificar os excessos e *deficit* comportamentais do aluno, já identificou as atividades, objetos e estímulos de interesse dele, identifique no Quadro 1 quais comportamentos a criança já possui e quais você terá que ensinar. Isto feito, passaremos a agora aos princípios comportamentais que norteiam a aprendizagem que são importantes para depois tratarmos da implementação do ensino das habilidades básicas passo a passo.

PRINCÍPIOS BÁSICOS DO COMPORTAMENTO

A processo de aprendizagem foi sintetizado em um modelo comportamental proposto por Skinner e denominado *contingência de três termos*. Os três termos da contingência são chamados de estímulo antecedente, resposta e consequência. A resposta (um dos eventos de uma classe de comportamento: aquilo que uma pessoa faz) é afetada pelos estímulos antecedentes e pela consequência que ela gera no ambiente. Assim sendo, podemos alterar os estímulos ambientais, tanto a consequência como o estímulo antecedente, como meio de alterar a resposta, ou seja, o comportamento. Ao alterarmos os estímulos antecedentes e a consequência, estamos alterando o contexto na qual um comportamento ocorre e isso é um instrumental importante quando falamos de planejamento de condições de ensino para crianças em geral e em particular para crianças com TEA[3].

Os estímulos antecedentes não causam automaticamente as respostas, mas aumentam ou diminuem a probabilidade de que ela ocorra. Por exemplo, se temos o objetivo de ensinar a colorir e apresentamos o personagem preferido da criança, a probabilidade dela se engajar na tarefa aumenta. Se apresentarmos linhas retas para a criança colorir entre elas, provavelmente diminuiremos a probabilidade da criança se engajar na tarefa. Tendo essa clareza, podemos escolher atividades para o PEI da criança com maior probabilidade de obter a resposta escolhida para ser ensina e, gradativamente, mover para a escolha posterior de outros estímulos que a princípio não são interessantes para a criança.

A consequência é o outro elemento da contingência que podemos alterar para favorecer o ensino de habilidades novas. Ela pode ter o efeito de aumentar a probabilidade da criança se comportar no futuro da mesma forma ou de não emitir tal resposta. As consequências que aumentam a probabilidade de futura de uma resposta são chamadas de reforço. Consequências que diminuem a probabilidade de um comportamento chamamos de *punição*. Os termos positivo e negativo são usados para qualificar dois tipos de consequências reforçadoras e punidoras.

Quando uma reposta se repete em função do acréscimo de um estímulo ao ambiente chamamos de *reforço positivo*. Situações em que a resposta tem a função de remover um estímulo do ambiente, chamamos de *reforço negativo*.

A extinção pode ser um procedimento aplicado quando desejamos diminuir a frequência de comportamentos inadequados ao contexto. Se a criança consegue atenção ao fazer birra, a suspensão da atenção provavelmente diminuirá a frequência das birras. Se a atenção tem valor reforçador para a criança, ela pode ser utilizada para reforçar comportamentos adequados da criança (ex.: quando ela está sentada em sua cadeira, quando está colorindo ou até mesmo quando está em silêncio na sala de aula). É importante ressaltar, que antes da frequência do comportamento diminuir, o efeito inicial da extinção pode ser o aumento da frequência da resposta. Com isso pode parecer que a criança está piorando. É importante não voltar atrás no procedimento para não reforçar uma resposta mais forte ou intensa. Por isso, é necessário planejar para quais comportamentos o procedimento será utilizado e em quais locais do ambiente escolar.

Na punição positiva, uma consequência aversiva é adicionada seguidamente ao comportamento e faz com que sua frequência diminua. Já na punição negativa a consequência de uma resposta outra que não a resposta punida é retirada.

A extinção e a punição parecem similares, já que ambos processos diminuem a frequência de um comportamento. Mas há diferenças entres esses eventos comportamentais. Na extinção, o reforçador de uma resposta é suspenso, enquanto na punição uma consequência aversiva acrescentada. O processo de punição tem efeito imediato sobre a frequência da resposta, enquanto na extinção a alteração da frequência da resposta ocorre de maneira gradual. Os efeitos da extinção são mais duradouros do que os da punição.

É importante alertar que o uso de punição pode ser eficaz e rápido, mas tem efeitos indesejáveis e prejudiciais. Um dos efeitos é o de associar o ambiente de aprendizagem com eventos aversivos (punidores), tornando esse local aversivo para a criança, com alta probabilidade de gerar respostas de fuga e esquiva da situação de aprendizagem. Ou seja, o contrário do que um educador pode desejar.

Assim, diante do conhecimento dos princípios do comportamento, podemos planejar para que os estímulos antecedentes e as consequências gerem experiências reforçadoras e aumente a frequência de comportamentos compatíveis e adequados ao contexto de aprendizagem.

PASSO A PASSO

No Quadro 1, foram apresentadas habilidades iniciais básicas a serem ensinados para um aluno com TEA no início do processo de inclusão. Posteriormente, foram apresentados os princípios básicos do comportamento que afetam a aprendizagem e, por consequência, devemos dominar para ensinar habilidades a quem tem dificuldade para aprender. Isto posto, seguiremos para o passo a passo da implementação do ensino de tais habilidades.

Dois conceitos são importantes aqui: comportamento inicial e comportamento terminal. Quando falamos de ensinar uma criança a sentar-se em sala de aula e o comportamento inicial que temos é de uma criança que não se senta, temos que definir o que chamaremos de sentar-se e o que será o comportamento de sentar-se final. O comportamento final poderia ser definido por sentar-se por 5 minutos até o final primeiro trimestre do ano letivo. Para atingir esse critério com uma criança que não se senta, devemos começar com pequenos passos como descrito abaixo:

Quadro 2 –Plano de Ensino Passo a Passo do Comportamento de Sentar-se

Passo 1. Sentar-se por 5-10 segundos, 10 vezes ao dia, em 5 dias de aula – com ajuda do professor ou mediador.
Passo 2. Sentar-se por 30 segundos, 10 vezes ao dia, em 5 dias de aula – com ajuda do professor ou mediador.
Passo 3. Sentar-se por 1 minuto, 8 vezes ao dia, em 5 dias de aula – com ajuda do professor ou mediador.
Passo 4. Sentar-se por 1 minuto, 8 vezes ao dia, em 5 dias se aula – com pouca ajuda do professor ou mediador.
Passo 5. Sentar-se por 1 minuto, 8 vezes ao dia, em 5 dias se aula – de modo independente, sem ajuda do professor ou mediador para manter-se na cadeira.
Passo 6. Sentar-se por 2 minutos, 8 vezes ao dia, em 5 dias se aula – de modo independente, sem ajuda do professor ou mediador para manter-se na cadeira no primeiro minuto, com ajuda no segundo minuto.
Passo 7. Sentar-se.

O exemplo acima é um modelo que pode ser adequado de acordo com a avaliação que o professor e a equipe de inclusão escolar fizer do aluno e diante dos recursos disponíveis. O importante é considerar fundamental dividir as habilidades em pequenos passos, tanto porque as mudanças comportamentais ocorrem de forma gradativa quanto porque não queremos exigir demais da criança a ponto de gerar um comportamento inadequado ao tentar mantê-la sentada por 10 minutos, sendo que ela ainda não consegue sentar 10 segundos.

No início do capítulo tratamos da identificação das atividades e objetos reforçadores do aluno. Para que o plano de ensino passo a passo possa ser efetivo, é importante que esses reforçadores sejam empregados. Se ao manter a criança sentada o professor conseguir apresentar uma atividade de interesse ou entregar um item reforçador, como um brinquedo ou adesivo, teremos fechada a contingência de três termos de forma que garantimos os elementos para que a aprendizagem seja eficaz. A criança tem os antecedentes mesa e cadeira, o adulto a senta na cadeira a e entrega o reforçador após decorridos os 10 segundo dela sentada. Ou apresenta a atividade de interesse (por exemplo: massinha) a que ela pode ter acesso enquanto estiver sentada. Decorridos os 10 segundos (passo 1), ela poderá se levantar, mas a massinha fica na mesa com o adulto, ela não poderá terá acesso fora da mesa.

PROFESSOR E O DESAFIO DE DESENVOLVER REPERTÓRIOS NOVOS PRÓPRIOS

Quando falamos de inclusão e de implementar práticas ensino não convencionais, sempre fica a questão sobre como o professor pode colocá-las em operação na sala de aula com um aluno com TEA recém-chegado.

Se por um lado a demanda é muito alta, considerando o que lhe foi ensinado sem sua formação, por outro a inclusão é uma realidade, e algo precisa ser ensinado nas horas em que o aluno fica na escola.

O plano de ensino passo a passo, por exemplo, é mais detalhado e minucioso do que um plano de ensino utilizado para uma criança com desenvolvimento típico, mas sua aplicação parece factível. Mas o professor precisa de apoio da coordenação escolar e dos professores auxiliares para elaborá-lo e implementá-lo. Na medida e que ele o fizer e for bem-sucedido, isso terá um efeito positivo sobre seu comportamento, aumentando a sensação de eficácia, diminuindo o sentimento de insegurança que um aluno de inclusão pode gerar.

REFERÊNCIAS

1. Duarte CP, Silva LC, Velloso RL, organizadoras. Estratégias da análise do comportamento aplicada para pessoas com transtornos do espectro do autismo. São Paulo: Mennon; 2018.

2. Gomes CGS, Silveira AD. Ensino de habilidades básicas para pessoas com autismo: manual para intervenção intensiva. Curitiba: Appris; 2016.

3. Martin G, Pear J. Modificação do comportamento: o que é e como fazer. 8. Ed. São Paulo: Rocca; 2009.

PROMOVENDO O DESENVOLVIMENTO DA LINGUAGEM E COMUNICAÇÃO DE CRIANÇAS COM TEA NA EDUCAÇÃO INFANTIL

Ana Luiza Morrone Gebara
Kamilly Guedes Modesto
Aline Andriotti de Moraes
Noemi Takiuchi

O desenvolvimento da linguagem constitui um marco de grande relevância na primeira infância e alterações nas etapas de aquisição podem ser indicativas de diversos quadros, como Transtorno do Desenvolvimento da Linguagem, Apraxia de Fala na Infância, Deficiência Intelectual ou Transtorno do Espectro Autista[1]. A identificação dos marcos de desenvolvimento linguístico faz parte de todos os instrumentos de triagem e vigilância do desenvolvimento infantil, como o Teste Denver II, a Escala Bayley III de Desenvolvimento Infantil e a Caderneta de Saúde da Criança, o que revela sua prioridade no acompanhamento das crianças[2].

No Transtorno do Espectro Autista (TEA), frequentemente as dificuldades no desenvolvimento da linguagem constituem os primeiros sinais percebidos pelos pais a gerar preocupação e busca por especialistas para avaliação e diagnóstico. Um estudo brasileiro conduzido por Zanon, Backers e Bosa[3] encontrou que o atraso na fala/linguagem foi percebido por mais de 60% dos pais de crianças com TEA que participaram da pesquisa, antes mesmo dos dois anos de idade. Esses dados também foram encontrados em pesquisas internacionais, demonstrando que as dificuldades no desenvolvimento inicial da linguagem são frequentes em crianças posteriormente diagnosticadas com TEA[4].

Apesar dessa consistência nos resultados das pesquisas, alterações no desenvolvimento de linguagem não constituem um critério diagnóstico para TEA, isso desde a publicação em 2013 do DSM-5, a 5ª edição do *Diagnostic and Statistic Manual* pela American Psychiatric Association[5].

A mudança não desconsidera a existência de dificuldades linguísticas no TEA, porém a adoção do TEA como uma categoria diagnóstica mais abrangente, sem subtipos, reconhece a heterogeneidade dentro do espectro, com a obrigatoriedade da presença de sintomas em duas áreas: 1) comportamentos e interesses e 2) comunicação e interação social.

A heterogeneidade das manifestações inclui as características do desenvolvimento da linguagem nas crianças com TEA. A variação vai de crianças com ausência de fala a crianças com desempenho linguístico compatível à idade cronológica[6,7]. Porém, em comum a todas persiste a dificuldade em utilizar a linguagem para comunicação e interação social[5].

Os termos *fala*, *linguagem* e *comunicação* são utilizados frequentemente de maneira indiscriminada, embora representem conceitos distintos. Para melhor compreender as manifestações linguísticas e comunicativas no TEA, é necessário conhecer como esses conceitos se inter-relacionam e se diferenciam.

Comunicação é um processo interativo que consiste em uma troca de informações, envolvendo um emissor e um receptor. A comunicação pode ocorrer por sistemas estruturados de diversas modalidades, como fala, escrita, língua de sinais, sistemas de comunicação alternativa e são complementados por elementos não verbais como gestos, olhar, expressão facial, proximidade física, entonação, volume da voz.

Linguagem é uma função simbólica que possibilita a representação mental do mundo, seus elementos e eventos, a partir da aquisição e uso de um sistema de símbolos convencionais e compartilhados, a língua. Esse sistema é estruturado e hierarquizado com regras que garantem a codificação de informações de maneira compreensível ao interlocutor. Podemos dividir a linguagem nos seguintes subsistemas:

- Fonologia: o sistema de sons de uma língua e suas combinações em sílabas.
- Morfologia: as regras de combinação da estrutura interna das palavras a partir de morfemas (unidades mínimas de significado), como flexões de gênero, número, tempo verbal, diminutivo, entre outros sufixos e prefixos.
- Sintaxe: as regras de combinação das palavras para formar frases e orações, envolvendo a ordem das palavras e os diferentes tipos de orações.
- Semântica: os significados das palavras, conceitos e suas relações.

- Pragmática: o uso da linguagem em diferentes contextos, com diferentes funções e para diferentes interlocutores, envolvendo regras sociais, tópico da conversa, troca de turnos, elementos verbais e não verbais.

Fala é a produção de mensagens a partir dos órgãos fonoarticulatórios, com a geração de uma emissão sonora. Depende da integridade de lábios, língua, bochechas, dentes, assim como do controle respiratório e do controle muscular de todas as estruturas envolvidas, em coordenação.

Para que haja competência comunicativa, há uma interdependência com o domínio de linguagem em todos os seus subsistemas. É preciso ter conteúdo (semântica) para comunicar e esse conteúdo deve se estruturar em uma forma (fonologia, morfologia e sintaxe). Porém, conteúdo e forma não são suficientes para uma comunicação social plena, devendo haver um uso (pragmática) adequado da linguagem, com flexibilidade e ajuste para diferentes situações e interlocutores.

Embora a fala seja a forma de expressão mais utilizada, podemos nos comunicar de maneira efetiva pela escrita, por sinais ou por símbolos pictográficos, e a garantia de uma troca comunicativa, portanto, depende de ambos os interlocutores, os quais devem compartilhar o sistema utilizado.

A habilidade de comunicação implica que o sujeito não apenas produza e compreenda palavras e orações, mas também tenha a habilidade de inferir as intenções do interlocutor ao realizar os enunciados. Nesse sentido, a comunicação envolve um nível sofisticado de compreensão dos estados mentais, no domínio da cognição social[8].

No TEA as alterações na comunicação social são observadas em todos os sujeitos, sendo centrais no diagnóstico. Porém, há uma ampla gama de manifestações, com diferentes habilidades e dificuldades na funcionalidade da comunicação. As alterações pragmáticas nas pessoas com TEA também podem variar quanto à severidade[9,10,11].

Além do atraso no desenvolvimento inicial da linguagem de crianças com TEA, observam-se também alterações em habilidades precursoras da emergência da linguagem. Estudos retrospectivos[12] indicam que crianças com diagnóstico posterior de TEA já apresentavam alterações em habilidades pré-linguísticas, como:

- Menor interesse pela fala do interlocutor;
- Resposta reduzida ao nome;
- Balbucio escasso e atípico;
- Ausência de gestos representativos e indicativos;
- Frequência diminuída de contato visual;

- Menor uso e compreensão de expressões faciais;
- Uso de gestos não convencionais (ex.: levar a mão do adulto à porta para abri-la);
- Jogo simbólico ausente ou pouco desenvolvido;
- Restrição de interesses e/ou fixação por brinquedos e objetos;
- Maior interesse em manipulações exploratórias ou por enfileiramento;
- Menor atenção e compreensão das mudanças no ambiente.

A aquisição dos marcos iniciais que revelam o desenvolvimento de linguagem é comumente alterada nas crianças com TEA, demonstrando a grande interferência da ausência de domínio nas habilidades precursoras cognitivas, perceptuais, motoras e socioemocionais. Observa-se atraso na produção das primeiras palavras e menor compreensão de vocabulário esperado para a faixa etária. Algumas crianças com TEA podem demonstrar um desenvolvimento de linguagem aparentemente adequado até cerca de dois anos de idade, com produção de palavras isoladas, porém neste período apresentam uma regressão no desenvolvimento geral[13]. Por essa razão, é importante que o desenvolvimento das crianças seja acompanhado continuamente pelos pais e profissionais da primeira infância e toda regressão deve ser investigada.

Tager-Flusberg, Paul e Lord[14] descreveram as etapas do desenvolvimento da linguagem das crianças com TEA como tendo um padrão similar ao das crianças em desenvolvimento típico, apesar dos atrasos na aquisição dos marcos. Para a maioria das crianças com TEA, a aquisição da linguagem oral seguirá a ordem observada nas demais crianças: balbucio, palavras isoladas, combinações de palavras, orações e, por fim, a linguagem complexa. Mas mesmo seguindo a ordem, atrasos e dificuldades nos diferentes subsistemas de linguagem podem surgir e deve haver o acompanhamento de um fonoaudiólogo para promover o desenvolvimento da comunicação social, mas também para essas dificuldades no desenvolvimento linguístico.

Algumas características atípicas são também observadas no desenvolvimento linguístico de crianças com TEA. A ecolalia constitui a mais frequente dessas características, embora não seja uma manifestação observada exclusivamente no TEA. A ecolalia consiste na repetição, imediata ou tardia, de enunciados proferidos por interlocutores ou personagens de desenhos, filmes, programas de TV ou propagandas. Em crianças com TEA, a ecolalia pode refletir grandes assimetrias no desenvolvimento de linguagem, com capacidade de repetição de orações complexas corretamente, mas a incapacidade de nomear espontaneamente objetos simples do cotidiano. No processo de desenvolvimento de linguagem, a ecolalia pode também apresentar alguma função comunicativa para as crianças com TEA[14].

Outras manifestações não observadas em crianças em desenvolvimento típico referem-se à prosódia incomum e fala monótona, sem variações de entonação e correspondência a estados emocionais[15].

Cerca de 25 a 30% de crianças com TEA persistem com um perfil minimamente verbal. Dificuldades na programação motora para a fala podem estar presentes em algumas dessas crianças com TEA e uma avaliação de praxias orais e de fala pode contribuir para o planejamento de uma intervenção específica. Porém, o atraso no desenvolvimento das primeiras palavras não deve ser atribuído somente a questões motoras e as alterações comportamentais no TEA podem comprometer uma avaliação mais precisa das praxias de fala[16]. Além disso, é importante observar que ausência de fala não significa ausência de linguagem, e habilidades de compreensão devem ser investigadas em todas as crianças[17].

Se há 20 anos afirmava-se que a maioria das pessoas com TEA não conseguia desenvolver fala funcional, hoje, com a identificação e a intervenção precoces, o cenário é bastante distinto. Pesquisas recentes revelam que a maioria das pessoas com TEA desenvolve comunicação pela fala e com uso de estruturas sintáticas. Esse deve ser, portanto, o mínimo de desenvolvimento que esperamos alcançar no TEA[18].

A intervenção precoce tem se revelado como a principal diretriz tanto nas orientações familiares como também nas políticas públicas nos diferentes países[19], o que coloca a Educação Infantil como um espaço e tempo prioritários tanto para a identificação de sinais como também para promover o desenvolvimento integral das crianças com TEA. E a linguagem, mesmo considerando toda a diversidade de manifestações nas crianças com TEA, é parte essencial da intervenção precoce, um objetivo a ser trabalhado pelo fonoaudiólogo em parceria com a família e a escola.

O desenvolvimento da linguagem na primeira infância tem sido descrito como um importante preditor de competências e desempenho acadêmico posterior em crianças com TEA[20]. Pesquisas demonstram a correlação entre desempenho em linguagem e outras habilidades, como regulação do comportamento, habilidades adaptativas, competência social, funções executivas, aprendizagem da leitura.

Para cada sujeito, o potencial de desenvolvimento é diferente e vai determinar diferentes necessidades de suporte para a comunicação. Além da singularidade do planejamento para cada aluno com TEA, mudanças no perfil de desenvolvimento linguístico ocorrem ao longo do processo e observações periódicas são importantes para registro da evolução e das necessidades em cada etapa do desenvolvimento.

O planejamento dos objetivos do desenvolvimento de linguagem e comunicação em cada criança permitirá ao profissional estabelecer estratégias, compreendendo que o resultado final esperado de fala funcional deve vir fundamentado em etapas anteriores e habilidades precursoras. Dessa forma, não basta intervir para promover a produção de sons da fala se a criança com TEA ainda não desenvolveu conteúdo sobre o que falar; não basta ensinar palavras e expandir o vocabulário se o sujeito com TEA ainda não demonstra iniciativas comunicativas para usar essas aquisições; não basta solicitar a produção de orações se o sujeito com TEA ainda não demonstra ter apreendido as regras morfossintáticas da língua ou não tem vocabulário suficiente para iniciar as combinações de palavras. Os níveis mais avançados de linguagem e comunicação social necessitam de estabilidade e domínio de etapas anteriores, para que as aquisições sejam consistentes.

O objetivo de promover o potencial máximo de comunicação social nas crianças com TEA leva por vezes ao processo de identificação da necessidade de uso de estratégias diferenciadas, como, por exemplo, a adaptação de sistemas de comunicação suplementar e/ou alternativa e uso de pranchas ou aplicativos. Devemos considerar qual sistema possibilita o melhor desempenho comunicativo dos sujeitos com TEA na escola, e consequentemente, uma melhor inclusão social. Esse trabalho deve ser feito em parceria, com o professor, a família, o fonoaudiólogo educacional e o fonoaudiólogo clínico que acompanha a criança, levando em consideração aspectos cognitivos, motores, perceptuais, além das habilidades de linguagem e comunicação[21].

COMO O PROFESSOR DA EDUCAÇÃO INFANTIL PODE PROMOVER O DESENVOLVIMENTO DE LINGUAGEM DA CRIANÇA COM TEA NA ESCOLA?

Diversas condições na Educação Infantil proporcionam que a escola seja um ambiente muito promotor do desenvolvimento da linguagem para todas as crianças e também para crianças com TEA. A quantidade de horas diárias, as rotinas, o foco no processo e não apenas no conteúdo, as interações em ambientes diversificados, a diversidade de atividades.

A escola não deve ser um espaço de terapia, mas sim de desenvolvimento e integração. Certamente um trabalho conjunto dos profissionais de reabilitação e a equipe escolar poderá alcançar melhores resultados. Porém, é importante ressaltar que não constitui atribuição do professor aplicar atividades desenvolvidas pelo fonoaudiólogo clínico que acompanha a criança com TEA, mas sim promover atividades em parceria, com as orientações recebidas, e dentro das propostas que estão sendo desenvolvidas com as demais crianças da sala, numa perspectiva de inclusão.

Apresentamos a seguir algumas orientações para que o professor possa aproveitar suas atividades para promover o desenvolvimento de linguagem em crianças com TEA, no contexto da Educação Infantil.

1. Se você ainda não conhece a criança, se ela está ingressando agora na escola ou pertencia a outra sala, busque informações que possam auxiliá-lo a compreender as habilidades e dificuldades comunicativas. Converse com professores anteriores e com a família para obter dados sobre como a criança se expressa, palavras que compreende, meios mais utilizados para comunicação (gestos, vocalização, palavras).
2. Ao conversar com a criança, obtenha sua atenção primeiro. Procure se posicionar de modo a possibilitar o contato visual com seu rosto. Informações importantes são transmitidas pelo olhar e expressões faciais, e a correspondência com as palavras e entonação da voz poderão ser integradas para fornecer mais pistas comunicativas para a criança. Se estiver falando sobre algum objeto, brinquedo, figura ou livro, aproxime-o do seu rosto para promover o direcionamento da atenção da criança para essa região.
3. Aproveite as rotinas do cotidiano escolar. As rotinas são importantes pois ajudam a organizar e a prever o que vai acontecer. Estabeleça uma sequência de atividades no dia e na semana, para que a criança com TEA vá se adaptando ao que acontece na escola. Certamente variações e atividades extras podem acontecer, mas devem ser explicadas com antecedência para as crianças.
4. Ajuste sua linguagem ao nível de desenvolvimento da criança, especialmente quanto à compreensão. Analise como você fala com a criança: se suas frases são muito longas, se utiliza muitas orações complexas, como subordinadas e passivas, se sua escolha de palavras se adequa ao nível de vocabulário da criança, se você oferece espaço para que a criança demonstre sua compreensão. Para crianças com maiores dificuldades em linguagem, prefira frases curtas e vocabulário que ela já domine, e gradualmente vá inserindo as novas aquisições.

5. Cuidado com a velocidade da sua fala. Evite falar rápido demais, pois a criança pode não conseguir processar todas as informações e se perder na comunicação. Você pode ainda variar a entonação e as pausas para valorizar, por exemplo, uma palavra nova que está sendo trabalhada com a sala.
6. Utilize pistas visuais. Especialmente para crianças não verbais ou minimamente verbais, o apoio em pistas visuais pode auxiliar na comunicação, tanto na expressão como na compreensão das trocas comunicativas. Essas figuras podem ser fotos do ambiente ou das atividades, ou também figuras selecionadas. Utilizar as mesmas pistas visuais na escola, em casa e nas terapias ajuda a criança a aprender as relações de significado da figura. Converse com o fonoaudiólogo e com a família para construírem juntos as pistas visuais.
7. Repita as atividades. A criança aprende na repetição, pois consegue prever resultados de suas ações. Em crianças com TEA é muito comum que apresentem brincadeiras repetitivas e, muitas vezes, com uma limitação na diversidade de brinquedos. O professor pode utilizar essas atividades repetitivas para despertar o interesse da criança, e aos poucos propor mudanças nas ações realizadas com esses brinquedos, favorecendo a ampliação do repertório de brincadeiras da criança.
8. Músicas são muito presentes na Educação Infantil e podem ser utilizadas como estratégias para o desenvolvimento de diferentes habilidades, como percepção auditiva, memória, linguagem, fala e desenvolvimento motor. A associação de ritmo, palavras e movimentos corporais nas músicas e brincadeiras cantadas auxilia na memorização e evocação posterior. Também pode levar ao aprendizado de novas palavras, regras morfológicas, estruturas frasais e produção de fonemas.
9. Estabeleça músicas ou atividades de transição entre os diferentes momentos do dia na escola, isso auxiliará a criança com TEA a compreender o que irá acontecer, diminuindo a ansiedade. Uma música antes de voltar do parque para a sala, uma brincadeira cantada antes de ir para o lanche, uma história antes de ir embora. Aliando essa estratégia ao uso de pistas visuais e quadro de atividades do dia, a criança com TEA poderá lidar melhor com os diferentes momentos e demandas na escola.
10. Quando palavras novas são trabalhadas em classe, contextualize com imagens e brinquedos. Demonstre funções, descreva formas,

tamanhos e cores, relacione com outras palavras e conceitos conhecidos. A associação a conhecimentos já estabelecidos auxilia a criança a construir os novos conceitos. Trabalhe as novas palavras aos poucos e em diversas atividades ao longo de um período, a fim de que a criança com TEA possa ouvir essas palavras várias vezes e memorizá-las.

11. Dê oportunidades para a criança se expressar, se comunicar com você. Valorize intenções comunicativas, mesmo as não verbais. Se a criança ainda não consegue falar, aprenda a identificar comportamentos que indicam pedidos, interesse, alegria, ansiedade, protesto, tristeza. A comunicação é uma via de mão dupla e quando a criança se sente mais compreendida, consegue regular melhor o seu comportamento.
12. Identifique outros alunos da sala que tenham maior afinidade com a criança e possam se constituir como parceiros comunicativos. Favoreça a interação entre as demais crianças e o aluno com TEA, fazendo a intermediação das trocas comunicativas e da interação se for necessário. A criança com TEA deve aprender a se comunicar com diferentes parceiros e em demandas diversificadas, e só poderá desenvolver esses aspectos se tiver oportunidades para isso.

CONSIDERAÇÕES FINAIS

A inclusão de crianças com TEA na educação regular no Brasil é recente e ainda gera insegurança entre professores. Porém, cada vez mais há relatos de experiências com resultados positivos, contribuindo para o desenvolvimento da criança com TEA, dos professores e também das demais crianças da escola.

Acreditamos que a criança com TEA deve ocupar o espaço da escola regular e que o professor deve receber suporte tanto da Educação como da Saúde, assim como trabalhar em parceria com a família, para que o aluno possa desenvolver todo o seu potencial.

Na Educação Infantil, o papel do professor é essencial para o desenvolvimento das bases do processo de aprendizagem e a linguagem assume um papel central nesse processo. Um trabalho em parceria entre fonoaudiólogo e professor poderá potencializar as atividades, o tempo e as estratégias para promover o desenvolvimento da linguagem e alcançar um melhor desempenho comunicativo e social para a criança com TEA, na perspectiva da educação inclusiva.

REFERÊNCIAS

1. Liu XL, Zahrt DM, Simms MD. An interprofessional team approach to the differential diagnosis of children with language disorders. Pediatr Clin North Am. 2017;65(1):73-90.

2. Lamônica DAC, Ferreira-Vasques AT. Escalas de desenvolvimento para avaliação de crianças. In: Giachetti CM, organizador. Avaliação da fala e da linguagem: perspectivas interdisciplinares. Marília: Cultura Acadêmica Editora; 2016.

3. Zanon RB, Backes B, Bosa CA. Identificação dos primeiros sintomas do autismo pelos pais. Psic Teor e Pesq. 2014;30(1):25-33.

4. Chawarska K, Paul R, Klin A, et al. Parental recognition of developmental problems in toddlers with ASD. J Autism Dev Disord. 2007;37:62-73.

5. American Psychiatric Association. Diagnostic and statistical manual of mental disorders – (DSM-5). Arlington, VA: American Psychiatric Association; 2013.

6. Eigsti IM, de Marchena AB, Schuh JM, Kelley E. Language acquisition in autism spectrum disorders: a developmental review. Res Autism Spectr Disord. 2011;5(2):681-91.

7. Simon JJG, Takiuchi N. Desempenho de crianças com Transtorno do Espectro Autista verbais em provas de linguagem oral. In: Anais do XXIV Congresso Brasileiro de Fonoaudiologia. São Paulo: SBFa; 2016.

8. Tomasello M, Carpenter M, Call J, Behne T, Moll H. Understanding and sharing intentions: the origins of cultural cognition. Behav Brain Sci. 2005;28(5):675-91.

9. Fernandes FDM. Distúrbios da linguagem em autismo infantil. In: Limongi SC. Fonoaudiologia informação para a formação: linguagem: desenvolvimento normal. Alterações e distúrbios. Rio de Janeiro: Guanabara Koogan; 2003.

10. Young EC, Diehl JJ, Morris D, Hyman SL, Bennetto L. The use of two language tests to identify pragmatic language problems in children with autism spectrum disorders. Lang Speech Hear Serv Sch. 2005;36(1):62-72.

11. Mousinho R. O falante inocente: linguagem pragmática e habilidades sociais no autismo de alto desempenho. Rev Psicopedag. 2010;27(84):385-94.

12. Pecukonis M, Skwerert DP, Eggleston B, Meyer S, Tager-Flusberg H. Concurrent social communication predictors of expressive language in minimally verbal children and adolescents with autism spectrum disorder. J Autism Dev Disord. 2019;49:3767–85.

13. Backes B, Zanon RB, Bosa CA. Características sintomatológicas de crianças com autismo e regressão da linguagem oral. Psic Teor e Pesq. 2017;33:e3343.

14. Tager-Flusberg H, Paul R, Lord C. Language and communication in autism. In: Volkmar F, Klin A, Paul R, Cohen D, organizadores. Handbook of autism and pervasive developmental disorders. New York:Wiley & Sons; 2005.

15. McAlpine A, Plexico LW, Plumb AM, Cleary J. Prosody in young verbal children with autism spectrum disorder. Contemp Issues Commun Sci Disord. 2014;41:120-32.

16. Kasari C, Brady N, Lord C, Tager-Flusberg H. Assessing the minimally verbal school-aged child with autism spectrum disorder. Autism Res. 2013;6(6):47993.

17. American Speech-Language-Hearing Association. Autism (Practice Portal). [acesso em 2020 jan 12]. Disponível em: www.asha.org/Practice-Portal/Clinical-Topics/Autism/.

18. Wodka EL, Mathy M, Kalb L. Predictors of phrase and fluent speech in children with autism and severe language delay. Pediatrics. 2013;131(4):e1128-34.

19. Zwaigenbaum L, et al. Early intervention for children with autism spectrum disorder under 3 years of age: recommendations for practice and research. Pediatrics. 2015;136(Suppl1):S60-81.

20. Kover ST, Edmunds SR, Ellis Weismer S. Ages of language milestones as predictors of developmental trajectories in young children with autism spectrum disorder. J Autism Dev Disord. 2016;46(7):2501-7.

21. Prelock PA, McCauley RJ. Treatment of autism spectrum disorders: evidence-based intervention strategies for communication & social interactions. Baltimore: Paul H Brookes Publishing Co; 2012.

A CONTRIBUIÇÃO DA TERAPIA OCUPACIONAL NO PROCESSO DE INCLUSÃO ESCOLAR DAS CRIANÇAS AUTISTAS – ADEQUAÇÕES SENSORIAIS, AMBIENTAIS E ACESSIBILIDADE AO MATERIAL PEDAGÓGICO

Ana Helena Schreiber

INTRODUÇÃO

Em 1994, a ONU recomendou aos países-membros que as escolas regulares deveriam receber todas as crianças independentemente de suas condições físicas, intelectuais, sociais, emocionais, linguísticas ou outras. Longe de chegarmos ao modelo ideal, estamos há 25 anos tentando. E por que é tão difícil?

Em primeiro lugar, há um pensamento de normatização e homogeneização do aluno. O aluno tem que prestar atenção na "hora da rodinha", tem que aprender o conteúdo de determinado segmento; tem que aprender a escrever com letra cursiva; tem que ficar sentado durante 5 horas, tem que lanchar e descansar em 20 minutos, tem que fazer aula de educação física com circuitos ou jogos coletivos.

Tudo que o aluno precisa fazer, durante 5 horas de seu dia, 5 dias por semana, é muito difícil para crianças que apresentam alguma deficiência ou para as crianças que vamos discutir neste capítulo: as crianças autistas.

Na escola, as crianças são agrupadas por idade porque é a maneira mais racional de agrupá-las: por nível de desenvolvimento psicomotor, de linguagem e cognitivo. Espera-se que estejam mais ou menos dentro da mesma faixa de desenvolvimento. O professor planeja as atividades levando em conta esses aspectos: O material didático do primeiro ano do ensino fundamental tem atividades de leitura e matemática que contemplam o desenvolvimento cognitivo e psicomotor de crianças entre 6 ou 7 anos.

As crianças que não apresentam desenvolvimento típico terão obviamente dificuldades em alguma das áreas do desenvolvimento citadas acima. Talvez não tenham ainda a maturidade psicomotora para o grafismo das letras e/ou não tenham prontidão para o processo da alfabetização. Talvez não tenham maturidade para ficar sentadas muito tempo. Podem não compreender o conteúdo pedagógico como a maioria das crianças da sua idade.

As estratégias para incluir uma criança que não tem o desenvolvimento típico são um desafio. Se faz necessário um trabalho cooperativo entre a família, escola e terapeutas. Não existe uma fórmula única, pois cada criança tem sua individualidade, cada escola sua metodologia, cada família sua expectativa e cada terapeuta sua abordagem.

O MEC[1] tem extensa bibliografia sobre inclusão e nos fala sobre adequações curriculares. Essas adequações são subdivididas em dois grupos:

1. Adequações de acesso ao currículo, necessárias quando a criança compreende o conteúdo, mas não é capaz de acessá-lo. Uma criança cega, por exemplo.
2. Adequações do conteúdo, quando a criança não é capaz de compreender o programa pedagógico daquela série que está frequentando.

Não raro, são necessárias adequações tanto de acesso quanto de conteúdo.

É ainda comum ouvirmos nas escolas que o aluno está ali para socializar. Concordo plenamente, *também* está ali para socializar com as outras crianças e professores. Mas estar no mesmo espaço não é condição suficiente para isso. Precisamos também de estratégias para promover a socialização.

A terapia ocupacional é uma profissão da área da saúde que atua junto às pessoas (crianças ou adultos) que apresentam dificuldades na realização das atividades diárias. Temos como objetivo melhorar seu desempenho funcional e participação, de forma mais tranquila e independente possível, nas tarefas cotidianas.

As crianças autistas têm certas características que as diferenciam no modo como se relacionam com o mundo e pessoas, mas precisamos compreender que, dentro dessas características, não existe uma criança igual a outra, cada uma é única e responde ao meio de forma diferente. Em comum temos a dificuldade no desempenho ocupacional. As demandas do dia a dia são em geral, um desafio para elas. O papel do terapeuta ocupacional, quando acompanha uma criança autista no seu processo de inclusão escolar, é procurar favorecer o dia a dia da aprendizagem, participação e interação social por meio de adequações de acessibilidade e ambientais. Afinal a escola é, ou deveria ser, um lugar acolhedor e cheio de possibilidades de aprendizagens significativas e de interação social.

Se a escola é um desafio para todas as crianças, não é difícil concluir que para as crianças autistas é um desafio muito maior. Baseados nas características comuns à maioria, podemos identificar na rotina escolar, vários desafios para elas: o ambiente desafiador para crianças com disfunções sensoriais, a dificuldade na comunicação e interação, o interesse pelo conteúdo pedagógico. É sobre isso que discutiremos neste capítulo.

A INTEGRAÇÃO SENSORIAL E SUA IMPORTÂNCIA NO DESENVOLVIMENTO E APRENDIZAGEM DA CRIANÇA

Nos Estados Unidos na década de 1960, a terapeuta ocupacional Jean Ayres desenvolveu o conceito de integração sensorial a partir da compreensão de como as diversas sensações que recebemos do ambiente são organizadas de forma complexa no cérebro, para que possamos realizar ações, nos movimentar no espaço e nos relacionar com as pessoas. Jean Ayres nos ensina que: "A integração sensorial é um processo inconsciente do cérebro que organiza as informações recebidas pelos sentidos nos permitindo assim agir ou responder a uma situação de forma organizada e com objetivo definido"[2].

Compreender a teoria da integração sensorial, aprender a avaliar e traçar estratégias de tratamento: cabe ao terapeuta ocupacional capacitado para tal e vai muito além dos tópicos apresentados neste capítulo. Mas é muito importante que os professores e pais compreendam alguns conceitos para compreender também o impacto que a disfunção sensorial pode causar no desenvolvimento e comportamento da criança autista.

Algumas estratégias simples que podem ser usadas em casa e na escola contribuirão sem dúvidas para o bem-estar e engajamento das crianças nas diversas atividades do seu dia.

A INTEGRAÇÃO SENSORIAL

O ser humano, do momento que nasce até sua morte, passa a vida recebendo informações do meio ambiente (através de seus sistemas sensoriais) e respondendo a essas informações através de suas ações e comportamentos. As pessoas que convivem com crianças autistas observam alguns comportamentos inadequados e disfuncionais, bem como ações ineficientes, que podem estar relacionados a dificuldades no processamento e integração das informações sensoriais.

Temos sete sentidos: tato, visão, audição, gustação e olfato, além do sistema vestibular e a propriocepção, que não estudamos na escola, mas são importantíssimos — sem eles não conseguiríamos nos manter contra a gravidade, andar, segurar objetos, ou seja, não sobreviveríamos.

Os receptores (neurônios) do sistema vestibular estão dentro de nosso ouvido interno (labirinto). São responsáveis por nos fornecer as sensações de movimento e gravidade: rotação, aceleração, angulação de nossa cabeça, se estamos deitados ou em pé. É o sistema vestibular que nos mantém contra a gravidade, estabiliza nosso campo visual e leva informações para áreas responsáveis pela coordenação motora e equilíbrio. Já os receptores do sistema proprioceptivo encontram-se em nossas articulações, músculos e ligamentos. Nos dão informações sobre o estado de contração dos músculos, se nossos braços e pernas estão parados ou em movimento e se estamos com boa estabilidade postural.

A partir do momento que as sensações dos diferentes sistemas chegam ao cérebro, existe um cruzamento de informações enorme e complexo. Uma única informação do ambiente ativa milhares de neurônios em diferentes áreas de nosso cérebro. Imaginem registrar e processar ao mesmo tempo *todas* as informações às quais estamos expostos a cada momento de nosso dia. É graças à essa capacidade do nosso sistema nervoso central de integrar rapidamente essas informações que o ambiente passa a fazer sentido e nós aprendemos a agir de forma cada vez mais complexa e eficiente.

Um bebê de 4 meses já é capaz de ouvir o barulho de um chocalho (audição), virar seu rosto para olhá-lo (visão e sistema vestibular), esticar seus bracinhos, segurá-lo e levá-lo à boca (propriocepção e tato).

Outros componentes muito importantes da integração sensorial e que também se desenvolvem muito no primeiro ano de vida são a regulação do alerta e a capacidade de modular os estímulos do ambiente.

O alerta é o grau de excitabilidade do sistema nervoso central. Quando o nível de alerta está muito alto, perdemos a possibilidade de uma ação/interação organizada com o ambiente e pessoas. O outro extremo é o sono. Se estamos acordados, mas com o alerta baixo, também é difícil prestar atenção no ambiente. O "nível ótimo" de alerta é definido pela condição de um estado de vigília calmo ao que se passa ao redor.

A criança pequena precisa dormir mais e os ciclos de sono e vigília são diferentes do adulto. Aos poucos, com a ajuda de seus pais e cuidadores, o bebê começa a seguir o ritmo da casa. Quem convive com crianças pequenas sabe que uma quebra nesse ritmo pode significar uma noite em claro. É muito comum crianças autistas terem dificuldade em manter esse ritmo. Muitas têm problemas para dormir à noite, sendo também difícil para elas manterem-se no "nível ótimo de alerta" durante o período que estão acordadas.

Outro aspecto que temos que considerar é a modulação sensorial. De forma inconsciente, nosso sistema nervoso é capaz de filtrar a intensidade das sensações que recebe, mantendo-se atento à mais importante naquele momento. Sabemos que esse é outro componente da integração sensorial que funciona mal nas crianças autistas, que tendem a responder de forma exagerada ou diminuída aos estímulos. A dificuldade na modulação acaba muitas vezes sobrecarregando a criança, aumentando seu alerta ou, ao contrário, deixando-a um tanto ausente ao que se passa à sua volta.

Uma criança não aprende sobre o mundo numa aula expositiva. Ela precisa agir, experimentar, ajustar seus movimentos para que se tornem cada vez mais eficazes. Uma criança aprende o que é uma banana integrando as sensações de textura (tato), cheiro, gosto, visão e audição. E aos poucos aprende a força que precisa usar para segurá-la, depois aprende a segurá-la com uma mão e descascá-la com a outra (propriocepção/sistema vestibular). Quando escutar a palavra "banana", já terá todas as informações necessárias para executar essa ação. Com a repetição, ganhará destreza e velocidade, além das noções sobre consistência, cor, forma, tamanho e significado[3].

É importante que professores e pais compreendam que a exploração sensorial do ambiente na primeira infância é a base para a aprendizagem acadêmica futura. A importância do brincar já foi descrita por inúmeros autores[4]. A exploração e as brincadeiras promovem sinapses e conexões entre as diferentes áreas do cérebro. A criança nasce com uma capacidade inata para buscar as sensações que precisa para se desenvolver. Não precisamos falar para uma criança subir num escorrega, ela fará isso naturalmente, e é justamente nessas explorações que a criança integra as informações e aprimora suas experiências para aprender ações cada vez mais variadas e complexas. Aos poucos aprende a sequenciar ações no tempo e espaço e depois consegue representa-las. Por razões que escapam à minha compreensão, algumas escolas usam apostilas em classe de crianças de 3 anos com exercícios sobre noções topológicas: "*pinte o boneco que está em cima da cama*".

A capacidade do ser humano em descobrir como realizar novas ações chama-se práxis, cujos três componentes são: a ideação, o planejamento motor e a execução da ação. Essa capacidade depende que níveis mais básicos ligados ao processamento e integração sensorial tenham sido bem construídos. A dificuldade de práxis, quando ligada a uma disfunção sensorial, é chamada dispraxia somatossensorial, e representa em termos práticos a dificuldade em realizar diferentes tarefas do dia a dia: variar ações numa brincadeira, desenvolver o jogo simbólico, ter destreza manual, comer, se vestir etc.[2].

A descrição dos comportamentos observados nas crianças autistas, segundo o DSM-5 (manual para diagnóstico da associação americana de psiquiatria, 2013)[5], nos faz pensar em uma dificuldade no processamento e integração das informações sensoriais.

No que se refere à práxis: "dificuldade em dar função aos objetos e brinquedos, comportamentos repetitivos, dificuldade na imitação".

No que se refere à modulação sensorial e regulação do alerta:

> Dificuldade para comer, beber ou dormir [...] hiper ou hiporreatividade à informação sensorial ou interesses não usuais aos aspectos sensoriais do ambiente (ex.; aparente indiferença a dor /temperatura, respostas aversivas a sons específicos ou texturas, cheirar ou tocar objetos de forma excessiva, fascinação visual por luzes ou movimentos).

Como já vimos, não existe no mundo dois indivíduos iguais. O processamento das informações sensoriais é diferente de pessoa para pessoa e determinam como nós lidamos com o ambiente. A terapeuta ocupacional Winnie Dunn criou o termo *perfil sensorial* para nos explicar por que algumas pessoas adoram ouvir música alta ou andar de montanha-russa. Outras preferem a calma de uma praia deserta. Uns adoram comida picante, conhecer novos sabores, outros preferem a comida do dia a dia sem variações no paladar[6,7].

O perfil sensorial não é uma disfunção, uma pessoa pode não gostar de barulho, mas ser capaz de permanecer num ambiente barulhento. O problema ocorre quando um indivíduo tem dificuldade nas suas atividades diárias por não conseguir lidar com as sensações que recebe. Nas crianças autistas, é comum esse tipo de dificuldade. Somos nós, os profissionais que lidamos com elas, que devemos analisar as atividades que propomos e o ambiente em que ela está inserida para promover e assegurar sua participação. Quem nos dirá se as estratégias estão funcionando ou não é a própria criança.

A intervenção da terapia ocupacional dentro da abordagem da integração sensorial baseia-se em oferecer às crianças inputs sensoriais adequados e controlados, para que elas consigam aprimorar suas ações e melhorar sua participação e interação. A sala de atendimento tem que seguir uma medida de fidelidade, onde os materiais devem permitir ao terapeuta a possibilidade de graduação dos diferentes estímulos sensoriais. Deve ser um ambiente seguro e proporcionar as possibilidades de exploração que a criança encontra em ambientes naturais.

A CRIANÇA AUTISTA NA ESCOLA

O maior desafio da criança autista na escola está no fato de que, no modelo de escola que conhecemos, todos esperam que o professor ensine os conteúdos pedagógicos para todas as crianças da sala. Folhinhas de atividades, livros, apostilas, provas e prazos. Precisamos compreender que o papel do professor e da escola vai muito além disso. Para algumas crianças precisamos adequar conteúdos e pensar na aprendizagem de forma mais ampla. Aprender a pedir para ir ao banheiro, aprender e gostar de participar de uma brincadeira ou jogo no recreio, conseguir participar com prazer de uma apresentação com as outras crianças. Tantas atividades simples, que as crianças aprendem de forma natural, são desafios que impactam o dia a dia das crianças autistas. Essas atividades devem ser pensadas como parte da adequação curricular. São objetivos a serem alcançados através de estratégias bem planejadas e graduadas.

Nas crianças autistas é frequente a dificuldade na *modulação sensorial e regulação do alerta*, o que impacta na possibilidade em focar a atenção e no comportamento[8,9]. Podem ficar hiperexcitadas e reagir com respostas de enfrentamento ou fuga à estímulos que são bem tolerados pelas outras crianças ou, ao contrário, não perceberem bem determinados estímulos e parecem ausentes do ambiente. O estado de alerta pode variar rapidamente. E podem ser hiporresponsivas num sistema sensorial e hiper-responsivas em outro. As professoras de crianças autistas já devem ter observado crianças que se fixam em determinados estímulos (visuais por exemplo) e se desorganizam com outros (auditivos por exemplo).

1. Sinais de disfunção no sistema tátil

As crianças hiper-responsivas podem:

- Não gostar de beijos e toques leves. Podem reagir agressivamente quando tocadas. O recreio é um ambiente pouco controlado e por isso um momento de stress ou isolamento.
- Negar-se a permanecer em filas ou nas "rodinhas". A proximidade implica em contato físico mesmo que não intencional entre as crianças.
- Reagir à mudança de roupa, tirar e colocar meias e sapatos, não gostar de lavar as mãos, escovar os dentes, pentear o cabelo.

- Andar na ponta dos pés.
- Recusar-se a segurar alimentos ou manuseá-los nas atividades de lanche ou culinária.
- Recusar um alimento diferente do que está acostumada e reagir a qualquer mudança de consistência ou temperatura mesmo dos que aceita normalmente.
- Reagir negativamente às atividades que envolvam texturas: massinha, tinta, cola, *slime* etc.
- Não permitir que o professor coloque nada em seu rosto, corpo e cabeça. São atividades comuns na pré-escola: pintura do rosto e orelhas de coelho na páscoa, máscara de carnaval, cocar de índio, chapéu de soldado etc.
- Demonstrar preferência em segurar certos objetos familiares nas mãos, chorar ou reagir quando tentamos tirá-los.

O que fazer para ajudar:

- O toque com mais pressão, com a palma inteira de nossas mãos (tato profundo) é em geral melhor tolerado e traz conforto, segurança e calma para a criança.
- Se sabemos que o contato com texturas é difícil, podemos usar algum instrumento que diminua esse contato: trinchas, rolos de pintura, apertar tubos de cola colorida, um tapete de EVA ou mesmo de pano para sentarse no tanque de areia, instrumentos como pazinhas para mexer na areia, ou na massinha.
- Na rodinha e nas filas, observar o melhor lugar para a criança se sentir mais segura e protegida. Perto da professora, longe das crianças muito agitadas, no final ou início da fila.
- Ajudar a criança sentir-se segura no recreio. Compreender que pode estar desorganizada pelo receio do toque dos amigos ou areia etc. A professora pode propor brincadeiras simples com objetivos claros.
- Se traz o lanche de casa, em geral é o que está acostumada a comer. Se o lanche é da escola, provavelmente a professora já saberá o que a criança aceita ou não. A própria situação coletiva do lanche é um incentivo para novas experiências, mas a professora nunca deve forçar uma criança autista e que tenha seletividade alimentar a provar qualquer alimento que ela resista. As aulas de culinária são excelentes para que a criança tenha contato com diferentes texturas, consistências e cheiros dos alimentos, sem necessariamente ter que prová-los.

- A professora tem que estar segura e motivada para propor e incentivar novas experiências sensoriais à criança hiper-responsiva, seja no momento da alimentação ou durante as atividades. Mas é muito importante que a criança vá se habituando aos poucos. A habituação leva à maior tolerância ao estímulo sensorial.

As crianças hiporresponsivas podem:

- Não sentir quando são tocadas.
- Chegar muito perto e tocar/abraçar ou apertar em demasia os colegas.
- Esfregar as mãos e/ou partes do corpo em texturas e objetos.
- Levar objetos à boca de forma sistemática e ao mesmo tempo apresentar dificuldade em mastigar e sialorreia (baba).
- Gostar de esfregar-se na areia, tintas etc.
- Não perceber que estão sujas, o que pode atrasar o controle de esfíncteres.
- Sentir pouca dor quando se machucam ou se queimam.

O que fazer para ajudar:

- Adequar as atividades com aumento do input tátil.
- Um desenho no papel pode se transformar num desenho sobre uma lixa.
- Uma pintura com pincel pode ser feita com a ponta dos dedos e com uma tinta mais consistente (cola colorida, por exemplo).
- Tirar objetos pequenos de dentro do *slime* para contá-los. Números e letras com texturas diferentes, caixas de areia para atividades grafo-motoras.
- Diversificar a consistência dos alimentos. As atividades de culinária são excelentes.
- Na higiene, lavar as mãos com esponjas de diferentes texturas.
- Em alguns casos a criança com muita procura sensorial poderá usar um mordedor, vibrador à pilha e tapetes com texturas para conseguirem se organizar nas atividades.

Abaixo, alguns exemplos de atividades para crianças que precisam de aumento do input tátil para se organizar.

Figura 1. Exemplos de atividades para aumento de input tátil

2. Sinais de disfunções no sistema vestibular e proprioceptivo

Lembrando que o sistema vestibular nos informa sobre a sensação de movimento, gravidade e é responsável por nosso equilíbrio e coordenação. O proprioceptivo nos informa sobre a posição e movimento de nossos músculos e é responsável pela graduação da força necessária para a realização das atividades e pelo nosso controle postural.

As crianças com hiper-responsividade no sistema vestibular podem:

- Demonstrar medo de brinquedos como balanços, escorregas, gangorras. Evitam ou mostram desconforto. Em geral escolhem brincadeiras em que possam permanecer sentadas.
- Demonstrar medo de permanecer no meio de crianças correndo à sua volta, pois podem esbarrá-las e derrubá-las.
- Chorar em demasia com uma pequena queda.
- Ter medo de subir e principalmente descer escadas.
- Não gostar de aulas com movimento (educação física, futebol, dança).
- Em balanços ou atividades de roda, podem demonstrar náusea.
- Demonstrar medo se o professor (a) elevá-la do chão para segurá-la no colo.

O que fazer para ajudar:

- Em situação de queda, acolher a criança, lembrando que o toque com mais pressão é regulador, evitar movimentos bruscos.
- Mediar as brincadeiras com as outras crianças durante o recreio, propondo brincadeiras mais controladas.
- Se a criança demonstrar interesse em ir a um balanço, ajudá-la a sentar-se e controlar o movimento para ela. Os movimentos brus-

cos levam ao medo e podem aumentar o alerta, além de manifestações de náuseas (boca esbranquiçada, vômitos).

As crianças hiporresponsivas no sistema vestibular e proprioceptivo podem:

- Buscar movimento de forma exagerada e levantar-se da cadeira a todo momento, pular, girar, sacudir a cabeça. A busca por movimento visa aumentar o input sensorial, e em geral faz subir o alerta e a criança vai ficando cada vez mais agitada.
- Esbarrar em móveis ou colegas,
- Subir nos móveis, brinquedos e às vezes se jogar lá de cima, colocando-se em perigo
- Cair com frequência, demonstrar cansaço excessivo ao esforço físico, mesmo pequeno.
- Gostar de mastigar coisas, colocar coisas na boca.
- Não conseguir se manter sentada com boa postura, deitar a cabeça sobre a mesa ou escorregar da cadeira. Na rodinha, prefere se encostar nos outros ou deita-se no chão.

A busca por movimento é uma situação complicada para o(a) professor(a) na sala de aula. É comum a criança autista se levantar da cadeira, correr, se jogar no chão, fugir da sala. Devemos permitir que a criança se movimente, mas de forma controlada, pois a busca excessiva por movimento faz em geral a criança ficar cada vez mais agitada.

O que fazer para ajudar:

- O movimento controlado leva ao aumento da contração de nossos músculos, principalmente quando associamos uma resistência (carregar algo pesado, subir uma escada). Aumentamos assim a sensação proprioceptiva. A propriocepção é a sensação que mais ajuda a organizar os outros sistemas sensoriais. Os professores devem compreender que as crianças buscadoras de movimento o fazem numa tentativa de regulação. Devem propor atividades funcionais com movimento, que se insiram no contexto do dia a dia escolar.
- Ajudar a distribuir as agendas, devolver ou buscar os livros na biblioteca, levar recados para outras pessoas ou trazer o lanche dos amigos empurrando ou puxando um carrinho (graduar a força exigida)
- Apagar o quadro

- Intercalar pequenas tarefas na sala de aula com atividades fora, como regar o jardim da escola, cuidar de uma horta, realizar uma atividade na sala de artes, no pátio etc.

Realizar atividades como massinha ou outro material que ofereça uma maior resistência no momento da ação.

Figura 2. Atividades que oferecem maior resistência

3. Sinais de disfunções no sistema auditivo

As crianças hiporresponsivas podem:

- Não responder quando chamadas.
- Não localizar a fonte sonora.
- Cantar, falar, fazer barulhos com a boca.
- Gostar de ver TV ou ouvir música com o volume alto.
- Levar fonte sonora no ouvido.

O que fazer para ajudar:

- Falar de perto, na mesma altura, de forma clara e bem articulada.
- Usar frases curtas, com palavras simples.
- As crianças que produzem sons ou cantam atrapalham a atenção das outras e delas mesmo na hora da atividade na sala de aula. Podem se beneficiar em escutar uma música, de preferência instrumental, com um fone de ouvido (durante um trabalho manual, por exemplo). Quando funciona, é uma estratégia de grande ajuda para todos.

As crianças hiper-responsivas podem:

- Se desregular muito com o barulho da sala e diferentes ambientes da escola.

- Podem chorar, fazer birras ou demonstrar medo.
- Algumas podem se negar a entrar em algum ambiente onde já vivenciaram uma situação de stress, mesmo que naquele momento o ambiente esteja silencioso.

O que fazer para ajudar:

- Os fones que filtram o barulho são uma solução bem conhecida. Funciona, mas não para todos, é claro. Por exemplo, se a criança for também muito sensível no sistema tátil, talvez se recuse a colocar o fone na cabeça. De qualquer modo, existe atualmente uma infinidade de tipos e modelos e vale a pena tentar.
- A professora pode orientar seus alunos a "cantar parabéns" um pouco mais baixinho, por exemplo. Explicar para a turma que algumas crianças têm medo de barulho.
- Mapear o ambiente físico da escola e as atividades que são mais estressantes para ela.
- Algumas escolas são muito barulhentas. E poder proporcionar à criança um ambiente calmo, deveria pesar na escolha da escola para uma criança com hiper-responsividade auditiva.

4. Sinais de disfunções no sistema visual

As crianças com hiporresponsividade podem:

- Ficar hiperfocadas em estímulos visuais, como a luz do sol entrando pela persiana, brinquedos com luzes, formas, tablets.
- Gostar de observar brinquedos que rodam, ou rodar em volta de brinquedos, fazer posições de cabeça para observar padrões visuais.

O que fazer para ajudar:

- Observar o quanto a criança busca informação visual no ambiente da sala (desenhos nas paredes, janelas, luzes) e tentar ajustar e diminuir esses estímulos.
- Aumentar o input visual das tarefas ajuda a criança a manter a atenção.
- Variar as atividades para que a criança não fique fixada num único padrão visual.

As crianças hiper-responsivas podem:

- Sentir-se incomodadas na luz do sol, fechar os olhos, abaixar a cabeça num ambiente com muito estímulos visual ou muito iluminado.

5. Sinais de disfunções no sistema gustativo e olfatório

As crianças hiporresponsivas podem:

- Preferir comidas picantes, com temperos fortes.
- Gostar de provar coisas estranhas, como cola ou tintas.
- Lamber superfícies.
- Encostar o nariz nas coisas para cheirá-las.

As crianças hiper-responsivas podem:

- Ter ânsia de vômito com cheiros, se recusar a entrar em algum ambiente como o banheiro ou cantina da escola.

Importante saber: Algumas crianças hiper-responsivas, e aqui falo em um ou mais sistemas, podem conseguir lidar com um estímulo num momento, mas não em outros. A duração que a criança é exposta ao estímulo também influencia sua resposta: pode iniciar a atividade bem, mas rapidamente estar sobrecarregada. A possibilidade de um cantinho para regulação, com almofadas, e poucos estímulos luminosos e auditivos, ajudam muito a "socorrer" uma criança em sobrecarga sensorial.

Gostaria de propor uma reflexão para quem chegou até aqui e provavelmente conseguiu reconhecer seu aluno e a si mesmo em uma ou várias das características descritas acima. Sim, todos nos encaixamos em algum perfil sensorial. Mas podemos imaginar o impacto disso se temos dificuldade em nos comunicar? Se alguém quiser me fazer andar numa montanha-russa e eu não conseguir me comunicar adequadamente, vou sair correndo. Se me segurarem, vou lutar para que me soltem. Negar instrumentos para uma criança autista se comunicar é contribuir para aumentar seu stress e favorecer o aparecimento de comportamentos inadequados.

PEQUENA CONSIDERAÇÃO SOBRA A COMUNICAÇÃO ALTERNATIVA E AMPLIADA (CAA)

A comunicação alternativa é uma área de conhecimento que tem como objetivo possibilitar a pessoas que têm dificuldade em se comunicar pela fala ou escrita a expressão de seus desejos, necessidades e conhecimentos. Existem diferentes condições onde os indivíduos têm dificuldade na comunicação, assim como diferentes estratégias e tecnologias utilizadas pelos profissionais que trabalham nessa área.

O PECS (*Picture Exchange Communication System*) foi desenvolvido em 1985 e é baseado nos princípios do ABA (*Applied Behavior Analysis*)[10]. É muito comum as pessoas que trabalham com autistas no Brasil usarem o termo PECS como sinônimo de Comunicação Alternativa, mas não é. Apesar de comprovadamente eficiente, existem muitas outras estratégias e abordagens para o uso da CAA, como sistemas com síntese de voz, por exemplo.

O importante é saber que a CAA promove a possibilidade da comunicação sem prejudicar o desenvolvimento da linguagem oral e contribui de forma significativa para que os comportamentos de birra diminuam.[10] Para que funcione, os professores devem ser muito bem orientados em como usar o sistema de comunicação de seu aluno. Além de comunicar um desejo ou necessidade, o aluno poderá mostrar ao professor o que está compreendendo do conteúdo, responder perguntas e ter participação mais ativa na sala de aula[10].

Figura 3. Na ordem: Prancha de CAA para escolher atividades; Apresentação do trabalho realizado sobre os animais da savana na feira de ciências. Uso de comunicador com síntese de voz; Estratégia da CAA para responder perguntas sobre uma história

AS ATIVIDADES E TAREFAS PEDAGÓGICAS

Já falamos sobre a importância da exploração do ambiente para a criança realizar suas brincadeiras e aprendizagens. A ação mais simples para desenvolver o brincar simbólico é a imitação, tarefa difícil para uma criança que pode não estar discriminando bem o que tem nas mãos ou ter dificuldade em compreender o movimento do outro para fazer o mesmo.

Atividades mais complexas, como inventar uma nova ação para um brinquedo já conhecido, coordenar os dois lados do corpo de forma simultânea (como recortar e escrever), compreender a sequência de um jogo e realizar ações antecipatórias (como agarrar uma bola) são grandes desafios a serem ajustados para promover a participação da criança.

O que fazer para ajudar:

- Fragmentar a sequência de ações necessárias numa atividade e ensinar o passo a passo de cada ação antes de encadeá-las. Fazer a ação junto com ela. Outra criança pode servir de modelo.
- A repetição ajuda a criança a ter sucesso. Atividades familiares são mais fáceis. Apesar disso, gradualmente é importante ajudar a criança a variar suas ações e brincadeiras para que não fique fixada numa atividade só.
- Num caderno de desenho, colar fotos das brincadeiras e atividades novas, principalmente as que a criança gostou. Assim, teremos um repertório variado de atividades significativas, bem como ajudamos os pais a terem ideias de atividades em casa.
- Adequar as atividades de registro com colagem de cenas ou facilitação do grafismo. Mostrar o passo a passo dos desenhos e depois da grafia das letras, se for o caso.
- Oferecer atividades simples de coordenação bilateral: abrir e fechar tampas, manter a mão no papel para pintar com a outra, recorte simples etc. A dominância lateral (se a criança será destra ou canhota) pode atrasar na criança autista. Isso acontece pela disfunção do sistema vestibular.
- Sempre incentivar a participação facilitando o manuseio, adequando os estímulos sensoriais e usando os recursos da comunicação alternativa.
- Permitir que as crianças usem o computador para digitar suas tarefas quando a escrita manuscrita não for funcional. O computador é um ótimo recurso para se fazer pesquisas, adaptar livros de estória e adaptar as tarefas pedagógicas de forma geral.

Figura 4. Na ordem: Aumentar o input tátil pode aumentar o interesse e facilitar os registros; Facilitando a aprendizagem da escrita

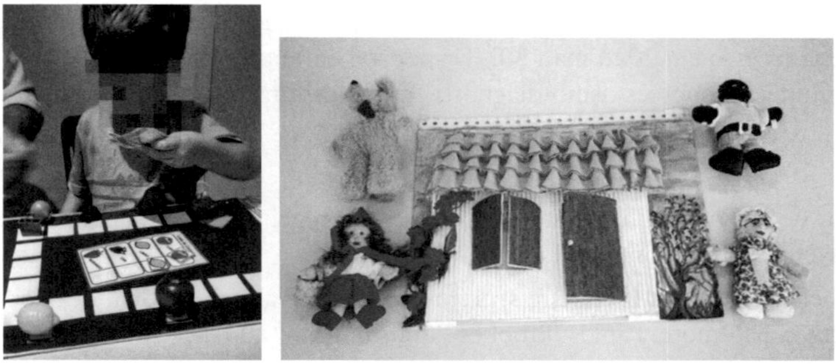

Figura 5. Na ordem: Jogo de trilha adaptado para favorecer a atenção visual e manuseio; O input tátil e visual favorecem a possibilidade de vivenciar as histórias e contribuem para a compreensão

CONCLUSÃO

A inclusão escolar da criança autista não é tarefa fácil, e são os professores que têm o papel central nesse processo. O desafio maior está com eles: promover a participação da criança num grupo social onde o objetivo principal é a aprendizagem, responder aos anseios da família, seguir as orientações dadas por diferentes terapeutas, adaptar o material e colocar as estratégias em prática no dia a dia corrido da dinâmica escolar.

Sozinhos não conseguirão cumprir com tantas tarefas. Precisam do apoio de uma equipe multidisciplinar coesa e de uma família participativa, além, é claro, do apoio da coordenação e direção da própria escola.

Estamos há 25 anos tentando um modelo de inclusão que seja ideal. Precisamos agora achar o caminho. Espero que este capítulo tenha contribuído para essa reflexão!

REFERÊNCIAS

1. MEC/SECADI. Política nacional de educação especial na perspectiva da educação inclusiva [acesso em 2020 mar. 30]. Disponível em: http://portal.mec.gov.br/index.php?option=com_docman&view=download&alias=16690-politica-nacional-de-educacao-especial-na-perspectiva-da-educacao-inclusiva-05122014&Itemid=30192.

2. Ayres J. Sensory integration and the child, understanding hidden sensory challenges. EUA: WPS Editions; 2005.

3. Serrano P. A integração sensorial no desenvolvimento e aprendizagem da criança. Lisboa: Papa Letras; 2016

4. Ferland F. O modelo lúdico: o brincar, a criança com deficiência física e a terapia ocupacional. São Paulo: Editora Roca; 2006

5. Interagency autism coordinating commitee [homepage internet]. DSM-5 diagnostic criteria [acesso em 2020 mar. 30]. Disponível em: https://iacc.hhs.gov/about-iacc/subcommittees/resources/dsm5-diagnostic-criteria.shtml.

6. Dunn W. Vivendo sensorialmente: entendendo seus sentidos. São Paulo: Pearson Clinical; 2017.

7. Dunn W. Sensory Profile 2: strengths-based approach to assessment and planning. EUA: PsychCorp/Pearson; 2014.

8. Wetherby A, Prizant B. Autism spectrum disorders: a transactional developmental perspective. Baltimore: Paul H. Brookes Publishing Co; 2007.

9. Grandin T, Panek R. O cérebro autista: pensando através do espectro. Rio de Janeiro: Editora Record; 2016.

10. Mirenda P, Iacono T. Autism spectrum disorders and AAC. Baltimore: Paul H. Brookes Publishing Co; 2009.

A TUTORIA EDUCACIONAL COMO PRÁTICA BASEADA EM EVIDÊNCIA PARA O AUTISMO

Andrea Carla Machado
Suzelei Faria Bello
Simone Aparecida Capellini

CONSIDERAÇÃO GERAIS SOBRE O AUTISMO E O AMBIENTE ESCOLAR

A complexidade do perfil dos indivíduos com autismo não se refere apenas às manifestações das características nucleares do quadro: o seu perfil cognitivo também influencia o grau de severidade dos sintomas. Assim, é preciso compreender a dinâmica do ambiente em que esses indivíduos estão inseridos. Dessa maneira, a escola se revela um ambiente importante para que todos os profissionais envolvidos possam entender o desenvolvimento das habilidades nesse espaço trabalhadas.

O autismo, ou Transtorno do Espectro Autista, está enquadrado nas alterações do neurodesenvolvimento e é caracterizado pela presença de um *deficit* na comunicação e interação social, padrões restritos e repetitivos de comportamento, com surgimento dos sintomas nos primeiros anos de vida. As manifestações de comportamentos apresentam uma grande variabilidade e podem ser observadas desde idades muitos precoces[1].

Sua prevalência tem crescido consideravelmente nos últimos anos, de acordo com o *Center for Disease Control and Prevention* (CDC). Segundo os dados desse instituto, a prevalência era de um caso a cada 69 crianças no ano de 2012, enquanto que no ano de 2014 o número de casos era de um para cada 59 crianças e no ano de 2016 era de um caso para cada 54 autistas[2].

De acordo com Heiwitt[3], as características marcantes do autismo costumam percorrer as seguintes inabilidades: dificuldades nas interações sociais e interações com os pares, dificuldades estas que vão desde contato visual até inabilidades para manter uma ação dialógica; preferência a jogos repetitivos ou estereotipados; fascínio por determinados objetos ou temáticas; quando verbais, uma conversação uniforme e monótona; hipersensibilidades aos estímulos ambientais ou restrições alimentares; uso deficitário da linguagem, o que gera atrasos consistentes, ou não aquisição de linguagem.

No entanto, o prognóstico do TEA é direcionado de acordo com ao nível de apoio necessário[1], pois o espectro relacionado ao transtorno inclui desde o nível leve até o nível profundo. Nesse sentido, é importante salientar umas das principais inovações da Classificação Internacional de Funcionalidade, Incapacidade e Saúde CIF[4], que é a presença de uma classificação de fatores ambientais que permite a identificação de barreiras e de facilitadores do meio ambiente, no que se refere tanto à capacidade como ao desempenho de tarefas e de atividades na vida diária e escolar.

No Brasil, a atual Lei nº 12.764, de 27 de dezembro de 2012, reportou as características e os direitos da pessoa com transtorno do espectro autista incluída nas classes comuns de ensino regular propostas no art 2º, inciso IV[5].

Diante disso, é consensualmente considerado que os ambientes escolares ofereçam oportunidades distintas e igualitárias, no entanto, torna-se inevitável o uso integrado de habilidades comunicativas, suporte visuais e apoio comportamental[3,6].

Mendes[7] descreveu que os ambientes inclusivos são transformadores e favorecem o desenvolvimento cognitivo, social e linguístico da criança, entretanto, é necessário que haja uma mediação favorável do educador nesses ambientes para que o uso de práticas e estratégias eficazes de interações sociais e adaptações curriculares.

Assim, quando a Educação Especial é mencionada na Lei de Diretrizes e Bases – Lei 9.394/96[8] no art. 59, aparece especificando a necessidade de se prover formação tanto para o professor regente da classe comum como para o professor do atendimento especializado.

Nessa perspectiva, o cenário atual na formação de professores de Educação Especial perpassa por práticas baseadas em evidências (PBE), referindo-se à consideração e ao uso do conhecimento oriundo de áreas de pesquisa científica para fundamentar e informar boas práticas em Educação. Essa estrutura possibilita que os educadores possam identificar com confiança métodos e práticas que funcionam para a maior parte dos alunos, com base em resultados de pesquisa conduzidas com rigor metodológico[9].

De acordo com Orsati e colaboradores[10], a importância do uso de práticas que são baseadas em evidências se deve ao fato de que os profissionais da Educação, em função das suas mais diversificadas experiências em sala de aula, podem apresentar opiniões distintas e, às vezes, contraditórias sobre a relevância e o funcionamento de alguns procedimentos, apoiando-se em intuições ou em observações que não foram realizadas de forma sistemática. Assim, é importante a implementação de práticas baseadas em evidências para aumentar a eficiência e a qualidade dos serviços.

Nunes e Schmidt[11] realizaram uma revisão do conceito de Prática Baseada em Evidência, denominada PBE, sobre a interface educação especial e autismo, com o intuito de identificar os fatores que transpõem a academia e a escola, considerando a relevância das competências docentes essenciais para definirem e implementarem estratégias educacionais eficazes. Os autores apontaram a carência de políticas públicas que recomendam o uso de PBE na implementação e divulgação do uso de modelos interventivos baseado em evidências nas escolas brasileiras.

Autores como Wong e colaboradores[12] descreveram programas educacionais que operam pelo arranjo estrutural e conceitual, operacionalização, intensidade e frequência, e a generalização dos resultados nas diversas habilidades acadêmicas, comunicativas, comportamentais e de competência social.

Uma metanálise foi realizada pelo National Autism Center (NAC)[14] evidenciando práticas escolares para alunos dentro do espectro autista, salientando uma programação eficaz e compartilhando informações práticas com famílias e profissionais sobre como responder aos desafios que enfrentam as escolas. O estudo indicou que as práticas que apresentam em sua base, a colaboração entre os envolvidos no processo de ensino e aprendizagem dos alunos com TEA são as práticas com maior eficiência e evidência científica.

Nessa perspectiva, o trabalho de Mitchel[15] descreveu e apresentou as evidências e ideias subjacentes para um total de 24 práticas de ensino para Educação Especial. Algumas das estratégias estão relacionadas com a organização do contexto da aprendizagem na educação inclusiva, ensino em grupo cooperativo e colaborativo em ambiente da sala de aula, destacando-se dentre essas práticas o ensino colaborativo ou coensino.

Visto isso, o coensino se insere como um modelo de prestação de serviço da educação especial no qual um professor regular e um professor de apoio na sala de aula dividem as responsabilidades de avaliar, planejar e monitorar o aprendizado de um aluno com necessidades educativas especiais, e para tanto esse trabalho em cooperação necessita de uma equivalência entre todos os envolvidos no processo — gestores, educadores, tutores e pais, compartilhando responsabilidades e recursos para ampliar a competência acadêmica do aluno[7].

Para tanto, autores como Argueles[16] e Villa e colaboradores[17] destacam fatores preponderantes para que um programa baseado no coensino tenha sucesso, conforme a Figura 1, a seguir.

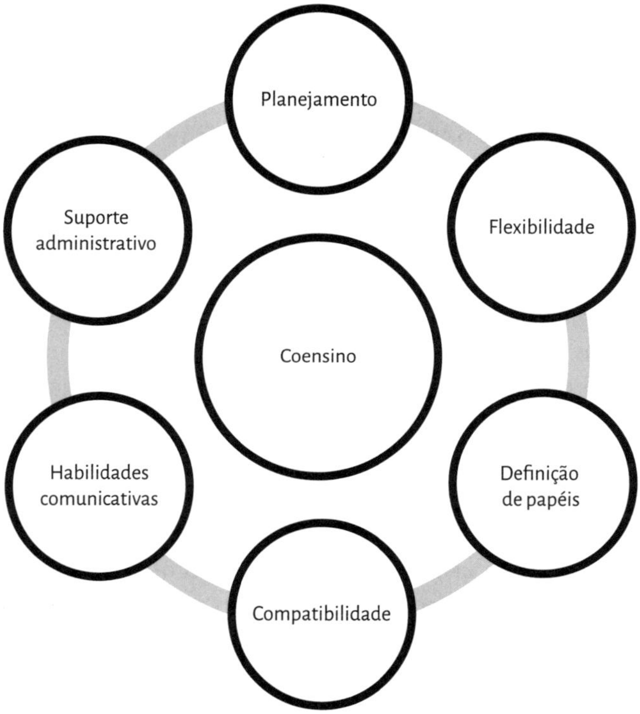

Figura 1. Fatores a serem considerados para sucesso do coensino segundo o modelo baseado em Argueles (2000)

Um desafio a se considerar para o trabalho do coensino está no exercício de definição dos papéis de cada profissional e sua expertise para o trabalho cooperativo, assim os envolvidos deverão planejar os objetivos individuais do aluno público alvo da educação especial, vinculado com o planejamento da sala, prescrever as adaptações e discutir com a equipe pedagógica como avaliar o processo individualmente. Por conseguinte, o professor regular deverá planejar a atividade e aulas, incorporar as adaptações no conteúdo e currículo e avaliar o processo acadêmica da turma[17].

Nessa direção, ressalta-se o valor acadêmico do *paraprofissional*, um termo muito difundido na literatura internacional[18,19], o qual, no ambiente acadêmico brasileiro, pode ser conhecido como *tutor* ou *acompanhante terapêutico* (AT), cujas denominações necessitam ser esclarecidas.

Assim, temos no âmbito escolar alguns protagonistas, um deles é o acompanhante terapêutico (AT), que na prática pode ser o pedagogo, o psicólogo ou outro profissional da área da saúde e da educação atento à singularidade do aluno com TEA e que desempenhe a sua função com base no perfil da criança para elaborar estratégias adequadas objetivando o desenvolvimento global e promovendo autonomia nos diversos âmbitos educacionais, sociais e familiares[20].

Em contrapartida, o tutor é um orientador, um facilitador no processo de aprendizagem centrada no aluno. Tem a função de trabalhar com um aluno individualmente ou com um grupo pequeno de alunos no âmbito educacional[21], e seus múltiplos benefícios ocorrem quando faz parte da equipe de coensino. Pesquisadores[17,19] descreveram o tutor como um organizador e executor de atividades que auxilia os programas instrucionais.

Nessa direção, o tutor tem a oportunidade de fazer parte do cenário aluno/ambiente natural. A sua presença torna as possibilidades de interação mais ricas e variadas, pois as consequências que selecionam o comportamento do aluno estão dispostas num contexto natural com o qual ele deverá interagir[22].

O tutor tem como propósito estabelecer uma relação da inclusão escolar com uma prática facilitadora na inserção do aluno em uma sala regular, oferecendo suporte necessário para esse educando. Ele vai auxiliar no processo da coleta de dados, na aplicação de técnicas de acordo com a necessidade observada pelos responsáveis do atendimento, com foco comportamental ou aprendizagem, além de enfatizar que o processo de generalização de comportamentos funcionais e desejáveis seja intensificado, para que ocorra em casa, na escola, ou em qualquer outro ambiente. Dessa forma, os alunos que apresentam alguma dificuldade de aprendizagem tornam o trabalho do tutor imprescindível no âmbito escolar, tendo o papel de estimular a capacidade e autonomia do aluno, promover ações e aquisições de conhecimentos, habilidades e atitudes que possa desenvolver a aprendizagem, bem como a inclusão escolar da criança com transtorno do espectro autista.

Assim, o tutor apresenta um papel extremamente relevante no processo de aprendizagem do TEA, se considerarmos que alfabetizar um aluno dentro do espectro é uma tarefa que exige correlação de conhecimento teórico-prático, uma vez que habilidades essenciais para o processo de alfabetização encontram-se alteradas. As habilidades cognitivo-linguísticas são fundamentais para o processo de aquisição e desenvolvimento da leitura e escrita, e as crianças com TEA devem apresentar tais habilidades para conseguir executar e terminar uma tarefa, emparelhar palavras empresas, nomear figuras e letras e identificar letras e palavras[23].

Serra[24] destacou a importância de estabelecer uma trajetória linear de aprendizagem com instruções oferecidas por profissionais experientes para apresentar a forma letrada, considerando o perfil da criança com TEA para estabelecer repertório de oferecimento sequencial de sons, letras e palavras que parte de vogais, encontros vocálicos e consoantes, apoiados no suporte visual.

Assim, a perspectiva colaborativa propõe aproximar o trabalho dos especialistas e do educador frente às demandas vivenciadas pelo "aluno", o que possibilitará construir estratégias e possibilidades que potencializará o aprendizado.

Com base na importância de configurar esse modelo como uma demanda de atenção ao público-alvo da Educação Especial, elegemos por descrever o trabalho colaborativo com professor e tutor sob a perspectiva da prática baseada em evidência, com um aluno TEA no ensino regular.

O CAMINHO METODOLÓGICO PARA A DESCRIÇÃO DO TRABALHO COLABORATIVO PROFESSOR-TUTOR

Os procedimentos adotados como norteadores metodológicos estão relacionados a uma pesquisa quase-experimental[25], descritiva e qualitativa[26] de caso único.

Os dados iniciais partiram de encontros realizados entre as pesquisadoras/especialistas com o educador e o tutor de uma criança com Transtorno do Espectro Autista realizado no contexto escolar, a fim de identificar encaminhamentos, detalhar as dúvidas, direcionar a proposta e certificar a participação voluntária no processo de coensino.

Após esse primeiro momento, os dados foram coletados por meio de um instrumento caracterizado como *diários reflexivos*, produzidos pelas pesquisadoras e preenchidos pela educadora e pela tutora, os quais foram confeccionados durante o processo de mediação e apresentados para as pesquisadoras semanalmente ao longo dos seis meses em encontros presenciais.

Participaram desse trabalho colaborativo as pesquisadoras, a educadora do ensino regular e a tutora que acompanhava o aluno com Transtorno do Espectro Autista. A seguir estão descritos os participantes do estudo:

a. *Participante I (P): Professora,* sexo feminino, graduada em Pedagogia e com tempo de experiência de mais de cinco anos de magistério. Tratou-se da sua primeira experiência com público-alvo da educação especial; sua participação foi voluntária e a sua inclusão na pesquisa foi realizada mediante assinatura do Termo de Consentimento Livre e Esclarecido.

b. *Participante II (T): Tutora,* sexo feminino, discente do último ano de Pedagogia, sendo sua primeira experiência com público-alvo da educação especial, TEA. Sua participação também foi voluntária e a sua inclusão na pesquisa foi realizada mediante assinatura do Termo de Consentimento Livre e Esclarecido.

c. *Participante III - aluno (A):* criança gemelar, cujo irmão foi natimorto, com 8 anos de idade, sexo masculino, cursando o quarto ano do Ensino Fundamental I de uma escola regular privada situada em uma cidade de médio porte do interior paulista.

d. *Participante IV (Pe):* duas pesquisadoras-especialistas, sendo uma da área da Fonoaudiologia Educacional e outra da área da Pedagogia, ambas doutoras em Educação Especial, do sexo feminino e com atuação na área há mais de 10 anos.

As trocas dialógicas entre as pesquisadoras, a professora e a tutora, ocorreram na própria escola em momentos previamente determinados com duração de 60 minutos por encontro com frequência semanal e duração total de seis meses entre fevereiro a agosto de 2016, perfazendo um total de 20 encontros.

Os dados foram analisados conforme sua especificidade, para elaborar um plano de trabalho pautado na comunicação e na alfabetização.

Para a professora e para a tutora foram oferecidos os seguintes materiais: a) ficha de encaminhamento do aluno para levantamento, com aplicação no início do processo; b) diário reflexivo sobre o desempenho e atividades realizadas ao longo do processo preenchidos semanalmente. O diário reflexivo é entendido como um registro escrito em que a professora anotava suas reflexões e questionamentos diante das atividades previamente planejadas, com enfoque no desenvolvimento das habilidades do aluno com TEA.

Considerando os apontamentos iniciais da professora, foram realizadas 2 observações em sala pelas pesquisadoras para coletar dados sobre o aluno e com a intenção observar os padrões de linguagem e aprendizagem em que o aluno se encontrava. As especialistas aplicaram os instrumentos descritos no Quadro 1, fora do contexto educacional, para a partir das informações coletadas, planejarem e organizarem o processo de suporte nas atividades.

Quadro 1. Avaliação do aluno visando o contexto escolar

Avaliação	Idade-alvo	Alvo	Objetivo	Aplicação	Especialista que aplicou	Referência
Protocolo de observação comportamental Proc	12 a 48 meses	Observar habilidades comunicativas, compreensão verbal e aspectos do desenvolvimento congnitivo	Compreender a evolução típica do desenvolvimento da linguagem, simbolismo e configurar o funcionamento comunicativo	Observação comportamental dentro do contexto estruturado ou semiestruturado	Fonoaudiologia Educacional	*Zorzi &Hage* 2004
Perfil educacional revisado PEP-R	1 a 12 anos	Investigar	Este teste avalia a idade de desenvolvimento em sete áreas e uma escala de comportamento com 4 áreas	Composto por uma caixa com materiais padronizados envolvendo 131 itens que são apresentados ao avaliado de forma lúdica	Pedagogia	Schople, Reichler, Bashfor, Lansing & Marcus, (1990)

Fonte: Elaborado pelas autoras.

Depois de agrupadas, as metas e diretrizes de trabalho foram sugeridas à professora e à tutora que utilizassem uma ficha de monitoramento. Para a análise do material descrito no diário reflexivo foi utilizada a análise de conteúdo, a qual ocorreu em duas etapas: Etapa I, entendimento das áreas de trabalho; e Etapa II, agrupamento das temáticas (comunicação e alfabetização) para serem analisadas e discutidas.

Dessa forma, os resultados serão apresentados com base na descrição dos diários reflexivos do professor e do tutor, de forma sequencial e cronológica, além de descrever os dois temas de domínio que foram a comunicação e a alfabetização destacada por iniciativa das observações do professor e baseados no modelo da prática baseada em evidência científica da Educação Especial, ou seja, a prática de coensino.

O relato foi pautado no modelo dos passos apresentados por Arguele[16]. Para explorar os resultados seguiremos os mesmos princípios apontados pelo autor:

1. *Auxílio no processo de resolução de problemas*, que foram demarcados tanto pela professora quanto pela tutora referente as Dificuldades Comunicativas, ou seja, dificuldade de iniciar uma ação dialógica, fazer pedido, indagar e questionar; Dificuldades de Alfabetização, ou seja, dificuldade de reconhecimento de letra e correspondência letra-som.
2. *Compartilhamento da solução do problema*, reflexão sobre as estratégias e atividades oferecidas ao longo do processo de consultoria, por meio do diário reflexivo.
3. *Resolução de um problema de trabalho atual de quem busca a ajuda.*
4. *Auxílio e benefício da relação*, de modo que os futuros problemas poderão ser controlados com mais sensibilidade e habilidade.

No início do processo, especificamente os dois primeiros encontros foram destinados para compreensão da proposta, planejamento e explicação das estratégias e fortalecimento da relação entre a professora, a tutora e as especialistas, a fim de criar confiança e acomodação das ansiedades, em busca de enriquecer o processo, como sinaliza a literatura[17].

Os dados também foram coletados por meio dos resultados dos protocolos preenchidos pela professora e pela tutora medidos por sondagens semanais e com base no delineamento de sujeito único[25] demonstrado por amostragem, ou seja, foram descritos os resultados de 10 encontros consecutivos.

A confiabilidade entre os profissionais (professor e tutor) foi calculada dividindose o número de acordos pelo número de acordos mais desacordos e multiplicando o número resultante por 100 para obtenção de uma estimativa em porcentagem[27]. No caso de segmentação nas intervenções, o acordo alcançou 95%.

Dessa forma, os procedimentos de ensino percorreram o seguinte caminho, conforme demonstrada na Figura 2.

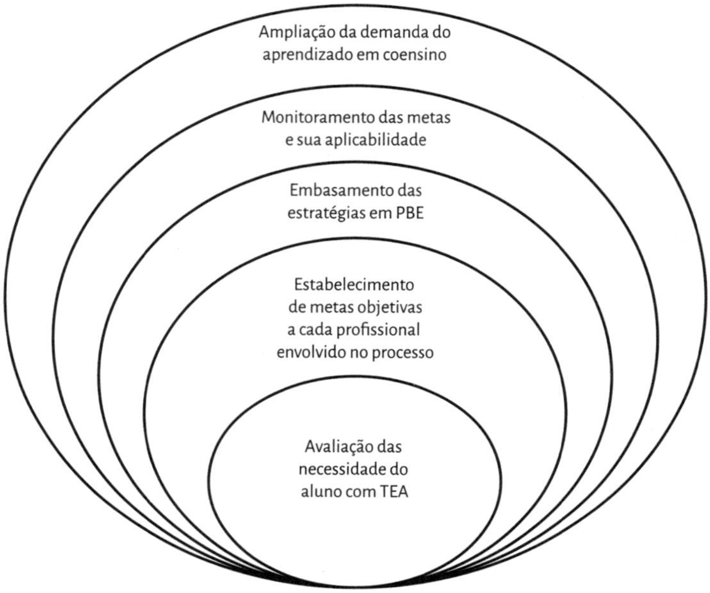

Figura 2. Procedimentos realizados no estudo

RESULTADOS E DISCUSSÃO

Já nos primeiros relatos constatou-se relação com a literatura[7], na medida em que se observou no diário reflexivo da P, compartilhamento e oferecimento de recursos pedagógicos – *"Me sinto mais calma em saber que terei apoio de especialista"* – e de T, *"Espero contar com vocês, pois tenho pouca experiência e quero fazer o melhor"* (Diário reflexivo I e II, 2016).

Outro ponto relevante apontado no início do processo[3] e presente no estudo foi a insegurança no trabalho com a diversidade especificamente presente no TEA, como é possível observar nesta argumentação do P: *"Nunca trabalhei com autista, não sei o que fazer, seguirei a orientação de vocês, vou incomodar bastante no começo, até eu entender como eles funcionam"*; T: *" Me senti perdida hoje não sabia o que fazer quando ele não quis entrar na sala e ficou andando no pátio, não seguiu a rotina, não quis ficar sentado*" (Diário reflexivo I e II,2016).

De acordo com os estudos[3,28], há estratégias de ensino que auxiliam o educador a se reorganizar no processo e gradativamente compreender o funcionamento do TEA, além de empoderá-las no conhecimento associando teoria à prática nessa perspectiva e fundamentada nas características desse aluno. Neste estudo foram sugeridas as seguintes estratégias descritas no Quadro 2.

Quadro2. Estratégias propostas no contexto educacional

Estratégias de comunicação	Estratégias de alfabetização	Fatores facilitadores de manejo
Chamar pelo nome, se necessário usar suporte motor	Iniciar o treino com reconhecimento motor e sinestésico das letras	Estruturados com suporte visual Fazer rotina visual e mostrar sempre que necessário Manejos intensivos, estruturados, visuais e objetivos
Utilizar instruções verbais claras	Usar o suporte visual da correspondência letra som	
Fazer o pedido e usar o suporte visual (demostrando o pedido)	Iniciar o processo com um fonema alvo	

Fonte: elaborado pelas autoras.

Tendo a memória visual como uma das habilidades mais desenvolvidas nas crianças com TEA, é necessário, de acordo com estudo de Lucas[29], associar as imagens às tarefas diversas como rotina, conteúdos escolares, o que pode facilitar o aprendizado das categorias cognitivas e organização e sistematização do trabalho com uma rotina, conforme Figura 3.

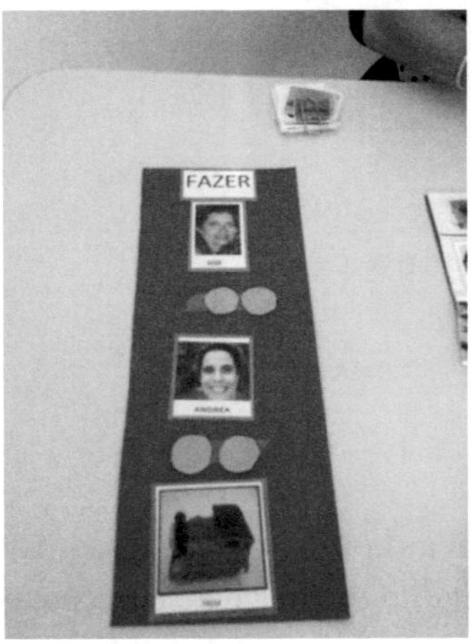

Figura 3. Rotina de atividades a serem desenvolvidas

A dificuldade de comunicação do aluno, embora verbal, mas com vocabulário reduzido, dificultou a percepção e as ações da tutora e educadora conforme observados nos relatos de PI: "Não sei o que ele quer, eu pergunto e ele não responde, levanta e sai", e PII: "*Ele chega falando que não quer fazer atividades*".

Destaca-se que foi fundamental conceber a contribuição do outro para o desenvolvimento comunicativo, pois a linguagem expressiva é um meio de interação entre relação e construção do conhecimento e, com esse aluno, a construção ocorreu pelo reconhecimento de vocabulário e pela busca das habilidades de comunicação em iniciar e manter uma ação dialógica. Mesmo que de forma rudimentar, o educador ofereceu o modelo e incorporou o símbolo conforme descrito na literatura[30].

A comunicação facilitada utilizando imagens, símbolos, letras ou palavras, de acordo com a demanda do aluno, envolveu um parceiro comunicativo e se apoiou no estabelecimento de uma ação dialógica com busca de suporte visual, motor e verbal, conforme proposto por Orsati[10].

Dessa forma, oferecer figuras categorizadas por classes semânticas (Figura 4) ou seguir o modelo natural – temáticas do currículo ou de projetos apresentados em aula – oferecendo o modelo verbal e visual (figura correspondente) auxiliou na compreensão cognitiva, estimulou o uso de palavras correspondentes e organizou o léxico para os participantes.

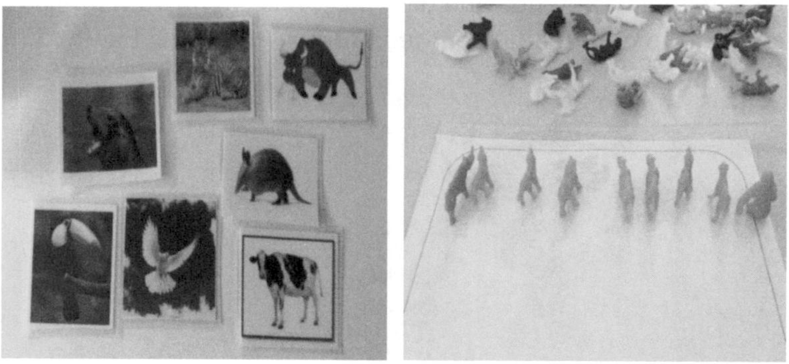

Figura 4. Figuras categorizadas por classes semânticas

Com relação à temática da alfabetização, as dúvidas pontuais e constantes de P foram: "*Trabalho o nome dele e já consegue a programação motora, mas como posso preparar conteúdos mais próximo da sala*", e T: "*Ele faz as atividades, mas se cansa quando tem letra sem desenho*".

Destaca-se que a educadora foi atenta ao processo e imersa na mediação do processo de aprendizagem e, por isso, teve a possibilidade de (re)formular e (re)ver a estratégia para aproximar o conceito desejado do aluno.

Dessa forma, utilizar treino com as habilidades viso-motora e consciência fonológica realizadas no processo de aprendizagem de forma sistematizada auxiliou o aluno com TEA a generalizar conceitos, isso porque essas habilidades são consideradas preditoras para o processo de alfabetização[24].

O Quadro 3 apresenta algumas atividades que foram exploradas em colaboração com a professora e acompanhadas em execução pela tutora baseadas em Brown[31].

Quadro 3. Reflexão da professora e da tutora frente às habilidades trabalhadas

Área	Estratégia	Aplicação	Participação do aluno	Diário reflexivo do Professor (P)	Diário reflexivo da tutora (T)
Viso-motora	A letra-alvo ser circundada com barbante ou escrita na área	A letra-alvo foi segmenta com pontos e setas indicando o início, meio e fim	Realizou com facilidade	*Realizei várias atividades com as letras que estamos trabalhando, e com os pontilhados ele não teve dificuldades*	*Não teve resistência para realizar a atividades e ofereci apenas uma explicação*
Consciência fonológica	Figuras que se iniciam com a letra-alvo	Era dito pelo tutor o nome da figura e pedia a letra que iniciava	Realizava no início com dificuldade, considerando a dificuldade em manter atenção	*Ele sempre sabe com que som inicia, mas na hora de escrever as vezes tem dificuldade com o traçado*	*No começo tenho que repetir mais de uma vez, depois ele mesmo sabe com qual começa e faz a letra*

Fonte: Elaborado pelas autoras.

Abaixo estão apresentados alguns exemplos das atividades viso-motoras (Figura 5) e de treino da consciência fonológica para a alfabetização (Figura 6) realizadas com o aluno com TEA. Verifica-se que o suporte visual se tornou constante dentro do processo, haja vista que o uso de imagens auxiliou no desenvolvimento da comunicação e, sobretudo facilitou o acesso cognitivo aos conteúdos apoiados na representação mental[29].

Figura 5. Atividades viso motoras

Figura 6. Treino de Consciência Fonológica para a alfabetização

Observa-se que, com o modo gradativo e com intervenções detalhadas por níveis de complexidade, as adaptações proporcionam ao aluno um conjunto de atributos para a alfabetização. Para Hewitt[3], é interessante que os educadores aumentem suas expectativas e de forma sistemática crie variabilidade de atividades dentro da mesma habilidade para que ocorra a generalização e domínio do conceito. A estruturação do trabalho proporcionou oportunidades ao aluno do mais simples ao mais complexos, pois o nível de interesse e atenção apresenta uma variabilidade de aluno para aluno[23].

Para verificação das intervenções responsivas da professora e da tutora, foi calculada a porcentagem dessas intervenções em dez encontros consecutivos, registradas na Figura 7.

A Figura 7 mostra uma mudança de nível entre os encontros nas intervenções responsivas pela professora e pela tutora, especialmente nos dois primeiros encontros da intervenção, portanto, foi durante a aplicação das atividades na intervenção que o nível mais alto de comunicação foi observado.

Especificamente, do primeiro ao último registro da intervenção houve um aumento de 60% nas intervenções responsivas. Além disso, apesar do declínio observado no segundo registro da fase de intervenção, não foram obtidos valores mais baixos do que no primeiro período de ensino. Assim, resulta que o estilo responsivo foi melhor quando, gradativamente, os professores e tutor receberam aconselhamento especializado. Apesar desse declínio, os atos comunicativos e de aprendizagem da criança aumentaram, acentuadamente, no decorrer do ensino.

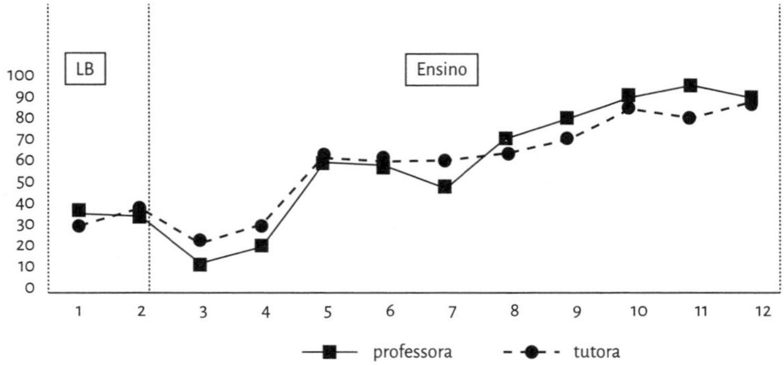

Figura 7. Porcentagem responsiva da professora e da tutora sobre as estratégias desenvolvidas com o aluno

Embora evidências apoiem uma relação entre estilo responsivo e desenvolvimento da linguagem, um estilo gerencial pode ser necessário ao tentar redirecionar a atenção de uma criança envolvida ou buscando uma maior participação[32].

O estudo de Carter[33] corroborou os resultados deste estudo, uma vez que a incorporação de acompanhamentos individuais adicionais melhora a adesão ao ensino e aumenta a sua intensidade. De qualquer forma, os resultados deste estudo nos mostram a importância de práticas baseadas em evidências, como aquela aqui representada pelo coensino entre professor e tutor acompanhada de orientações de profissionais especialistas em Educação Especial para o adequado desenvolvimento de um aluno com Transtorno do Espectro Autista.

O acompanhamento da tutora com a colaboração da professora foi o principal mecanismo de mudança na aprendizagem do aluno[18], tornando-se assim uma das habilidades mais complexas necessárias para administrar no modelo de coensino. Portanto, é um dos componentes mais importantes de qualquer treinamento desenvolvido para auxiliares durante o processo de aprendizagem.

Embora exista uma extensa variedade de estratégias de treinamento usadas pelos paraprofissionais[12,17], é aconselhável que as estas sejam apoiadas em evidência científica.

Os fatores relacionados à seleção de possíveis treinamentos para inserção de programas devem ser sistematicamente examinados e bem compreendidos, pois neste estudo foram investigadas as relações entre os fatores relevantes na colaboração de profissionais no contexto escolar, e a capacidade de aumentar essas habilidades podem ser realizadas com um breve treinamento. Os pontos fortes do presente estudo incluíram uma amostra com importantes semelhanças com o professor e tutor.

No entanto, orienta-se que uma abordagem em duas etapas para avaliar os fatores de seleção relacionados às habilidades iniciais e ao impacto do treinamento; e o uso de medidas objetivas, comportamentais e de desempenho dos domínios principais de habilidades necessários para a entrega do modelo proposto é de extrema importância para implicações futuras. A interpretação dos achados foi limitada pelo pequeno tamanho da amostra e pela falta de outras díades (professor-tutor) para comparação.

Dessa forma, recomenda-se que o treinamento para auxiliares se concentre em técnicas que tenham base em evidência científica. Por exemplo, técnicas de treinamento responsivas (por exemplo, elogio aos pais) sempre se relacionaram com processos e resultados positivos, incluindo melhor aquisição de habilidades de sessão para sessão, melhor retenção de tratamento e domínio mais rápido das habilidades[13,18,19]. No presente estudo, os auxiliares demonstraram a capacidade de melhorar o uso do treinamento responsivo com treinamento breve.

E ainda: embora entre os auxiliares ou tutores seja frequente a presença de profissionais da educação, é recomendável que a seleção deles seja baseada em conhecimentos prévios sobre o desenvolvimento infantil e os princípios de manejo comportamentais, pois dessa forma o grupo de intervencionistas será mais capacitado como demonstrado na literatura[34].

CONSIDERAÇÕES FINAIS

Dessa forma, este capítulo teve o intuito de descrever um caso entre especialistas, educadora e tutora na perspectiva do coensino junto a um aluno públicoalvo da educação especial com TEA.

Destaca-se frente aos apontamentos da professora e da tutora que a prática com o modelo de coensino contribuiu para a compreensão e trabalho com o aluno TEA, diminui a insegurança dos envolvidos, pois há uma troca de experiências, treinos específicos para o aluno com foco em habilidades demarcadas, particularizadas e, sobretudo dentro do contexto curricular, facilitando as adaptações e a compreensão de como realiza as atividades e as aplica.

Portanto, da prática apresentada neste estudo emerge a importância de repensar a participação dos responsáveis no processo de intervenção, uma vez que essa participação pode contribuir para que a escola atenda a diversidade, empoderando os envolvidos no contexto escolar e demostrando que o trabalho colaborativo permeia a nova concepção inclusiva buscando o processo de ensino e a aprendizagem, de diferentes habilidades, diante das diversas potencialidades dos alunos público-alvo da Educação Especial.

REFERÊNCIAS

1. American Psychiatric Association (APA). Manual diagnóstico e estatístico de transtornos mentais – DSM-5. Porto Alegre: Artmed Editora; 2014.
2. Centers for Disease Control and Prevention. Atlanta -EUA. [acesso em 2020 jul. 22]. Disponível em http://www.cdc.gov/ncbddd/autism/data.html.
3. Hewitt S. Compreender o autismo: estratégias para alunos com autismo nas escolas regulares. Lisboa: Porto Editora; 2006.
4. Organização Mundial da Saúde. OMS. Classificação Internacional de Funcionalidade, Incapacidade e Saúde - CIF. Trad. do Centro Colaborador da Organização Mundial da Saúde para a Família de Classificações Internacionais. São Paulo: EDUSP; 2003.

5. Brasil. Lei nº 12.764, de 27 de dezembro de 2012. Institui a Política Nacional de Proteção dos Direitos da Pessoa com Transtorno do Espectro Autista; e altera o § 3º do art. 98 da Lei nº 8.112, de 11 de dezembro de 1990. Diário Oficial da República Federativa do Brasil; 2012.

6. Tibyriça RF, D'antino MEF, organizadores. Direitos das pessoas com autismo: comentários interdisciplinares à Lei 12.764/12. São Paulo: Memnon; 2018.

7. Mendes EG, Vilaronga CAR, Zerbati AP. Ensino colaborativo como apoio à inclusão escolar: unindo esforços entre educação comum e especial. São Carlos: EDUFSCar; 2014.

8. Brasil. Lei de Diretrizes e Bases da Educação Nacional. Lei número 9.394; 20 de dezembro de 1996.

9. Cook BG, Cook SC. Unraveling evidence-based practices in special education. The J of Spec Educ. 2011;47(2):71-82.

10. Orsati FT, Mecca TP, Dias NM, Almeida RP, Macedo EC. Práticas para a sala de aula baseadas em evidências. São Paulo: Memnon; 2015.

11. Nunes DRP, Schmidt C. Educação especial e autismo: das práticas baseadas em evidências à escola. Cadernos de Pesquisa. 2019;173:84-104.

12. Wong C, Odom SL, Hume KA, Cox AW, Fettig A, Kucharczyk S, Schultz TR. Evidence-based practices for children, youth and young adults with autism spectrum disorder: a comprehensive review. J of Aut and Develop Dis. 2015;45(7):1951-1966.

13. Magyar CI. Developing and evaluating educational programs for students with autism. Springer Science & Business Media; 2011.

14. National Autism Center - NAC. Evidence-based practice and autism in the schools an educator's guide to providing appropriate interventions. An educator's guide to providing appropriate interventions to students with autism spectrum disorder. EUA; 2020.

15. Mitchel D. What really works in special and inclusive education using evidence-based teaching strategies. Oxfordshire: Francis & Taylor; 2008.

16. Argueles ME, Hughes MT, Schumm JS. Co-teaching a diferent approach to inclusion. Principal Reston. 2000;79(4):48-51.

17. Villa RA, Thousand JS, Nevin AI. A guide to co-teaching: practical tips for facilitating student learning. London Corwin Press: SAGE Publish Company; 2008.

18. Hyman SL, Levy SE, Myers SM. Council on children with disabilities, section on developmental and behavioral pediatrics. Identification, evaluation, and management of children with autism spectrum disorder. Pediatrics. 2020;145(1):34-47.

19. Niec LN, Egan R, Schoonover C, Brodd I. Selection and training of paraprofessionals in core parent-child interaction therapy skills. Childr & Youth Servi Rev. 2020;111:104818.

20. Carneiro BA, Costa MCC. A prática do acompanhamento terapêutico de pessoas com autismo. In: Keinert MHJM. Transtorno do espectro autista: tutorial para atividades do dia a dia. Curitiba: Ithala; 2017.

21. Botti SHO, Rego S. Preceptor, supervisor, tutor e mentor: quais são seus papéis? Rev Bras de Educ Méd. 2008;3:363-373.

22. Zamignani DR, Vermes JS. A perspectiva analítico-comportamental no manejo do comportamento obsessivo-compulsivo: estratégias em desenvolvimento. Rev Bras de Ter Comp e Cog. 2010;4(2):135-149.

23. Gomes CGS. Ensino de leitura para pessoas com autismo. Curitiba: Appris; 2015.

24. Serra D. Alfabetização de alunos com TEA. Rio de Janeiro: Nuppes Editorial; 2018.

25. Ledford JR, Gast DL. Single case research methodology: applications in special education and behavioral sciences. London: Routledge Taylor & Francis Group; 2018.

26. Cozby PC. Métodos de pesquisa em ciências do comportamento. São Paulo: Atlas; 2005.

27. Sackett C. Observing behavior. Baltimore MD: University Park Press; 1978.

28. König FR, Cridi FRS. O ensino colaborativo e a gestão das práticas pedagógicas: avaliando efeitos. Rev Eletr de Educ. 2019;13(1):278-290.

29. Lucas R, Norbury CF. Making inferences from text: it's vocabulary that matters. J of S Lang and H Res. 2015;58(4):12-24.

30. Zorzi LJ, Hage SRV. Protocolo de observação comportamental. São José dos Campos: Pulso; 2004.

31. Brown HM, Oram-Cardy J, Johnson A. A meta-analysis of the reading comprehension skills of individuals on the autism spectrum. J of Aut and Dev Dis. 2012:43(4):932–955.

32. Girolametto L. Reflections on the origins of directiveness: implications for intervention. J of Early Interv. 1995;19:104-6.

33. Carter A, Messinger D, Stone W, Celimli S, Nahmias A, Yoder P. A randomized controlled trial of Hanen's 'More Than Words' in toddlers with early autism. J Child Psychol Psychiatry. 2011;52:741-52.

34. Cook RE, Klein MD, Chen D. Adapting early childhood curricula for children with special needs. New York City: Pearson; 2012.

O PAPEL DOS PROFISSIONAIS DA EDUCAÇÃO COMO FACILITADORES DO DESENVOLVIMENTO SOCIAL

Patrícia Barros

SOBRE O DESENVOLVIMENTO SOCIAL E O AUTISMO

Desde muito cedo, exibimos uma série de capacidades para a interação social. Logo nos primeiros anos de vida, já procuramos e preferimos ativamente olhar para rostos e sorrimos espontaneamente ou em reposta a outras pessoas[1]. Mais tarde, essas habilidades estendem-se e passamos a compartilhar experiências e interesses. Somos capazes de perceber os sentimentos alheios e a inferir o que os outros pensam. Conseguimos até mesmo prever comportamentos de outras pessoas e compreender segundas intenções[2].

Para algumas crianças e adolescentes, entretanto, esse caminho é percorrido de uma outra maneira. Muitas delas preferem rodar objetos e isolarem-se longe das interações. Outras têm pouca ou nenhuma linguagem para se comunicar socialmente de forma efetiva. Podemos encontrar, por outro lado, crianças que falam incessantemente sobre um tema, sem perceber ou se atentar ao interesse de seu interlocutor. Essas crianças, jovens e adultos fazem parte de um amplo espectro chamado de *autismo*[3].

A socialização é um dos aspectos mais marcantes do que chamamos de *Espectro do Autismo*. A interação e a comunicação social são pilares diagnósticos desse transtorno e impactam de forma consistente a qualidade de vida desses indivíduos, suas famílias e os demais contextos em que vivem, como a escola por exemplo[4].

Os indivíduos autistas tendem a ter poucos amigos, iniciam e mantêm as interações com menos frequência do que aqueles com desenvolvimento típico[5]. Adicionalmente, tendem a passar menos tempo nas interações e, quando estão nelas, tendem a direcionar sua atenção para atividades menos compartilhadas com os pares ou atividades paralelas[6]. O impacto direto disso é a redução de oportunidades de aprendizagem social, diminuindo ainda mais a aquisição de repertório de interação[7].

As relações interpessoais são altamente protetoras, especialmente do ponto de vista emocional: elas promovem apoio e segurança face a eventos estressores e estão diretamente relacionadas a fatores como a autoestima e autoeficácia, por exemplo[8]. Como consequência dos impasses sociais, crianças e adolescentes com TEA são frequentemente vítimas de *bullying*, ou ainda excluídos e isolados de interações em grupo[7]. São altos os níveis de depressão, especialmente em adolescentes. Na adolescência, a percepção sobre as próprias dificuldades sociais se amplia, tornando-se mais claros os desafios e prejuízos a serem enfrentados[9]. A isso alia-se a maior complexidade da demanda social nessa fase, o que exige habilidades de interação e linguagem mais refinadas e flexíveis[10].

Estudos apontam ainda que os *deficit* em habilidades sociais persistem na fase adulta, impactando negativamente a qualidade de vida social, afetiva e ocupacional[6]. Isso significa dizer que essas habilidades parecem não se desenvolver "naturalmente" ao longo do tempo, sendo necessária alguma estrutura e estimulação para tal aprendizagem. Por esse motivo muitos programas e estratégias se voltaram para o aprimoramento da socialização.

AS CONTRIBUIÇÕES DO PROGRAMA *ISOCIAL* PARA O DESENVOLVIMENTO DAS COMPETÊNCIAS SOCIAIS NO AMBIENTE ESCOLAR

Dentre as intervenções que têm mostrado eficácia no desenvolvimento dos aspectos sociais estão aquelas aplicadas nos ambientes naturais, ou seja, em casa, na escola e todos os contextos em que se pode pôr em prática a socialização[11,12]. Uma série de estudos mostrou grande efeito nos ganhos sociais quando indivíduos autistas estão integrados em escolas nas quais profissionais e alunos são treinados para estimular o desenvolvimento social[13].

São muitas as estratégias aplicadas em ambientes naturais. A escola faz parte de um conjunto de poderosos contextos sociais capazes de gerar oportunidades e reforçar as habilidades de socialização. O objetivo deste capítulo é apresentar e discutir algumas estratégias para aplicação no ambiente escolar, aliando os esforços de pais, profissionais de educação e também dos próprios alunos. Tais estratégias fazem parte de um conjunto de tópicos voltados para o desenvolvimento das competências sociais em crianças e adolescentes, denominado de Programa *iSocial*[14]. As bases teóricas dessa intervenção incluem uma série de fatores que facilitam a aprendizagem, bem como a prática do novo repertório social no ambiente escolar: o contexto em que crianças e adolescentes têm mais exposição e, portanto, mais oportunidades para interagirem.

A. O PAPEL DA MOTIVAÇÃO

Uma das bases teóricas do Programa *iSocial* [14] é um modelo comportamental desenvolvimentista e naturalista chamado originalmente de *Pivotal Response Treatment* – *PRT*[15]. O PRT adota a motivação como um dos principais pilares facilitadores da aprendizagem. É ela a responsável por ampliar as chances de aquisição de novas habilidades, inclusive as sociais. Alguns componentes são essenciais nesse processo: promover escolhas; intercalar atividades de aquisição (que requerem mais esforço) com atividades de manutenção (que sejam mais fáceis); variar tarefas; usar reforços naturais e recompensar tentativas[16,17].

A1. ENCONTRE OS INTERESSES E PROMOVA ESCOLHAS

Na prática em ambientes escolares a estimulação das habilidades sociais deve conter a escolha por parte da criança ou do adolescente a respeito dos pares para interação, das temáticas, atividades e materiais que o ambiente pode oferecer[15]. O papel de pais e profissionais nesse aspecto, entretanto, inicia-se muito antes: observar o que chama a atenção da criança, o que ela costuma falar ou se interessar mais.

O passo seguinte é gerar oportunidades de escolha que incluam os interesses listados. É importante lembrar que nem sempre é possível incluir interesses de alta motivação em todas as atividades. Entretanto, preferência é diferente de escolha[15]. Mesmo quando não é possível fazer escolhas apenas entre os itens que se gosta, existem sempre opções que se podem oferecer como forma de aumentar o engajamento. Se uma atividade social é necessária, como, por exemplo, um passeio com a turma em que não há fator de motivação aparente, pode-se inserir pequenas escolhas ao longo dos passos: ao lado de quem aluno prefere sentar, que tipos de brinquedos pode levar consigo, a ordem de algumas atividades etc.

O segundo fator importante é que as preferências mudam dependendo do dia e da situação[18]. O que é mais motivador num momento pode não ser em outro. Mais uma vez, o foco deve estar na observação da resposta da criança e do adolescente e na fluidez de suas escolhas[15]. Ensine a eles a direcionar e incluir seus temas favoritos de forma adequada durante as conversas, por exemplo. Dê exemplos que façam menção aos interesses e vivências deles e avaliem a diferença no nível de engajamento e de comportamentos apropriados.

A fim de promover escolhas, entretanto, é necessário prover ambientes inclusivos com suporte apropriado[19]. Distinguir pares potenciais, gerar situações que incluam temas de interesse, fornecer ao par objetos de motivação da criança autista para que ela requisite a ele etc. Para alcançar tais objetivos, os planos escolares devem incluir objetivos sociais e permeálos nos trabalhos em grupos, nos tópicos e materiais escolhidos para as aulas. Pergunte-se consistentemente: há oportunidades regulares para a interação com outras crianças que possam ser potencialmente motivadoras? Há suporte adequado para ajudar a criança ou adolescente a reconhecer as possíveis escolhas do ambiente?

A2. INTERCALE NÍVEIS DE DEMANDAS DE INTERAÇÕES

Quanto mais se faz, mais se cobra. Se a criança é capaz de fazer um, pede-se a ela o próximo: tão ou mais difícil. E a motivação tende a se reduzir à medida que o tempo passa. Os dados da literatura têm mostrado que o uso de tarefas de manutenção, ou seja, aquelas que a criança já consiga fazer e que são, portanto, mais fáceis, tendem a aumentar o nível de progresso na aprendizagem[15].

Nos contextos sociais parece ocorrer o mesmo fenômeno. Atividades sociais que requerem mais energia e mobilizam mais recursos para o seu desempenho devem ser preferencialmente intercaladas com aquelas que as crianças e adolescentes autistas tenham mais domínio e sejam menos demandantes[15]. Assim, se manter uma conversa com um grupo de três ou quatro pessoas é uma tarefa mais difícil, recomenda-se pequenas conversas paralelas em duplas como forma de intervalar o nível de esforço que se faz durante a interação. Mais uma vez, professores, educadores e facilitadores precisam estar atentos ao nível de atenção, motivação e ao nível de habilidades sociais que cada aluno tem. A ideia é, portanto, gerar oportunidades que intercalem desafios novos, mais difíceis, que estão em aquisição, com aqueles que já sejam dominados pela criança, como forma de manter a sua motivação.

A3. VARIE ATIVIDADES SOCIAIS

Fazer sempre as mesmas atividades muitas vezes pode ser monótono, repetitivo e pouco motivador. Além disso, torna a generalização menos propensa a acontecer. No campo social, as atividades podem ser variadas e devem envolver diferentes objetivos: contato visual e alternar tópicos, por exemplo, podem ser treinados com pessoas diferentes em contextos diferentes e contendo diversos assuntos[15,16]. A variação evita a repetição de *scripts* rígidos e amplia a flexibilidade das habilidades sociais de acordo com cada contexto, favorecendo a ampliação das habilidades e sua aplicação.

A4. USE AS CONSEQUÊNCIAS SOCIAIS NATURAIS E REFORCE TENTATIVAS

Os reforços, consequências e resultados positivos que estão diretamente ligados às nossas ações parecem ser potentes amplificadores de aprendizagem. No campo social, entretanto, sabe-se que muitos indivíduos autistas tendem a ter reduzida motivação social. Seja por *deficit* no repertório social, seja por falta de oportunidades, essas crianças e adolescentes com autismo tendem a estabelecer um ciclo de pouco ou quase nenhum reforço social[19].

Assim, na busca de oportunidades para a socialização no ambiente escolar, o objetivo é construir situações nas quais as tentativas e iniciativas sejam reforçadas e respondidas mais frequentemente e intensamente, bem como da maneira mais natural possível. Assim, a escolha das atividades e dos pares de interação por parte dos adultos é de fundamental importância. Durante décadas, estudos têm mostrado que indivíduos autistas que têm acesso a pares de desenvolvimento típico são mais engajados nas interações, desde que esses pares sejam responsivos às iniciativas sociais[20].

Para estabelecer interações responsivas, é necessário alguma atenção e planejamento: selecionar atividades que sejam reforçadoras para ambas as crianças; organizar as atividades de modo que as crianças troquem turnos e dependam uma da resposta da outra para a continuação da atividade[16;19-20]. Um exemplo disso pode ser usar jogos de peças, como puzzles, ou materiais de colorir para serem divididos e, principalmente, estabelecer oportunidades para que seja necessário alternar turnos. Tais tipos de iniciação tendem a ser mais eficazes especialmente porque os reforços estão nas próprias atividades sociais em si, aumentando e direcionando a motivação para as iniciações das interações.

A escolha dos pares é, assim, fundamental. Alguns autores recomendam que as crianças e adolescentes escolhidos como parceiros de socialização sejam mais ativos socialmente, flexíveis nas relações e brincadeiras, assim como tenham algum tipo de interesse em comum[15]. A proximidade de idade cronológica pode facilitar o processo de modelação das habilidades apropriadas para aquela faixa etária[15;20]. O mais importante, entretanto, em termos de equivalência de duplas ou grupos de crianças e adolescentes é que estes pares sejam responsivos de forma positiva. Pares complementares, ou seja, aqueles capazes tanto de modelar quanto de reforçar as habilidades que os indivíduos autistas estejam desenvolvendo são sempre boas escolhas.

A ideia principal no campo dos reforços é pensar quais consequências e respostas positivas haverá na própria interação para fazer com que a criança se interesse em realizá-la novamente. Qualquer iniciativa ou resposta social deve ser reforçada. Mesmo que inicialmente o comportamento não seja perfeitamente executado, reforce a intenção e os pequenos passos.

B. APRENDIZAGEM ESTRUTURADA

Outro grande pilar do Programa *iSocial* está centrado na estrutura para a aprendizagem de novos comportamentos sociais. Indivíduos do espectro autista se beneficiam de atividades estruturadas com instruções claras e previsíveis sobre como se comportar nas interações, especialmente no ambiente escolar[21]. Tais comportamentos são muitas vezes transformados em tópicos, tais como iniciar, manter e encerrar interações, e são alvos dos manuais e programas de intervenção.

Entretanto, os manuais formados por *scripts* comportamentais fechados podem não se adequar a todos os contextos. Por essa razão, a construção dos tópicos do Programa *iSocial* baseou-se na intervenção de Laugeson e Frankel[22], que fez uso de um conjunto de tópicos ecologicamente válidos. Isso significa dizer que as orientações dadas a respeito de como se comportar em cada situação precisam ser válidas, ou seja, é necessário saber se realmente funcionam para aquilo a que se propõem. Um exemplo disso é a iniciação de conversas: muitas vezes apenas dizer "Olá" para entrar numa interação não corresponde ao que acontece na prática cotidiana. Estudos têm mostrado, por exemplo, que adolescentes costumam iniciar suas conversas focando em interesses em comum. De maneira geral, eles observam discretamente a conversa do grupo, aguardam a sua abertura para uma entrada discreta e, em seguida a uma breve pausa, fazem algum comentário ou pergunta referente ao contexto[23].

O objetivo da aprendizagem estruturada é, assim, ensinar passo a passo uma série de habilidades de forma concreta e didática. Sua finalidade consiste em fornecer repertório sobre o que fazer, como e onde. Sabe-se que muitas das dificuldades sociais dos indivíduos autistas são oriundas de *deficit* de aquisição, ou seja, não se formou um repertório de comportamentos sociais suficientes para uma série de interações[24]. Em outras palavras, mesmo que haja motivação para as aproximações com os pares, faltam os passos para fazê-las.

Em interações no ambiente escolar, tanto professores, agentes de educação e mesmo os colegas de classe podem se encarregar de prover algumas orientações mais estruturadas para as interações. Algumas escolas possuem aulas voltadas para a educação socioemocional e podem inserir tópicos estruturados em seus programas a fim de abordar essas temáticas. Kasari e colaboradores[13] verificaram e sugeriram que usar pares como modelos e instrutores de aprendizagem dessas habilidades promove não apenas o aumento do repertório social, como também aumenta as conexões entre os colegas de turma.

Alguns programas de intervenção se ocuparam em estabelecer uma série de tópicos pré-definidos que podem servir de base para este ensino estruturado. O Programa *iSocial* [14] selecionou 13 tópicos da literatura com base especialmente no manual da intervenção denominada *Program for the Education and Enrichment of Relationships Skills* – PEERS[22]. O Quadro 1 apresenta os temas que podem ser discutidos de forma estruturada em sessões de grupo ou individualmente e depois aplicados aos contextos naturais.

Quadro 1. Tópicos para aprendizagem estruturada do Programa *iSocial*

	Tópicos
1	A importância de ter amigos e conviver em grupos/Identificar grupo de amigos
2	Iniciando conversas e interações
3	Trocando informações e interesses
4	Mantendo a reciprocidade durante as interações
5	Encerrando as interações
6	Comunicando através das redes sociais
7	Usando o humor
8	Organizando e conduzindo encontros sociais com amigos e colegas
9	Lidando com situações de competição e jogos em grupo
10	Lidando com implicâncias, críticas e bullying
11	Argumentando e negociando
12	Modificando "rótulos" sociais negativos
13	Lidando com *bullying* e implicâncias
14	Encerramento e reavaliação

Tais temáticas são ensinadas passo a passo, incluindo aspectos verbais e não verbais, sempre incentivando a observação e a análise de cada contexto social. Para tal, deve-se construir com a criança ou o adolescente cada passo, sua importância e função. Nas sessões do programa, utiliza-se vídeos para a discussão e montagem dos passos. Questiona-se e observa-se comportamentos funcionais e disfuncionais a fim de entender em conjunto com os jovens porque pode ser útil usá-los[14].

No âmbito da aplicação nas escolas, os profissionais de educação podem fazer uso de aulas orientadas especificamente para as habilidades sociais a fim de abordar tais temáticas. Além disso, podem também utilizar as situações cotidianas durante aulas, intervalos e recreações, e pensar juntos em formas de implementação de novos comportamentos passo a passo.

C. APLICAÇÃO COMPORTAMENTAL EM AMBIENTES NATURAIS

Uma vez estruturados os comportamentos a ser desenvolvidos e definidos os tópicos de motivação, a implementação prática das novas habilidades está a cargo dos profissionais de educação e dos pais em conjunto. Como ponto inicial, é fundamental estabelecer objetivos claros, concretos e que possam ser medidos ao longo do processo. Numa avaliação conjunta, pode-se estabelecer, por exemplo como objetivo, aumentar o número de iniciações sociais de uma criança. É necessário, entretanto, estabelecer quando, como e onde isso deverá ser estabelecido e medido. Isso significa ter em mente quais situações de oportunidades podem ser criadas para que a criança desempenhe o comportamento esperado. Para estabelecer tais processos, a análise funcional é um importante instrumento para auxiliar a aplicação[25].

A análise funcional tem como base a tríade Antecedente-Comporta mento-Consequência. Falando especificamente sobre os componentes que constituem o Programa *iSocial*[14], o primeiro ponto é relativo a que oportunidades nas rotinas pode-se gerar para eliciar os comportamentos desejados. Assim, professores e demais profissionais da escola têm como função pensar nas atividades cotidianas e em quais delas pode-se inserir motivadores e eliciadores para que a criança ou adolescente possa desempenhar a habilidade objetivada e ser reforçado naturalmente por ela. O Quadro 2 descreve um pouco dos passos da formação dos objetivos, oportunidades e da análise funcional.

Quadro 2. Descrição de objetivos, oportunidades, antecedentes e consequências

Objetivo	Oportunidades	Antecedentes	Comportamento	Consequência
O que eu espero especificamente que esta criança/ adolescente faça? Quantas vezes? Em que ambientes? Com que pessoas?	Em que situações rotineiras eu posso incluir tal objetivo? Em que situações eu posso gerar oportunidades para que a criança tenha que se comportar da forma como eu espero e possa ser reforçada por isso? Quais são os agentes motivadores dessa oportunidade?	Como posso captar a atenção da criança? Que instruções ou dicas claras eu posso apresentar à criança para ela desempenhar tal comportamento? Que opções de escolha eu posso oferecer à criança para amplificar a sua motivação? Que opções eu posso apresentar entre tarefas de manutenção (mais fáceis) e tarefas de aquisição (mais difíceis)?	Resposta da criança	Que reforços acontecerão como consequência natural da ação da criança? Essas consequências acontecerão apenas se a criança emitir o comportamento? Caso ela não emita, eu consigo não a reforçar até que ela tente novamente? Eu estou reforçando as suas tentativas?

Do ponto de vista do contexto escolar, é importante que os objetivos sociais sejam parte do currículo e do plano individualizado da criança/adolescente/adulto. O aspecto social precisa fazer parte das metas, sobretudo porque cabe à escola procurar, avaliar, adaptar e gerar todas as oportunidades possíveis ao longo das rotinas diárias[25]. Uma sugestão é que pais e profissionais analisem as dinâmicas de interação e o currículo de aulas, atividades, transições, intervalos e horários de refeições a fim de planejarem de que forma vão incluir os objetivos desejados. Assim, se, por exemplo, a meta é de que a criança aumente o número de iniciativas sociais, torna-se necessário pensar nas situações mais pertinentes para tal: aumentar a quantidade de trabalhos em duplas, gerar atividades estruturadas nos intervalos a fim de facilitar a entrada da criança, inserir temas de interesse nas aulas e nas rodas de conversa, exibir brinquedos e atividades que motivem o aluno nas atividades de recreação, dispor os lugares em sala para que os pares mais responsivos estejam por perto etc.

Koegel e Koegel[15] recomendam que as atividades sejam não só divertidas, mas também estruturadas, organizadas, cooperativas, curtas e familiares à criança. Incluir uma criança socialmente não significa apenas juntá-las às outras e ver o que acontece. É necessário prover algum passo a passo de forma organizada a fim de facilitar o entendimento do que é esperado dela. Assim, atividades com regras claras no início e com ambiente organizado permitem interações mais previsíveis e consistentes. Isso não apenas reduz a ansiedade e facilita o desempenho de forma mais independente, mas também evita que condutas inapropriadas apareçam ou sejam reforçadas sem querer.

Uma vez geradas situações de oportunidades, estas devem ser claras e estar sob o foco de atenção do aluno em questão. É necessário, em seguida, que se elicie antecedentes. No caso do autismo, os comportamentos sociais não ocorrem, na maioria das vezes, de forma espontânea e intuitiva[4,6,7]. É fundamental, por isso, que os agentes dos contextos tornem as dicas e a estrutura comportamental mais claras.

Dentro dos modelos de intervenção naturalistas, existem alguns pontos fundamentais como fatores antecedentes: captar a atenção do aluno, usar instruções concretas e compartilhar o controle da atividade com a criança ou adolescente[25]. Dessa forma, os antecedentes têm como função guiar o aluno para as situações de oportunidades geradas. Por exemplo, se foi pensado como oportunidade inserir uma atividade de interesse do aluno durante o recreio, um adulto ou par pode chamar a atenção da criança para a atividade, comentando, apontando ou direcionando a criança para perto.

No seguimento das oportunidades e antecedentes, é a resposta da criança ou adolescente que vai apontar de que forma devemos reforçá-lo. O não engajamento no comportamento esperado ou respostas inadequadas são indicadores de que os passos anteriores precisam de ajustes. Modificar as oportunidades, adequar os antecedentes ou mesmo fornecer ajuda ao aluno são soluções possíveis. Alguns antecedentes podem, por exemplo, estar além do nível de linguagem da criança[15,25]. Um adulto pode adequar o antecedente de como eliciar uma brincadeira de bola da seguinte forma: em vez de dizer "Vamos brincar de bola?", pode rolar a bola modelando a atividade e dizer "role a bola".

Adicionalmente, é importante estar atento para que sejam reforçadas as tentativas do aluno. Pense no seguinte exemplo: diante de um antecedente para entrar numa brincadeira, a criança apenas se aproxima, mas não consegue entrar efetivamente na interação. Se o comportamento for uma tentativa clara da conduta esperada, deve ser reforçado[15]. Nesse caso, facilitar a entrada da criança na atividade para que ela seja recompensada pela tentativa e continue a tentar até a completa aprendizagem da habilidade social.

Do ponto de vista das consequências, é importante que sejam as mais naturais possíveis ou as próprias sequências do que se faz[15]. Assim, se o comportamento-alvo é iniciar brincadeiras, é recomendado que a recompensa esteja na própria interação que vem em seguida. Por esse motivo, ter pares responsivos e atividades prazerosas é de fundamental importância. As tarefas de cooperação, por exemplo, funcionam como bons recursos de reforçadores naturais. Trabalhos feitos em conjunto, em que uma criança precise da outra para executar cada etapa, geram oportunidades de se fazer pedidos e ter o que se pede como reforço natural[15,25].

Assim como as oportunidades, as consequências também precisam ser claras para que a criança possa distinguir que foi reforçada por um comportamento específico. Por isso, tarefas curtas e bem definidas promovem ciclos positivos e mais consistentes de comportamento[7,15,25]. Entretanto, para garantir tal consistência é importante notar a resposta da criança ou adolescente. Em outras palavras, uma consequência só é reforçadora de forma positiva se estimula o aluno a querer realizar o comportamento mais vezes[11,12]. Dessa forma, é importante conferir se a consequência foi potente o suficiente e ao longo do tempo para gerar a motivação necessária e resulta na repetição do comportamento. É importante lembrar, entretanto, que os reforços se modificam ao longo do tempo e das atividades, fazendo-se necessário atentar para as variações apontadas pela análise funcional durante a implementação das habilidades.

CONSIDERAÇÕES FINAIS

Definir objetivos, ensinar de forma estruturada e implementar os novos comportamentos no ambiente: são esses os passos definidos pelo programa *iSocial* para o desenvolvimento das competências sociais. Fazendo uso das estratégias sugeridas como eficazes pela literatura acerca do autismo, o programa estrutura tais ferramentas de modo a facilitar a aplicação prática e monitorar os resultados alcançados. A Figura 1 mostra esse processo de maneira estruturada.

Figura 1. Passo a passo da implementação do Programa *iSocial*

Para a implementação bem-sucedida de tais estratégias, entretanto, alguns pontos parecem ainda relevantes. O primeiro deles diz respeito à flexibilidade da escola e dos profissionais que nela atuam. Sabe-se que o processo de inclusão requer a instituição de novas metodologias para o ajuste de necessidades individuais e coletivas. Tal encadeamento é, muitas vezes, árduo. Um dos recursos mais importantes nesse processo diz respeito à disponibilidade de profissionais treinados.

Em relação ao autismo, como um campo muito específico, é de fundamental importância ter profissionais que conheçam as necessidades peculiares desse amplo espectro[26]. Alguns estudos na área da educação e inclusão para o autismo têm apontado que as atitudes positivas dos educadores face à inclusão não são, necessariamente, preditoras de ganhos dessas crianças no ambiente escolar[27]. Em outras palavras, para além de ampliar a ideia da inclusão, é necessário capacitar tais profissionais com estratégias inerentes ao autismo que sejam reconhecidas como efetivas no ambiente escolar[28].

Aos educadores e profissionais treinados para aplicação prática de tais ferramentas, cabe também adaptá-las a cada instituição e a aluno. É importante definirem, escola e pais, que tipo de suporte será necessário para a criança ou adolescente. Na área social, especificamente, os modelos de aplicação das estratégias variam de acordo com o nível de ajuda que cada aluno precisa para cada ambiente. Em algumas situações é necessário que haja um profissional especialmente direcionado para o aluno autista, numa relação de um para um. Isso depende não apenas do nível de dificuldade da criança, mas também da quantidade de estímulos que há no ambiente, do tamanho da turma e do nível de estrutura de cada atividade[25,29]. O profissional para um trabalho individualizado pode ser designado para implementar estratégias específicas em momentos específicos e com o distanciamento necessário para tal[27-29]. Dados da literatura também sugerem que, quando há tal suporte nos primeiros anos de escola, ou seja, mais precocemente, as chances são de que o nível de suporte necessários mais tarde sejam reduzidos[29].

Na verdade, quanto mais profissionais tiverem acesso às estratégias específicas para o desenvolvimento social dos alunos com autismo, mais ampla, fácil e consistente se torna a sua generalização. A implementação das intervenções peculiares a cada caso requer trabalho conjunto, monitoramento, ajustes e supervisão. A participação de pais, professores, facilitadores, coordenadores e profissionais específicos da área do autismo é fundamental para o alinhamento dos resultados. A inclusão e o desenvolvimento das competências sociais nas escolas é, assim, um desafio e, portanto, um compromisso a ser assumido por todos e em todos os contextos que vive a criança.

REFERÊNCIAS

1. Messinger DS, Cassel TD, Acosta, SI, Ambadar Z, Cohn, JF. Infant smiling dynamics and perceived positive emotion. Journal of Nonverbal Behavior. 2008;32(3):133.

2. Howlin P, Baron-Cohen S, Hadwln J. Teaching children with autism to mind-read: a practical guide. Chichester: John WIley & Sons; 1999.

3. Koegel LK, Singh AK, Koegel RL, Hollingsworth JR, Bradshaw J. Assessing and improving early social engagement in infants. J of Posit Behavior Interv. 2013;16(2):69–80.

4. Mundy P. The social behavior of autism: a parallel and distributed information processing perspective. In: Amaral D, Dawson G, Geschwind D, organizadores. Autism spectrum disorders. New York: Oxford University Press; 2011.

5. Attwood T. Asperger's syndrome: a guide for parents and professionals. London: Jessica Kingley Publishers; 2008.

6. Lord C. The development of peer relations in children with autism. App Develop Psychology. 1984;1:165–230.

7. Kasari C, Locke J, Gulsrud A, Rotheram-Fuller E. Social networks and friendships at school: comparing children with and without ASD. J of Autism and Develop Disorders. 2011;41:533–544.

8. Hartup W, Stevens N. Friendships and adaptations in the life course. Psychological Bulletin. 1997:121(3):355–370.

9. Klin A, McPartland J, Volkmar FR. Asperger syndrome. In: Volkmar FR, Paul R, Klin A, Cohen D, organizadores. Handbook of autism and pervasive developmental disorders: diagnosis, development, neurobiology, and behavior. John Wiley & Sons Inc; 2005.

10. Stichter JP, Herzog MJ, Visovsky K et al. Social competence intervention for youth with asperger syndrome and high-functioning autism: an initial investigation. J Autism Dev Disord. 2010;40:1067–1079.

11. Koegel LK, Vernon TW, Koegel RL, Koegel BL, Paullin AW. Improving social engagement and initiations between children with autism spectrum disorder and their peers in inclusive settings. J of Posit Behavior Interv. 2012;14:220–227.

12. Koegel RL, Bradshaw JL, Ashbaugh K, Koegel LK. Improving question-asking initiations in young children with autism using Pivotal Response Treatment. J of Autism and Develop Disorders. 2014;44:816–827.

13. Kasari C, Rotheram-Fuller E, Locke J, Gulsrud A. Making the connection: randomized controlled trial of social skills at school for children with autism spectrum disorders. J of Child Psych and Psychiatry. 2012;53:431–439.

14. Barros PS, Assumpção FB. Programa ´iSocial´ para o desenvolvimento de habilidades sociais em crianças e adolescentes com transtorno do espectro autista (avaliação e modelo de intervenção). Relatório de PósDoutorado. São Paulo: Universidade de São Paulo; 2018.

15. Koegel R, Koegel L. The history and basic components of pivotal response treatment. In: Koegel R, Koegel L, organizadores. Pivotal response treatment for autism spectrum disorders. Baltimore: Paul Brookes Publishing; 2019.

16. Koegel LK, Ashbaugh K, Koegel RL, Detar WJ, Regester A. Increasing socialization in adults with Asperger's syndrome. Psychology in the Schools. 2013;50(9):899–909.

17. Carter CM. Using choice with game play to increase language skills and interactive behaviors in children with autism. J of Posit Behavior Interv. 2001;3(3):131–151.

18. Chamberlain B, Kasari C, Rotheram-Fuller E. Involvement or isolation? The social networks of children with autism in regular classrooms. J of Autism and Develop Disorders. 2007;37(2):230–242.

19. Freeman SFN, Kasari C. Friendships in children with developmental disabilities. Early Education and Development. 1998;9:341–355.

20. Locke J, Williams J, Shih W, Kasari C. Characteristics of socially successful elementary school-aged children with autism. J of Child Psycho and Psychiatry. 2017;58:94–102.

21. Laugeson EA, Ellingsen R. Social skills training for adolescents and adults with autism spectrum disorder. In: Volkmar FR, Reichow B, McPartland JC, organizadores. Adolescents and adults with autism spectrum disorders. New York: Springer; 2014.

22. Laugeson EA, Frankell F. Social skills for teenagers with developmental and autism spectrum disorders: The PEERS treatment manual. New York: Routledge; 2010.

23. Laugeson EA, Park E. Using a CBT approach to teach social skills to adolescents with autism spectrum disorder and other social challenges: the PEERS method. J of Rational-Emotional Cognitive-Behavior Therapy. 2014;32:84–97.

24. Gresham FM, Elliott SN. Social skills assessment and training in emotional and behavioral disorders. In: Walker H, Gresham FM, organizadores. Handbook of evidence-based practices for emotional and behavioral disorders: Applications in schools. New York: Guilford Press; 2014.

25. Suhrheinrich J, Hall LJ, Reed SR, Stahmer AC, Schreibman L. Evidenced based interventions in the classroom. In: Wilkinson LA, organizador. School psychology book series. Autism spectrum disorder in children and adolescents: evidence-based assessment and intervention in. American Psychological Association; 2014.

26. Able H, Sreckovic MA, Schultz TR, Garwood JD, Sherman J. Views from the trenches: teacher and student supports needed for full inclusion of students with ASD. Teacher Education and Special Education. 2015;38: 44–57.

27. Segall MJ, Campbell JM. Factors relating to education professionals' classroom practices for the inclusion of students with autism spectrum disorders. Res in Autism Spec Disorders. 2012;6:1156–1167.

28. Corkum P, Bryson SE, Smith IM, Giffen C, Hume K et al. Professional development needs for educators working with children with autism spectrum disorders in inclusive school environments. Exceptionality Education International. 2014;24:33–47.

29. Koegel RL, Kim S, Koegel LK. Training paraprofessionals to improve socialization in students with ASD. J of Autism and Develop Dis. 2014;44(9):2197–2208.

ESTRATÉGIAS LINGUÍSTICAS PARA CRIANÇAS E ADOLESCENTES TEA NO ENSINO FUNDAMENTAL E MÉDIO

Renata Mousinho
Evelin Schmid
Fernanda Mesquita
Juliana Pereira

A aquisição da linguagem é um grande desafio para crianças no Transtorno do Espectro Autista (TEA). Mesmo com perfis bastante diferenciados, esse é o ponto crucial que se mostra precocemente na sintomatologia, e que apresenta uma relação estreita com prognóstico. Ao chegar no Ensino Fundamental, esperamos que crianças sem dificuldades já tenham o domínio da linguagem oral, para poder dar conta da demanda de leitura, escrita e interpretação.

Várias questões que são características do quadro ajudam a compreender a natureza das dificuldades de aprendizagem no TEA. Este capítulo pretende discutir como a própria sintomatologia do autismo, que será descrita a seguir, interfere no dia a dia escolar, além de como o desenvolvimento linguístico, incluindo a forma, o conteúdo e o uso da linguagem, pode afetar a escolarização formal.

A tríade dos TEA foi descrita por Wing[1], e já englobava os *deficit* na interação social e as dificuldades de comunicação, além dos interesses restritos/comportamentos repetitivos. O DSM-5[2] unificou os itens referentes à interação e à comunicação. Cada um dos pés desse tripé pode apresentar graus que vão do severo ao leve, tal qual será discutido nas próximas linhas[3]. Na última versão publicada do DSM a questão sensorial também foi descrita.

Os *deficit* na interação social podem ser severos, em que a pessoa parece ficar realmente em um mundo à parte, com quase nenhum contato social, mas também podem mostrar um comportamento mais passivo, em que não se busca a interação. Entretanto, se alguém se aproximar, não há repulsa, e podem, ainda, em indivíduos com graus mais leves, indicar uma busca por interação, porém de forma desastrada ou ingênua.

As dificuldades de comunicação podem vir desde ausência de intenção comunicativa, passar pela intenção restrita a resolução de problemas imediatos ou mesmo uma fala unilateral (em que a troca dialógica não está presente). Podemos também encontrar pessoas com a presença de intenção comunicativa, mas com uso de termos pouco comuns, como se tivessem decorado um dicionário que, por não serem do domínio dos pares, não são compreendidos pelo grupo. Em outra perspectiva, podemos identificar problemas desde a comunicação não verbal, autismo não verbal, autismo verbal, ecolalias e dificuldades gramaticais, até pessoas que mantêm boa estrutura linguística na fala, mas a troca de informações é ignorada.

Os interesses restritos dizem respeito aos comportamentos repetitivos, em que uma mudança de rotina é capaz de desorganizar totalmente a criança; ao leque estrito de assuntos motivadores – muitas vezes só gostam de um brinquedo ou tema, podendo trocá-los eventualmente; ou falta de imaginação, relacionado também à dificuldade no faz de contas.

Comunicação e linguagem fazem, portanto, parte da sintomatologia clássica dos TEA, mesmo que em graus diferentes. Uma maneira de compreender a linguagem pode ser dividindo-a em três partes: forma, conteúdo e uso. A forma abarca morfologia (morfema = menor unidade significativa da língua), sintaxe (nível da frase) e fonologia (organização dos sons); o conteúdo está relacionado à semântica (tudo o que se refere ao significado); enquanto o uso relaciona-se ao nível pragmático, ou seja, o uso social da linguagem. Para que o desenvolvimento seja harmônico, é necessário que haja uma integração desses níveis[4]. No autismo, diversos são os fenótipos linguísticos apresentados[5].

O uso da linguagem estará sempre prejudicado no TEA, pois se trata justamente do nível associado à dificuldade na cognição social. Trata-se do nível pragmático, que envolve o aspecto sociointeracional e trocas dialógicas (conversa trocando ideias), pistas de contextualização (pistas não verbais que são dadas durante uma interação), noção de enquadre (leitura do contexto para adequar comunicação ou para interpretar uma situação), a entonação ou prosódia (musicalidade da fala). Envolve igualmente o aspecto sociocognitivo, que abrange entender a perspectiva ou ponto de vista do outro e a compreensão e o uso da linguagem figurada[6]. Crianças com TEA tendem frequentemente a mudar de tópico (assunto) durante um diálogo, assim como ter uma interpretação mais literal da linguagem. Tais características também serão observadas na construção de narrativas. Pesquisadores, ao analisar narrativas de crianças com autismo, observaram que estas possuem menos experiências pessoais[7].

Quanto aos outros níveis, as dificuldades podem ser comuns, ou seja, são frequentemente observadas nas crianças com TEA, mas podem também ser discretas ou não existir, dependendo do indivíduo.

O conteúdo refere-se às ideias envolvidas nas mensagens linguísticas, o significado, que pode se relacionar a estados, eventos ou ações. Por essa razão, está totalmente associado ao campo semântico, que abrange o significado (das palavras, frases, texto...). Estudos indicam que as representações semânticas de pessoas com TEA são fracas em comparação aos pares[8].

A forma, por sua vez, envolve três níveis linguísticos, e o perfil de dificuldade pode ser completamente diferente de um indivíduo TEA para outro. O nível fonológico diz respeito ao inventário mental dos sons de fala. A criança pode ter fragilidade na representação mental dos sons, a imagem acústica da palavra, bem como dificuldade de sequenciar, colocar na ordem que deseja falar. De tal maneira, pode apresentar diversos processos na fala, trocando sons próximos ou mudando a ordem, como em: clube => cuble; tartaruga => cacauga; cavalo => cafalo. Pesquisas mostraram que as falhas em processos fonológicos não representam a totalidade de crianças com TEA, mas podem atingir mais da metade desse grupo[5].

Em relação ao nível morfológico, associado às menores unidades significativas da língua, as falhas podem aparecer no uso de morfemas que indicam gênero, grau e número (casa: casinha; macaco: macaca; ele: ela). Marcadores do passado ou terceira pessoa são menos utilizados em pessoas com TEA em relação àquelas sem dificuldades[9], por exemplo: "O menino joga bola em 2015". No nível sintático, relacionado à estruturação de frases, ocorrem falhas principalmente relacionadas aos agramatismos ou à falta de elementos na frase "Minha foi ao mercado", ou como observado no uso da 3ª pessoa em detrimento da 1ª pessoa (pode responder ao questionamento "Você ganhou bolo?" da seguinte forma: "Eu quero água"[10]). Ao considerarmos a união desses dois últimos níveis, estaremos observando os aspectos morfossintáticos, em que são detectadas dificuldades como concordâncias ou falha de gênero "Meu mãe saiu".

IMPLICAÇÕES PARA A APRENDIZAGEM

A compreensão do espectro é fundamental para o entendimento de que as estratégias descritas neste capítulo não se esgotam em si mesmas. Por se tratar de um diagnóstico que abarca um grupo heterogêneo de crianças com diferentes graus de dificuldades, as implicações no processo de aprendizagem serão únicas para cada aluno.

As crianças com TEA tendem a apresentar interesses restritos. Ou seja, quando se interessam por algum assunto específico, têm enorme dificuldade para prestar atenção em outros temas. Essa característica pode dificultar que se motivem para resolver problemas de matemática, por exemplo. No entanto, se a competência a ser trabalhada estiver contextualizada no interesse específico do aluno, maiores serão as chances dele se motivar. Por essa razão, tais interesses podem ser utilizados como meio para o aprendizado pedagógico: dinossauros, planetas, times de futebol. Qualquer tema de interesse pode ser o pano de fundo porque traz o engajamento para a realização das propostas formais.

A comunicação visual se mostra muito eficaz para minimizar dificuldades e transpor eventuais barreiras de comunicação verbal. Acredite nesse recurso porque faz muita diferença na vida dessas crianças. Estruture a rotina e o ambiente para o que o aluno busque a autonomia e compreenda o que se espera dele. Mantenha a rotina. Invista no contato visual, conecte-se com essa criança, descubra as formas de prender a atenção dela.

LINGUAGEM ORAL

As crianças com autismo podem apresentar desde pouca ou nenhuma verbalização; falar por meio de ecolalia imediata, repetindo o que foi dito pelo outro imediatamente (por exemplo: "Pedro, guarde seus brinquedos já!", ao que a criança responde: "Já") ou remota, repetindo falas de filme, desenhos, expressões ou propagandas que foram ouvidas "Vote no número XX". Durante a brincadeira de carrinhos, a criança fala: "Omo! Porque não há aprendizado sem manchas". Em contrapartida, há aqueles com um vocabulário "rebuscado ou pedante", por exemplo: "Hoje não vamos à praia porque o dia está parcialmente nublado sujeito a tempestades". Da mesma forma, observamos diferentes níveis de compreensão da linguagem. Enquanto algumas crianças demoram para começar a entender comandos simples, tais como: "Pegue a mochila!", outras só apresentarão dificuldades para entender ironia, piada, charges linguagem figurada.

Devido a esse perfil linguístico tão variado, é necessário saber adequar o vocabulário utilizado, como evitar metáforas, além de usar instruções diretas. Por exemplo: "João, agora é desenho", em vez de "Olha aqui, João, já falei para você que tem que desenhar. Olha seus amigos! Todos desenhando bonito. Você vai ficar sem recreio. Vou ligar para sua mãe!"). Utilizar pistas visuais como figuras, esquemas, que podem incluir imagens nas portas dos ambientes para que favoreça a orientação e organização do aluno é uma estratégia válida.

Entre as dificuldades gramaticais que podemos encontrar nesses alunos, também estão aquelas que envolvem o uso do tempo passado[12]. Por isso, é oportuno utilizar figuras com sequências lógicas ou montar arquivos no Powerpoint mostrando a ordem cronológica que aconteceram os fatos; no cotidiano, usar e incentivar que a família use calendários são estratégias que ajudam na percepção dos diferentes tempos verbais (ontem fui à escola/ amanhã vou ao parque).

O recreio também é uma excelente oportunidade de inserir essa criança na brincadeira: deem preferência às atividades motoras e em pequenos grupos para crianças com mais dificuldade. Jogos de tabuleiro ou com regras simples (minha vez-sua vez, jogar o dado e andar as casas) podem ser utilizados. Compartilhar com os responsáveis, por meio da agenda do aluno, qual o assunto do momento entre as crianças da turma. Isso possibilita que ele seja estimulado em casa e possa contribuir na conversa ou jogos com os outros alunos. Assim como, no sentido contrário, informar aos professores sobre preferências e novidades na vida da criança também enriquecem o ambiente de aula. Uma forma de favorecer a participação do aluno é mandar imagens sobre o assunto pesquisadas previamente com ele. Se a aula será sobre "os estados da água", a criança pode ter recursos visuais para acompanhar a aula e responder durante a participação dos alunos, a família pode ter levado a fazer passeios ou assistir filmes sobre o conteúdo em questão.

As aulas especializadas, como Educação Física, podem igualmente se beneficiar com o uso de algumas estratégias, como: o aluno não deverá ser o último da fila (será difícil aguentar essa espera) e nem o primeiro já que, muitas vezes, ele não saberá proceder. Ter um modelo, ver um aluno realizando a tarefa primeiro, garante que ele não terá apenas o comando verbal do professor, ele verá alguém executando a ordem, para depois fazer igual. Realizar atividades em dupla ou realizar tarefas de maneira cooperativa, em que as habilidades do aluno com TEA sejam exploradas, ou ainda pedir para que faça escolha do time, podem melhorar a performance do aluno e, por consequência, sua motivação em participar.

No caso de alunos não verbais ou com produção de fala bastante limitada, a comunicação visual também é uma forma de expressão. Forneça uma forma de expressão para a criança no dia a dia. Vamos considerar a seguinte cena: o menino, apertado para ir ao banheiro, sinaliza a vontade dele sem usar um código que todos entendam (batendo a mão na testa, por exemplo). Ninguém compreende e ficam contendo a mão dele porque entendem que ele está se agredindo. Ele vai ficando cada vez mais apertado, tenta fugir da sala. É contido e o adulto o repreende na frente da turma inteira. Fica socialmente ainda mais exposto. Até que não consegue mais segurar, a urina escapa nas calças. A turma ri. O adulto pode interpretar que ele fez de propósito porque ele queria fugir da sala, mas fora contido. Deixa de castigo. Ele entra em crise. Fica completamente desorganizado. A turma se assusta, ele fica mais, muito mais, exposto e excluído do grupo. A aula se perde. A oportunidade que essa criança teve de aprender a gostar de estudar também é perdida. Uma figura onde pudesse apontar a necessidade dele teria evitado tamanho desgaste.

Figura 1: Prancha de comunicação criada pelas autoras, a partir das imagens retiradas do Portal Arasaac

Diante do diferente funcionamento sociocognitivo e linguístico, precisamos pensar em estratégias que sejam eficientes para esse perfil de criança. Ela não apresenta recursos para compreender o elogio ou a ameaça de punição. Por esse motivo, receber uma boa nota pelo trabalho ou ser punido sem recreio pode não fazer sentido algum para esse estudante. O aprendizado e o desempenho numa avaliação ou numa tarefa diária podem ficar comprometidos por não conseguir avisar a professora que não entendeu o que foi pedido. Por essa razão, é importante que o professor se certifique que a informação fornecida foi totalmente compreendida.

ESTRUTURA DAS FRASES

Para quem não tem dificuldades linguísticas, compreender e produzir frases (seja na linguagem oral ou escrita) parece ser uma tarefa muito simples. No entanto, existem estruturas frasais mais difíceis, que normalmente não nos damos conta que são mais complexas e que costumam atrapalhar a compreensão e/ou expressão da linguagem.

Por exemplo, frases longas e encadeadas, frases com negativo no meio, frases invertidas (voz passiva e outros), frases que tenham estrutura tipo QU (quem, quando, quanto, que...) podem fazer com que o aluno TEA não entenda um enunciado ou uma pergunta, ou que não consiga responder estruturando bem as palavras nas frases. Daí a importância de adequar a linguagem utilizada no ambiente escolar, seja nos materiais didáticos ou nas avaliações.

Para saber se um aluno sabe uma resposta, um desses tipos de frases do parágrafo acima pode ser transformado em uma estrutura do tipo preencha lacunas (trocar "Do que o menino mais gostou?" por "O menino gostou mais do ______"), uma sugestão simples para a adequação de materiais.

A comunicação por figuras é um recurso eficaz uma vez que possibilita que a criança visualize a estrutura sintática, como também tenha informações mais concretas para atribuir significado às palavras QU. Além disso, associar uma determinada cor para a palavra QU e usar essa mesma cor para sinalizar em que parte da frase está a resposta, a qual estrutura sintática aquela pergunta corresponde, também pode favorecer o domínio dessas estruturas.

As frases em voz passiva (o menino foi empurrado pela menina) podem ser usadas na voz ativa (a menina empurrou o menino) até que esse conceito seja aprendido. Frases longas podem ser decompostas em ordens simples e sequenciais, por exemplo, em vez de "Pinte os quadrados de vermelho e os círculos de azul", podemos usar dois comandos separados: 1 – Pinte os quadrados de vermelho; 2 – Pinte os círculos de azul.

Perguntas negativas do tipo "Qual a opção que não representa um sintoma da dengue" pode se transformar em "Marque com um X as opções que são sintomas da dengue". Essas estruturas podem ser trabalhadas em outras ocasiões, aproveitando a área de interesse do aluno, como em "Qual o jogador de futebol que não jogou na Europa?" para um adolescente fixado nesse tema, por exemplo.

É válido considerar manter o modelo fornecido como estudo dirigido em casa na prova que será aplicada em sala de aula. Modificar a estrutura da pergunta ou os termos empregados pode confundir e desorganizar a criança TEA, que por vezes poderá não concluir a tarefa. Isso porque elas tendem a apresentar um perfil cognitivo mais rígido, com dificuldade para flexibilizar, ou seja, não somente tem dificuldade para compreender que existem diferentes formas de solucionar um problema, como também para identificar que a mesma informação pode ser requerida de diferentes maneiras.

Essa mesma ideia se aplica aos problemas de matemática com enunciados muito extensos, como "João foi à feira e lembrou que em sua casa não tinha laranja, mas ele precisava de 1 dúzia e meia para fazer um suco para o almoço. Quantas laranjas João comprou?". Nesse caso, o objetivo a ser alcançado deve ser priorizado de forma objetiva para que o resultado seja alcançado, logo, a questão poderia ser: "Quanto é uma dúzia e meia?" Ou ainda: "Calcule 1 dúzia + meia dúzia". Lembrando que outras adaptações podem ainda ser feitas nesse mesmo problema, permitindo que a criança desenhe as quantidades, por exemplo.

Favorecer o domínio da estrutura, o desenvolvimento da consciência sintática, habilidade de manipular e refletir sobre a estrutura sintática de sentenças[13] pode ser uma boa estratégia compensatória, por exemplo: solicitar que a criança reconheça o erro na frase "A boneca é velho". A rigidez cognitiva (que é a dificuldade de mudar de opinião ou conduta) característica desse perfil compromete o pensamento criativo, no entanto, favorece o domínio de regras. Dessa forma, um bom domínio da estrutura textual pode compensar a dificuldade na atividade imaginativa e o vocabulário reduzido.

VOCABULÁRIO

O vocabulário está relacionado à semântica lexical, ou seja, ao significado das palavras, o que está associado à semântica de uma forma mais geral, considerando o significado de sentenças ou mesmo do discurso em determinados contextos. Ao adquirir uma palavra ou conceito novo – por exemplo, meios de transporte – a criança TEA pode ter dificuldade em generalizar que esse termo se aplica a diferentes formas de locomoção, podendo ser terrestre, aéreo ou aquático. A nomeação de itens concretos pode ser mais fácil, mas a construção de conceitos mais abstratos tende a ser um desafio.

As variações de significado em função do contexto nem sempre são óbvias. A palavra "guarda" pode ocupar o papel de verbo assim como de um substantivo, e o real significado só será obtido se levarmos em conta o contexto, como os elementos da frase em que ela está inserida ou até mesmo quem utilizou a frase. Se a professora diz: "Hora de guardar o material", é diferente de: "O guarda multou o carro" ou "O guarda-roupa é de madeira". Parece que isso não tem nada a ver com o conteúdo escolar, mas não é verdade. Numa prova de física, no enunciado "Utilize os dados abaixo para calcular a velocidade...", a palavra *dados* pode ser entendida como objetos de jogos, e não os números disponibilizados para que o aluno use para dar a resposta. Em biologia talvez seja necessário explicar o que é um Sistema Nervoso (que não é o oposto de sistema calmo!), ou na aula de química explicar que fósforo nem sempre é o que acende o fogo.

É importante ajudar o aluno no processo de construção de significado. Essa habilidade tende a ser fragilizada nas crianças TEA. Entender o sentido das palavras ou as características da categoria à qual pertence não é intuitivo para essas crianças. Não perceber que o significado das palavras muda dependendo da intenção e perspectiva do falante traz dificuldades importantes na compreensão de textos e na interação social. Por exemplo, quando num jogo de futebol o narrador diz que o jogador deu uma caneta no outro, ele está se referindo a um drible. Não entender a mudança do significado da palavra caneta nessa frase leva à interpretação literal, então nesse caso, o jogador teria dado o objeto caneta ao outro.

Assim, é fundamental ensinar os diferentes significados que um mesmo termo pode assumir conforme o contexto, como a palavra *manga* (fruta e parte do vestuário), ou *gato* (animal ou adjetivo que indica beleza). É também o caso de uma frase como "Ah, você não sabia?": dependendo da prosódia (entonação) do falante, o ouvinte vai entender como uma lamentação (a pessoa perdeu uma festa porque esqueceram de avisá-la) ou uma indignação (a pessoa faltou em um compromisso do qual fora incansavelmente lembrado).

Vimos até aqui que, ao se trabalhar o vocabulário, é importante ter em mente que não somente a quantidade de palavras é o que importa. As relações que as palavras estabelecem nos diversos contextos e os múltiplos significados que possam assumir a partir disso devem ser ensinadas. Para isso, a ampliação do conhecimento de mundo é fundamental. Entretanto, a dificuldade que esse aluno TEA tem para se engajar em atividades que não sejam do interesse restrito dele pode ser um obstáculo. Como já referido em outros contextos, usar o tema de interesse para introduzir novos conhecimentos é sempre uma estratégia com maior chance de êxito, mas há de se encontrar meios para que ele amplie o vocabulário e as experiências para além de suas preferências.

Imaginemos uma criança que está numa fase "carros". Podemos colocar o Relâmpago McQueen (personagem do filme *Carros*) para viajar pelo Brasil e, dessa forma, a criança poder aprender sobre os estados, os climas, os rios, os costumes típicos de cada região, a alimentação, as peculiaridades linguísticas. Assim, poderemos ampliar o conhecimento de mundo e, consequentemente, o vocabulário dessa criança. Mesmo que a proposta pedagógica não tenha nada a ver com o personagem, muitas vezes o simples fato de colocar a imagem estampada na folha é o suficiente para motivar a participação do aluno.

Utilizar jogos para inserir os conteúdos, por exemplo, um quebra-cabeça sobre cadeia alimentar, jogos de cartas para trabalhar adições e subtrações, ou ainda um bingo sobre coletivos, gêneros, ou com palavras com diferentes números de sílabas são atividades lúdicas que podem manter a atenção da criança por mais tempo na atividade. No entanto, vale lembrar que nenhum recurso deve ser utilizado para reforçar manias ou áreas restritas de interesse da criança.

Uma estratégia para ensinar adjetivos é escolher qual se quer ensinar, usar a oposição e aplicá-lo em diferentes contextos e de forma concreta. Usar objetos que tenham as características que se quer ensinar (bola pesada x bola leve; muitos chocolates x poucos chocolates). Além disso, destacar o uso do conceito que está sendo trabalhado quando este estiver sendo aplicado em frases escritas e na linguagem oral (falando mais alto o termo, repetindo a frase direcionando a atenção da criança para que ela perceba, prolongando a sílaba forte, usando algum recurso que realce o termo sendo usado).

Outro fator relevante é monitorar a nossa fala quando estamos ensinando um conceito. Se queremos que ele entenda o *muito*, vamos usar esse termo. Porém, depois que ele aprender o conceito, o nosso objetivo será que ele agora compreenda que podemos expressar esse conceito de diferentes formas. Para isso, precisamos planejar situações onde possamos aplicá-los (você tem muitos carros, você tem um monte de carros, você tem carro para caramba, você tem carro para dedéu, você tem carro para burro, você tem uma pá de carro). Sempre destacando e explicitando para a criança o novo termo que estamos usando, como também qual o significado dele.

Dependendo do grau de comprometimento do seu aluno, acessar as palavras pode ser algo bem difícil. Muitas vezes, o tempo que leva para encontrar a palavra que quer usar pode ser tão longo que ele esquece qual era a meta. Nesses casos, vale a pena dar opções para a criança escolher como poderá preencher.

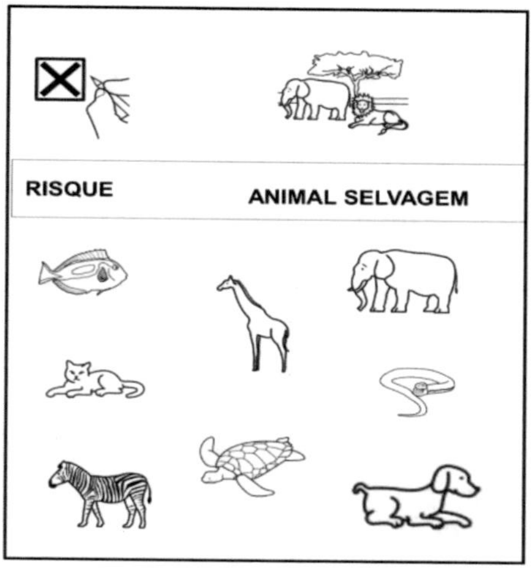

Figura 2: Atividade criada pelas autoras, a partir de imagens retiradas do Portal Arasaac

As dificuldades em acessar o vocabulário também podem aparecer por meio de parafasias (substituições) de termos por outros de significado semelhante (parafasia semântica – a criança quer a borracha, mas pede o apagador). Realizar atividades envolvendo sinônimos, antônimos, aumentativos e diminutivos, como também possibilitar a consulta desse material pode facilitar a construção de narrativas, aumentar o uso de palavras novas e sua incorporação ao vocabulário.

Outro aspecto que deve ser considerado é favorecer que o aluno realize a avaliação formal de maneira autônoma. A prova pode conter um glossário, onde as palavras menos frequentes presentes na avaliação possam estar explicadas e acessíveis para consulta. Além disso, é possível traduzir o significado do enunciado através do uso de imagens.

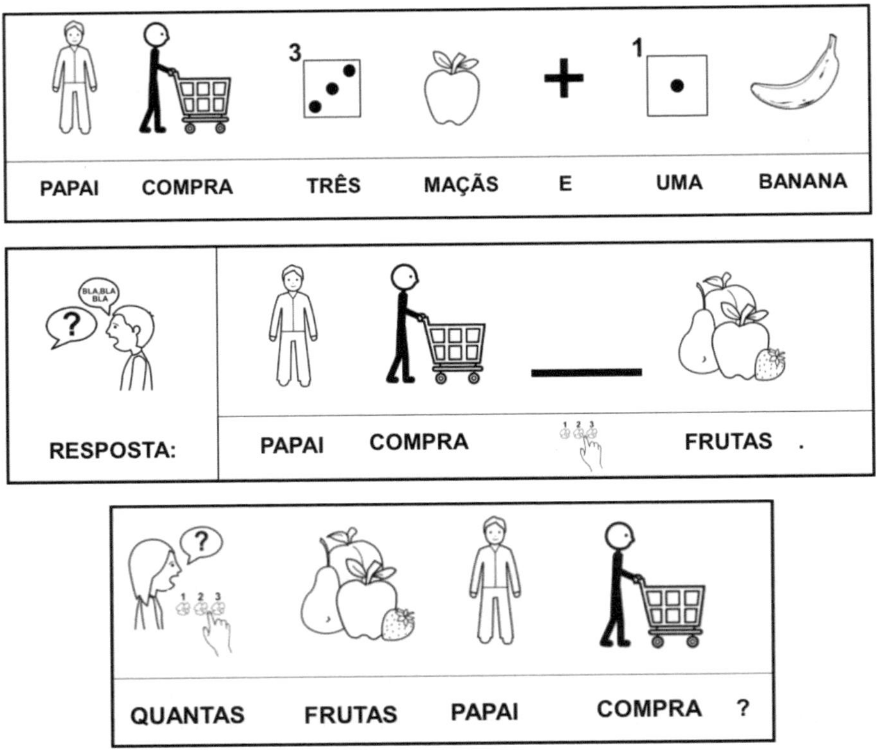

Figura 3: Esquemas criado pelas autoras, a partir de imagens retiradas do Portal Arasaac

Não é incomum encontrar a seguinte situação: "Escreva na lacuna a opção correta: *João foi ao cabelereiro para opção correta o cabelo (cortar, dançar, dormir)*". Deduzir que ele deveria escolher uma das opções apresentadas entre parênteses no final da sentença pode não ser tão óbvio quanto parece.

Por esse motivo, é fundamental que o professor se certifique que o enunciado elaborado não deixou brechas para interpretações dúbias. O cuidado com a formulação de enunciados literais pode favorecer uma melhor compreensão do material de avaliação e, consequentemente, melhor performance e uma maior chance de engajamento futuro.

INFERÊNCIAS E LINGUAGEM FIGURADA

A compreensão de metáforas, duplos sentidos e a realização de inferências (descobrir algo implícito a partir de dados disponíveis) será um desafio até mesmo para crianças verbais. A interpretação tende a ser literal. Essas estruturas podem ser explicadas, por exemplo: "Nossa amizade foi à nocaute" significa dizer que nossa amizade acabou, assim como acaba uma luta quando o lutador recebe um golpe e vai à nocaute, ou mesmo através de imagens.

Ensinar de forma explícita o significado de cada termo também favorece o aprendizado. Por exemplo quando falamos que estamos com uma fome de leão, temos que explicar (ilustrando, se possível, que o leão come grandes quantidades de alimento de uma só vez e, por essa razão, utilizamos essa expressão quando queremos dizer que estamos com muita fome). É importante realmente traduzir para a criança o que queremos dizer quando usamos expressões em que as palavras assumem significados diferentes quando estão naquele contexto. A criança TEA (ou a criança pequena) pode saber o que significam as palavras *falar*, *pelo* e *cotovelo* isoladamente. No entanto, ao ouvir a expressão "fala pelo cotovelo", pode responder que isso é impossível porque não tem boca no cotovelo. Da mesma forma, a criança entende "O avião está voando!", mas pode ficar confusa ao ouvir "Você está voando hoje na aula!".

Outra estratégia interessante é apresentar de forma didática e visualmente como funcionam as metáforas. Ou como no exemplo "Paulo é um homem elástico"[14] (p. 68): os autores sugerem que cada domínio seja explorado isoladamente (homem e elástico), para depois, juntos, serem compreendidos em novo contexto.

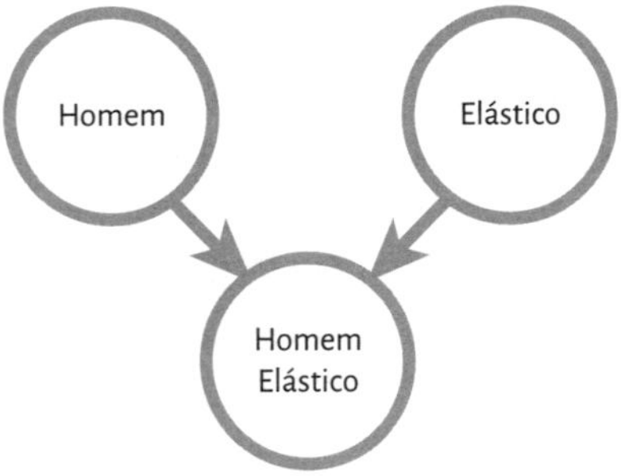

Figura 4: Esquema retirado de Mousinho, Correa e Oliveira (2019)

Ironias não costumam ser compreendidas, já que a palavra ou expressão dita muda de significado conforme o contexto e a mudança de prosódia. Diante de situações como essa, a criança pode apresentar algum comportamento inadequado, como rabiscar o trabalho de aula e o professor falar ironicamente: "Que bonito, hein?". Devido à dificuldade em entender ironia, essa frase pode parecer um elogio, e reforçar o padrão inadequado.

Humor também é um domínio de grande dificuldade para crianças com TEA, devido à mudança de enquadre[6], que é quando seguimos uma determinada linha de raciocínio e, em dado momento, uma nova informação nos faz repensar sob outro ponto de vista. Por exemplo, em piadas como "A mulher vai à delegacia e diz: meu marido saiu ontem para comprar arroz e não voltou. O que eu faço? O delegado responde: Ué, faz macarrão!". Nesse caso a linha de raciocínio seria acreditar que o delegado colocaria policiais para procurar o marido, entretanto a quebra de expectativa e a mudança de ponto de vista torna a estrutura engraçada.

Fornecer novas piadas com as explicações pode ajudar a criar compreensão sobre essas estruturas. Exercícios práticos tais como ajudar a criança a identificar na piada o que esperaríamos numa situação normal (1) e onde ocorre o gatilho para o humor (2) também são bons recursos, exemplo: "Mãe, você sabia que vermelho é a cor do amor? Sim! – Então toma aqui o meu boletim." 1 – A criança poderia dar um coração desenhado em vermelho para a mãe. 2 – Ela deu o boletim cheio de notas vermelhas ou baixas.

O uso e a compreensão de verbos mentais, como *pensar, falar e imaginar*, assim como a dificuldade em compreender a causa e consequência de sentimentos, podem gerar dificuldades importantes para essas crianças. Uma das origens das dificuldades sociais enfrentadas por esses alunos é causada por não entender que as outras pessoas têm sentimentos e pensamentos diferentes dos dela[15]. Explicitar através de desenhos que nossos pensamentos ficam na nossa cabeça e que o outro só sabe sobre ele quando falamos ajuda na compreensão das diferenças existentes entre esses verbos, assim como explicar sentimentos também favorece a interpretação (ex: A" menina está chorando porque perdeu a boneca"; "O menino está feliz porque o papai chegou").

A compreensão de diferentes pontos de vista percorre um processo crescente em complexidade, começando pelo entendimento de inferências simples para que, posteriormente, seu aluno consiga perceber que existem diferentes perspectivas diante da mesma situação, assim como compreender a diferença entre verdades e mentiras. Outro ponto relacionado à Teoria da Mente é quando as perguntas condicionais obrigam a nos colocarmos no ponto de vista do outro, como em "O que você faria para solucionar o problema da saúde pública se fosse presidente do Brasil?". Essas são estruturas a serem evitadas.

As inferências simples, aquelas que podem ser feitas a partir de apenas uma afirmação, devem ser trabalhadas primeiro. Ao mostrar a imagem de uma criança molhada, o professor pode perguntar: O que aconteceu?

Como está o tempo? Qual calçado essa criança deve usar? Dependendo do nível de dificuldade do aluno, as perguntas e as respostas podem ser acompanhadas de apoio visual além de alternativas (opções de respostas). Outro exemplo seria utilizar pistas descrevendo aspectos do objeto, como a função e as características físicas, para que o aluno faça a inferência. Por exemplo: "Posso usar na praia ou no parque, é redonda, pode ser feita de couro, é usada para fazer gol." A complexidade das dicas também deverá ser ajustada de acordo com a compreensão do aluno.

Apresentar figuras com cenas absurdas (uma mulher com o sapato preso na orelha como se fosse um brinco) ou frases com informações absurdas (o gato latiu para a vizinha) também ajudam a criança a analisar o contexto (olhando a parte e o todo). Utilizar livros que contenham jogos de palavras, metáforas, cenas absurdas, como no caso de *Chapeuzinho Amarelo*, de Chico Buarque, que conta a história de uma menina que tinha medo de tudo, principalmente, do lobo. Um dia ela enfrenta o lobo e, de tão bobo que ele era, virou um bolo (no livro a palavra *lobo* vai sendo repetida até formar bolo e, ao mesmo tempo aparece a figura de um bolo com cara de lobo).

NARRATIVA

As dificuldades pragmáticas, de coerência central e com a imaginação, além de falhas sintáticas e semânticas, trazem repercussões na estruturação da narrativa, tanto na modalidade oral, quanto na escrita. Ao solicitar uma produção, em vez de escrever uma sequência temporal de fatos (narrativa), seu aluno poderá produzir um texto descritivo, repleto de detalhes das características físicas do ambiente, mas com poucas características sobre os personagens que envolvam suas motivações e pensamentos. Por exemplo, ao falar sobre sua festa de aniversário poderá dizer: tinha bolo, com recheio, cobertura, mesas, cadeiras e não "contar a história", relatar que seus amigos foram, que ele ficou feliz, ganhou presentes, se divertiu brincando no pula-pula.

Quando utilizamos figuras contendo uma sequência temporal para a criança contar história, a tendência é que ela descreva as cenas sem utilizar conectivos para estabelecer a relação entre os eventos, tal como: "A menina saiu", "A menina comeu", "A menina dormiu". Dessa forma, podemos utilizar tais termos oralmente, reestruturando o que ela disser e solicitando o reconto. No caso do exemplo anterior ficaria: "A menina saiu e foi à lanchonete com as amigas, depois ela voltou para casa e dormiu porque já era noite". Utilizar cartões ou dados com palavras escritas ou figuras pode ser um recurso interessante para acrescentar novas palavras ao texto da criança.

O uso de dêiticos (elementos linguísticos que indicam tempo, lugar e participantes de um enunciado) também constitui uma dificuldade para essas crianças, principalmente os termos que designam as pessoas da interação através dos pronomes e os temporais. O professor pode auxiliar oferecendo um mapa prévio: "Personagens? Acontecimentos? Solução?". Essa estratégia ajuda na organização do texto e das ideias.

Usar a comunicação visual para favorecer o domínio da estrutura textual pode ser um recurso efetivo. O professor pode trabalhar previamente com a criança, indicando o que deve ser escrito no início, o que faz parte do meio e o que compõe o final. O aluno deverá identificar essas partes numa história. E, para marcá-las, pode usar desde uma figura que simbolize, como também um *post-it* <u>início</u>, outro escrito <u>meio</u>, e outro <u>fim</u>, para que a criança grude no texto que analisou.

Devido ao comprometimento na Teoria da Mente (a capacidade de se colocar no lugar do outro), a produção textual pode ficar comprometida por falta de informações contextuais. O leitor pode ficar sem saber quando aconteceu, como aconteceu, quem estava presente. Isso acontece porque a criança parte do princípio que aquilo que ela sabe, você também sabe. Tal característica é potencializada pela dificuldade em entender a diferença entre pensar X falar e verbos que representam estados mentais, como já mencionado. Por essa razão, muitas vezes nos contam eventos da seguinte forma: "A bola. A mamãe brigou. O papai gritou gol e tinha sangue na mão da vovó." Ela não entende que precisa informar que, quando ela viajou para casa de campo, tinha uma bola de futebol. Ela chutou para o gol, aí acertou a janela. O pai achou divertido, por isso, gritou gol. Só que a janela quebrou, a mamãe ficou zangada e brigou. Para piorar tudo, a vovó cortou a mão. Ou seja, ela precisa aprender a encadear os fatos, ligando uma situação na outra em sequência.

A repetição encontrada na fala e a preferência por assuntos específicos também acontecerá na elaboração de narrativas, querer falar/escrever sempre sobre o mesmo tema e repetir frases prontas faz parte das dificuldades linguísticas dessas crianças. Uma forma de ajudar o domínio da estrutura textual, como também favorecer a flexibilidade cognitiva (habilidade de pensar em estratégias, mudar de opinião ou "pensar fora da caixa") e o pensamento criativo, é solicitar que a criança dê outro final para a história, crie outro personagem para viver uma história já conhecida ou mude algo relevante na história (e se a Bruxa Má perdesse o cesto de maçãs envenenadas?), invente um contexto diferente (se a história acontecia na praia, agora irá se passar na fazenda).

Criar histórias em grupo também pode motivar o interesse da criança TEA, visto que ela poderá, por exemplo, escolher os personagens, enquanto outra criança fica responsável pelo local onde tudo acontece, outra pela ação principal e assim por diante. Outra possibilidade é organizar as palavras em colunas – por exemplo substantivos e adjetivos – e ligar cada substantivo ao seu adjetivo para assim formar pequenas frases, do tipo: Coluna 1 – menino, boi, comida; Coluna 2 – alto, grande, salgada; Frases – o menino é alto. É interessante ir adicionando advérbios, ligando orações e criando, finalmente, narrativas.

Histórias ouvidas ou audiolivros podem complementar assuntos previamente vistos, como os conteúdos de história ou geografia, além de contribuírem para a interpretação de textos, já que a prosódia da leitura feita pela própria criança pode interferir na compreensão. A atividade de ouvir a história pode ser acompanhada de figuras que representam as partes principais, enquanto seu aluno pode ir selecionando as figuras à medida que elas são mencionadas. Tal atividade auxilia a manutenção da atenção, pois ele não dependerá apenas da informação auditiva – terá também apoio visual e poderá recorrer a esse apoio para ajudar no reconto e interpretação.

Textos com a estrutura definida ou de histórias conhecidas, porém com palavras faltando, também podem ser usados, sendo possível variar de complexidade de acordo com as habilidades ou o domínio da criança. Inicialmente podem ser pequenos, com baixa complexidade de interpretação, frases mais simples e banco de palavras (opções de resposta para a criança selecionar).

Chapeuzinho __________ foi à casa da ______ levar uma cesta de _____.
Sua _____ lhe avisou para que tomasse ________ com o ________.

vermelho - doces - mãe - vovó - lobo - cuidado.

Figura 5: Prancha de comunicação criada pelas autoras

Se uma narrativa é difícil, imagine uma produção textual dissertativaargumentativa, que é o estilo do ENEM atualmente? Ela vai exigir o trabalho esquemático e explícito de cada uma das etapas do estilo. Um grande desafio!

CONSIDERAÇÕES FINAIS

O aluno com TEA representa um grande desafio para educadores, pois o leque de características é amplo e muito variado. Conhecer a criança para além das descrições diagnósticas dos livros é a maior fonte de enriquecimento para a dupla aluno-professor e para o sucesso mútuo na sala de aula.

Trabalhar em parceria amplia o conhecimento dos aspectos linguísticos e comportamentais, precursores do aprendizado, e viabiliza a elaboração de estratégias para suplantar as dificuldades detectadas. Estar integrado com a equipe de profissionais que acompanham o aluno, permite que os professores sinalizem quais conceitos precisam ser melhor trabalhados individualmente, em ambiente terapêutico, para favorecer a aprendizagem no ambiente escolar, e, por outro lado, os ganhos da criança nas terapias poderá ser generalizado em um ambiente onde a comunicação social é real.

Ao pensar na melhor maneira de acessar seu aluno e oferecer a ele oportunidades de aprendizado semelhantes a outras crianças ou adolescentes, você estará realmente incluindo. Vygotsky[16] salienta que cabe ao professor oferecer condições e oportunidades para que o aprendizado ocorra, assim como o faz para os outros alunos. O caminho não é nada fácil, sabemos, mas a recompensa será gratificante.

REFERÊNCIAS

1. Wing L, Gould J. Severe impairments if social interaction and associated abnormalities in children: epidemiology and classification. J. Autism Dev Disord. 1979;9(1):11-29.

2. APA – American Psychiatric Association, et al. Diagnostic and statistical manual of mental disorders (DSM-5). Arlington: American Psychiatric Publishing; 2013.

3. Mousinho R; Gikovate C. Espectro autístico: implicações educacionais. Revista SINPRO-Rio; 2003.

4. Bloom L, Lahey M. Language development and language disorders. New York: John Wiley; 1978.

5. Tager-Flusberg H. Defining language phenotypes in autism. Clinical Neurosc Res, 2006;6(3-4):219-224.

6. Mousinho R. Habilidades semântico-pragmáticas no autismo de alto desempenho. In: Capovilla F, organizador. Transtornos de aprendizagem: progressos em avaliação e intervenção preventiva e remediativa. São Paulo: Memnon; 2010.

7. Losh M, Capps L. Narrative ability in high function children with autism or Asperg Syndrome. J Autism Dev Disorder; 2003.

8. Gladfelter A, Goffman L. Semantic richness and word learning in children with autism spectrum disorder. Develop science, 2018;21(2):12543.

9. Tek S, Mesite L, Fein D, Naigles L. Longitudinal analyses of expressive language development reveal two distinct language profiles among young children with autism spectrum disorders. J of Autism and Develop Dis, 2014;44(1):75-89.

10. Condouris K, Meyer E, Tager-Flusberg H. The relationship between standardized measures of language and measures of spontaneous speech in children with autism. Am J Speech Lang Pathol, 2003;12(3):349-58.

11. Gikovate C, Mousinho R. Linguagem e cognição no transtorno do espectro do autismo: implicações para a aprendizagem. In: Soares AM; Simão JrOR, Neves LM, organizadores. Caminhos da aprendizagem e inclusão: entretecendo múltiplos saberes. Belo Horizonte, MG: Artesã; 2019.

12. Roberts JA, Rice ML, Tager-Flusberg H. Tense marking in children with autism. Apply Psycholinguistics. 2004;25:429-448.

13. Gombert JE. Atividades metalinguísticas e aprendizagem da leitura. In: Maluf MR, organizador. Metalinguagem e aquisição da escrita: atribuições da pesquisa para a prática da alfabetização. São Paulo, SP: Casa do Psicólogo; 2003.

14. Mousinho R, Correa J, Oliveira R. Brincando com a linguagem: fluência e compreensão de leitura: linguagem escrita dos 7 aos 10 anos para educadores e pais. Instituto ABCD; 2019.

15. Klin A, Jones W, Schultz R, Volkmar F, Cohen D. Defining and quantifying the social phenotype in autism. Am J of Psychiatry. 2002;159(6):895-908.

16. Vygotsky LS. Fundamentos de defectologia. Tomo V. Playa: Ciudad de La Habana; 1983.

MANEJO COMPORTAMENTAL NO ENSINO FUNDAMENTAL

Roberta Marcello
Aline Kabarite
Gloria Marques

O aumento dos transtornos mentais na infância e adolescência tem incitado mudanças jurídicas, pedagógicas e estruturais na escola e trazido à docência um diferente desafio profissional. Segundo o *Center for Disease Control and Prevention*, a cada 54 crianças com 8 anos nos EUA, uma tem diagnóstico de TEA. Os professores percebem isso no dia a dia em sala de aula, e conhecer esse novo universo torna-se imprescindível para sua melhor atuação[1].

Ao longo deste capítulo, serão trazidas orientações, informações e exemplos de situações reais vivenciadas no ambiente escolar para que o educador possa conduzir o seu dia a dia em sala de aula de modo mais consciente e seguro em relação aos manejos comportamentais necessários para a melhor inclusão de seu aluno com TEA.

Manejos comportamentais adequados dentro de sala de aula são importantíssimos para o sucesso de qualquer inclusão escolar. Porém, durante o Ensino Fundamental, eles tornam-se imprescindíveis e indispensáveis e devem ser assertivos, visto as grandes transformações que o aluno irá enfrentar nesse período, além das próprias dificuldades e sintomas. Essas mudanças dizem respeito não somente ao ambiente ou conteúdo escolar, mas principalmente em relação ao seu próprio desenvolvimento biopsicossocial[2].

A passagem da infância para a adolescência traz importantes mudanças hormonais e corporais no desenvolvimento cognitivo e nos aspectos emocionais e comportamentais. Se essa fase já é difícil para aqueles que não enfrentam dificuldades relacionadas ao espectro do autismo, imagine para aqueles que têm maior sensibilidade às mudanças em geral e que enfrentaram, até aqui, dificuldades relacionadas ao desenvolvimento da linguagem, dos aspectos comportamentais e das relações sociais. Além disso, é durante esse período que muitos deles (de autofuncionamento ou os moderados) acabam tendo consciência de sua própria condição: portadores de TEA.

O QUE O PROFESSOR DEVE SABER ANTES DO INÍCIO DAS AULAS

Quando a equipe pedagógica comunica ao professor que ele terá, em sua sala de aula, um aluno com diagnóstico de TEA, o professor deve preocupar-se com três informações relevantes:

Esse aluno:

- Frequentava essa mesma escola no ano anterior?
- Tem acompanhamento terapêutico e médico especializado em TEA?
- Tinha mediador escolar?

De acordo com a resposta de cada uma dessas perguntas, o professor poderá se preparar de forma mais adequada para receber o aluno de inclusão em seu primeiro dia de aula.

Crianças com TEA podem apresentar quadros comportamentais diversos, porém, seja qual for o nível de comprometimento, será necessário que o professor tenha conhecimento básico sobre o transtorno em si.

Desse modo, buscar informações e atualizações em textos, artigos, livros, vídeos e filmes deve ser o primeiro passo para que o professor possa compreender seu novo aluno e todo o universo vasto de sintomatologia que este possa vir a apresentar. Porém, é imprescindível ter sempre em mente o quanto esse diagnóstico é individual, particular e codependente dos contextos vividos por essa criança e sua família até aqui. Diante disso, o professor deverá ir mais além em sua preparação. Livros, filmes, textos e artigos estão longe de descrever seu novo aluno.

Ainda antes das aulas começarem, o professor deve ter acesso a todos os materiais e relatórios existentes que possam descrever a trajetória educacional e clínica do aluno. Se esse aluno já era da escola, com certeza esse caminho será mais fácil, pois entende-se que esse material já está em poder da equipe pedagógica responsável. Avaliando esse material, o novo professor deve estar atento às seguintes informações:

- Aspectos relacionados ao desempenho escolar – se o aluno adquiriu os conteúdos e conceitos necessários para ingressar na série atual. Algumas crianças com autismo conseguem acompanhar o currículo pedagógico, podendo até apresentar maior facilidade em matérias específicas comparado às outras crianças, porém na maioria dos casos vai existir necessidade de adaptações pedagógicas individualizadas. Ter um Programa Educacional Individualizado (PEI) será de suma importância para que o professor possa se organizar em relação aos materiais e recursos que necessitará durante o ano letivo[3]. Essa programação prévia, do conteúdo a ser ministrado, será fundamental para minimizar questões comportamentais, visto que, quando uma criança com TEA fica sem organização em seu ambiente e direcionamento em suas atividades, tem mais chances de apresentar alterações comportamentais que poderiam estar sendo evitadas.

- Aspectos relacionados à independência e autonomia – se o aluno conseguia realizar tarefas e atividades do dia a dia de forma independente, ou se necessitava de auxílio. No relatório deve vir especificado que tipo de apoio ele recebia e em quais momentos e, ainda, se ele tinha ou não um mediador escolar. O novo professor precisa compreender como seu futuro aluno funcionava na sala de aula no ano anterior, pois isso irá ajudá-lo a pensar em estratégias logo para a primeira semana de aula.
- Aspectos da linguagem (compreensiva e expressiva) – se o aluno apresentava compreensão adequada ou se necessitava de apoio e suporte constante para compreender os diferentes contextos verbais; se o aluno conseguia se expressar adequadamente, como era sua linguagem oral; ou se necessitava de apoio e suporte especializado (comunicação alternativa através de cartões com imagens). Caso ele tenha feito uso de tais recursos comunicativos no ano anterior, é imprescindível que o novo professor tenha acesso a esse material e a forma como ele era utilizado, visando minimizar as dificuldades comunicativas nesses primeiros momentos.
- Aspectos sensoriais – se o aluno apresentava alguma sensibilidade sensorial, qual era e quais as adaptações que necessitava. Crianças autistas têm, frequentemente, alterações significativas no comportamento por conta de dificuldade em processar adequadamente estímulos sensoriais[4]. Dessa forma, o novo professor deve estar atento em manter as adaptações e acomodações sensoriais desde os primeiros dias de aula, promovendo maior conforto e menor probabilidade de alterações ou crises comportamentais.
- Aspectos comportamentais – se o aluno apresentava alterações comportamentais que comprometiam seu funcionamento dentro do ambiente escolar, que tipo de alterações, a frequência que elas

ocorriam e sua intensidade. Existindo tais alterações, é imprescindível que o novo professor tenha conhecimento sobre as orientações recebidas da equipe terapêutica que o atendia quanto às condutas, manejos e procedimentos assertivos que eram utilizados anteriormente. O professor deve ter conhecimento sobre o período (carga horária) que este aluno frequentava a escola, se ele era reduzido ou não, se existia alguma orientação quanto a não frequência em determinada aula ou matéria. Não se pode esquecer que, durante o recesso escolar, ou ainda devido a todo o novo contexto que será vivenciado nas primeiras semanas de aula, poderão surgir comportamentos, até então, não observados nos anos anteriores.

- Aspectos da socialização – como esse aluno se relacionava com o professor anterior e, principalmente, com as outras crianças: se ele tinha um ou mais amigos preferidos; se apenas aceitava a aproximação, mas não brincava; se buscava os amigos, mas não mantinha a interação; se apresentava interesse em compartilhar e brincar com os outros alunos, mas era inadequado na forma de se aproximar; ou, ainda, se apresentava comportamentos de isolamento e esquiva. O novo professor deve ter em mente que a socialização é a "cereja do bolo" no trabalho com os indivíduos com autismo. Manter o melhor amigo sentado próximo, mediar situações de conflitos e interesses e estimular a empatia são fundamentais desde os primeiros momentos da criança no ambiente escolar.
- Aspectos familiares – no relatório escolar do ano anterior deve constar informações importantes sobre o contexto familiar desse aluno. O novo professor não deve desmerecer tais informações, pois é comum que as famílias de crianças com autismo apresentem disfunções sistêmicas importantes que influenciam em todo processo de inclusão[5]. Acolher a família em suas necessidades e dificuldades é primordial em todas as etapas escolares. Quanto mais unificados estiverem os discursos, as orientações e as práticas entre todos os profissionais da escola, mais confiança e segurança serão passadas para as famílias dos alunos de inclusão. Por outro lado, existem famílias que participam ativamente e de forma efetiva, tendo muito a contribuir em todo processo escolar.
- Aspectos clínicos – ter acesso aos relatórios das intervenções e tratamentos realizados no ano anterior trará ao novo professor o conhecimento sobre o funcionamento de seu futuro aluno em outros ambientes e os objetivos das intervenções clínicas que ele realizava. Essas informações podem estar em relatórios enviados à escola

ou relatadas em atas de reuniões realizadas, no ano anterior, entre a equipe clínica e a equipe pedagógica escolar. Outro documento importante que o professor deve ter conhecimento é o laudo médico. Nele deve constar o diagnóstico, se houver, e os medicamentos que essa criança fazia uso no ano anterior. Tais informações poderão ser transmitidas ao novo professor através de relatórios internos ou reuniões com a equipe pedagógica.

Caso seja o primeiro ano desse aluno na escola, o professor deverá, antecipadamente, solicitar à coordenação escolar os primeiros dados fornecidos pelos responsáveis no ato da matrícula. Geralmente, as escolas pedem que os pais respondam um questionário, ou até realizam uma anamnese para colherem informações acerca do novo aluno. Algumas ainda realizam algum tipo de vivência, observação ou avaliação com a criança.

Em alguns casos, esse aluno pode estar retornando ao ambiente escolar após um período de afastamento, seja por questões comportamentais/emocionais/afetivas (depressão, agressividade) ou clínicas (troca de medicamento, internação, por motivo de doença).

Além dessas informações, outros documentos importantes são:

- Laudo médico atualizado (com diagnóstico, comorbidades, se houver, e medicamentos utilizados);
- Parecer médico de que o aluno está apto a frequentar o ambiente escolar (principalmente se estiver retornando à escola após afastamento);
- Relatórios clínicos (dos terapeutas que o acompanham). Estes, muitas vezes, são solicitados pela escola no ato da matrícula. Caso os pais ainda não tenham trazido, a equipe escolar deverá solicitar o quanto antes.

Esses procedimentos e documentos são importantíssimos para que toda equipe escolar possa se organizar adequadamente para receber o futuro aluno, acolhendo, de imediato, suas principais necessidades. Em muitos casos, é possível solicitar uma reunião ou mesmo um contato telefônico com a equipe clínica que acompanha a criança, antes do início das aulas. Entretanto, o mais comum é as escolas esperarem, por pelo menos um mês, para solicitar a presença da equipe terapêutica. Assim, professores e coordenadores poderão tirar as dúvidas iniciais que surgirem nas primeiras semanas de aula. Reuniões com a equipe clínica deverão ser realizadas durante o ano letivo sempre que necessário. A Avaliação Neuropsicológica é uma ferramenta importante que auxilia a equipe escolar a compreender o nível e o funcionamento cognitivo de seu aluno[6], contribuindo também para a elaboração do PEI (Programa Educacional Individualizado).

Apesar de necessários, laudos, relatórios e ou reuniões com a equipe terapêutica do aluno são "artigos de luxo" em muitos processos de inclusão. Muitas famílias não conseguem acesso adequado a profissionais especializados, tendo dificuldade para reunir tais documentos. Se esta for a situação do seu aluno, não desanime, sente com a equipe pedagógica da sua escola e procurem, juntos, conhecer melhor as particularidades e necessidades inerentes e mais emergentes em cada caso.

O MEDIADOR ESCOLAR E A INCLUSÃO

Na Educação Infantil e no Ensino Fundamental é indicado que crianças/adolescente com diagnóstico de TEA sejam acompanhadas por um Mediador Escolar[7]. O principal objetivo desse profissional é auxiliar no desenvolvimento e modulação das relações do indivíduo com seus pares, professores e com o ambiente. Ele deve atuar como "sombra" da criança/adolescente, mediando situações pedagógicas, sociais, de comunicação e comportamentais. O mediador escolar é um profissional formado ou ainda estudante das áreas de educação e saúde que acompanha o indivíduo com TEA todos os dias e durante todas as atividades escolares, recebendo obrigatoriamente orientações não só da equipe pedagógica, mas, principalmente, da equipe clínica envolvida. Cada aluno com TEA deve ter seu mediador exclusivo, pois questões pedagógicas, comportamentais, de comunicação, sensoriais e sociais são únicas e dinâmicas, requerendo olhar atento e atuação imediata. Mesmo as consideradas leves costumam necessitar de treinamento e direcionamento social e comportamental. O mediador escolar não pode ter outra função na escola e muito menos na sala de aula, seu olhar deve estar direcionado e atento exclusivamente para seu "mediado".

Hoje em dia as escolas devem ter em seu corpo docente uma coordenação especializada em inclusão com o objetivo de sanar dúvidas, preparar e orientar todos aqueles envolvidos na inclusão escolar, porém, a troca com a equipe terapêutica é fundamental para o sucesso de todo esse processo[8]. Redução ou retirada da mediação são assuntos que devem ser estudados com cautela e sempre em conjunto com todos os profissionais e familiares envolvidos.

ORIENTAÇÕES PARA O PROFESSOR NOS SEUS PRIMEIROS DIAS DE AULA

O primeiro dia de aula é um desafio cheio de surpresas para todas as crianças e professores. Como foi falado, anteriormente, o aluno de inclusão exige maior embasamento e conhecimento sobre as peculiaridades de cada caso e do transtorno em si. Quando o professor consegue se preparar antecipadamente, ele tem maior chance de obter resultados satisfatórios com seu novo aluno de inclusão.

Em alguns casos, mesmo o aluno sendo antigo na escola, ele pode apresentar dificuldades iniciais de adaptação ao "novo" grupo (porque é comum ter outros alunos novos e amigos que saíram), ao novo ciclo, às novas instalações, sem contar que pode também apresentar alterações em seu quadro clínico que não eram conhecidas no ano anterior.

Dez dicas gerais para os primeiros dias de aula:

1. Manter o aluno próximo ao professor, mesmo que este esteja acompanhado pelo mediador.
2. Aproximar o aluno de inclusão daquele(s) aluno(s) do ano anterior que mais o acolhia.
3. Organizar, sempre no início da aula, a rotina do dia. Pode ser escrevendo no quadro ou com apoio de figuras.
4. Construir, nos primeiros dias, um quadro com "Regras e Condutas" com todos os alunos, certificando-se de que seu aluno com TEA está, de alguma forma, participando e compreendendo o que está sendo construído. O professor pode utilizar gravuras que representem as regras, caso seja necessário. As regras e condutas devem ser claras e objetivas e sempre fazer referência aos comportamentos esperados, ou seja, aqueles que os alunos devem ter dentro do ambiente escolar.
5. Organizar, junto ao mediador, o material de comunicação alternativa para que esteja sempre à mão, caso a criança faça uso desse material.
6. Certificar-se de que poderá lançar mão das estratégias e materiais, sejam sensoriais e/ou comportamentais, necessários para as acomodações individuais.
7. Procurar estabelecer vínculo de afeto e confiança, mostrando-se disponível e acessível ao seu aluno. Utilizar frases objetivas e simples e procurando estimular e manter o contato visual enquanto se dirige a ele.

8. Construir sua figura de referência dentro da sala de aula. O mediador, caso haja, deve sempre fazer referência à fala e aos comandos do professor, interferindo o mínimo possível no ambiente.
9. Estabelecer relação de parceria com o mediador escolar.
10. Estimular o sentimento de pertencimento deste aluno em relação à turma e ao novo contexto educacional.

PRINCIPAIS CAUSAS DOS PROBLEMAS COMPORTAMENTAIS

Alunos portadores de TEA apresentam alterações no comportamento que podem ter gatilhos em situações e estímulos específicos. O professor, junto com o mediador, deve estar atento a todo um contexto situacional que engloba não apenas o que acontece ao redor, mas principalmente a forma como esse ambiente está sendo processado e percebido pelo aluno. Assim, possíveis causas devem ser mapeadas:

CAUSAS SENSORIAIS

Alterações sensoriais podem provocar agitação, agressividade, irritabilidade, dispersão e hiperfoco[6].

Exemplos de estímulos sensoriais:

- Auditivos – barulhos externos, barulhos repentinos, excesso de conversa, barulhos dentro da sala de aula (arrastar de cadeira, ar-condicionado ou ventiladores) e aula de música.
- Visuais – excesso de estímulos coloridos, com movimentos (ventiladores e relógios), lâmpadas piscando com defeito e luminosidade excessiva.
- Olfativos – cheiro de comidas, perfumes, produtos de limpeza.
- Proprioceptivos – falta de apoio dos pés, cadeiras e mesas instáveis, atividades em grupo com muito contato físico, atividades de educação física que exijam muito esforço físico.
- Táteis – trabalho com argila, tinta, texturas diferentes.
- Vestibulares – brincadeiras de roda, dança, jogos com bola e atividades motoras amplas.

CAUSAS CLÍNICAS

Alterações clínicas podem provocar sintomas comportamentais específicos, por isso estão descritos de forma individual[9].

- Troca ou ajuste de medicação (podem trazer inicialmente: sonolência, irritabilidade, agressividade, agitação, entre outros).
- Alteração de humor – por alteração da rotina, percepção distorcida da realidade, inflexibilidade.
- Aumento da ansiedade – no período de provas, diante de alguma novidade, alteração na rotina, no momento de apresentações em geral (trabalhos, festas), dificuldade na socialização.
- Sintomas depressivos – podem gerar irritabilidade, sonolência, agressividade, desatenção, maior isolamento, queda no rendimento escolar, agitação.

CAUSAS RELACIONADAS À COMUNICAÇÃO

Alterações na comunicação podem provocar agitação, agressividade, irritabilidade, isolamento e ansiedade[10].

Exemplos de dificuldades na comunicação:

- Para compreender os contextos verbais e não verbais.
- Para expressar seus desejos e sentimentos.
- Para compreender figuras de linguagem.
- Para manter-se na dinâmica social da conversação.

CAUSAS SOCIAIS

Alterações sociais podem provocar agitação, agressividade, irritabilidade, isolamento, ansiedade e depressão[11].

Exemplos de causas sociais:

- Sentimento de rejeição.
- Sofrer *bullying*.
- Baixa autoestima.
- Inabilidade para relacionar-se de forma adequada no grupo.
- Interesses restritos.
- Dificuldade para se colocar no lugar do outro diante das diferentes situações.
- Dificuldade para compreender o que é relevante numa situação social.
- *Deficit* cognitivo.

Em sala de aula, o professor deve:

1. Observar possíveis alterações fisiológicas como dores, febre ou algum malestar aparente.

2. Organizar a rotina do dia, evitando alterações e mudanças sem prévia antecipação para o aluno.
3. Verificar como está o sono do seu aluno. Pessoas com alterações no sono podem apresentar irritabilidade, alteração de humor e prejuízos atencionais.
4. Observar se o aluno está dando conta do conteúdo e demandas do dia a dia. Muitas vezes é necessário reduzir a carga horária e/ou reduzir ou adaptar o conteúdo.
5. Utilizar um tom de voz acolhedor e ser uma figura de confiança. Um ambiente tranquilo transmite segurança para o pleno desenvolvimento.
6. Estimular e monitorar sempre a socialização auxiliando o desenvolvimento das Habilidades Sociais. Alunos com TEA se sentem muitas vezes inseguros e não sabem como se comportar socialmente.
7. Ficar atento a possíveis gatilhos de ansiedade e alterações comportamentais como provas, apresentações em geral, prazos de entrega de trabalhos, estimulação sensorial excessiva.
8. Estimular seu aluno a identificar e nomear as emoções: raiva, medo, tristeza, alegria, nojo.
9. Ensinar seu aluno a buscar alternativas possíveis para a solução de problemas.
10. Disponibilizar um local para que o aluno possa acessar quando necessitar voltar à calma ou se reorganizar.

MAPEANDO COMPORTAMENTOS

As alterações comportamentais que ocorrem na escola devem sempre ser compartilhadas entre a equipe pedagógica e a equipe clínica que acompanha o aluno portador de TEA. Quando essa equipe conta com terapeutas de diferentes áreas, estes podem, juntos, realizar uma análise efetiva da situação problema, possibilitando uma intervenção com estratégias e ferramentas adequadas[12].

Para que os profissionais clínicos consigam mapear esses comportamentos, é necessário que o mediador ou o professor façam um relatório detalhado, não apenas do momento em si, mas de todo o contexto.

Alterações comportamentais podem ser fruto de fatores cumulativos, de fatores que ainda vão ocorrer ou ser consequência de um acontecimento anterior imediato.

Abaixo serão exemplificadas algumas situações:

1. Situações cumulativas ou sobrepostas. Quando o comportamento tem relação com situações passadas e distantes do momento em que ele ocorreu. Exemplos:

- Uma crise de agressividade, aparentemente sem motivo, pode surgir sempre no final do turno escolar, no último dia da semana, por conta da sobrecarga semanal. Se a análise desse comportamento for feita apenas levando em consideração o que antecedeu a crise, as estratégias provavelmente não serão eficazes, podendo, dessa forma, até mesmo intensificar a agressividade.
- Resistência e irritabilidade diante de trabalhos escolares são comportamentos que podem estar relacionados a experiências negativas anteriores, nas quais a criança se sentiu frustrada e incapaz.
- Agitação, irritabilidade e até agressividade são comportamentos que podem estar relacionados com uma situação vivida antes de chegar ao ambiente escolar.

2. Situações antecipatórias. Quando o comportamento inadequado tem relação com situações que ainda irão ocorrer. Exemplos:

- Aumento da ansiedade, com agitação motora excessiva por conta de um trabalho ou apresentação que ocorrerá mais para o final do dia. Reconhecer e identificar o perfil comportamental dessa criança será fundamental para propor estratégias efetivas que poderão amenizar sua ansiedade.
- A criança pode se negar a entrar na quadra por receio de ouvir o apito do professor de educação física. Nesse caso, o fator desencadeante do comportamento de esquiva ainda nem ocorreu, mas já é esperado pela criança devido às suas experiências anteriores.
- Comportamentos ansiosos podem ocorrer e interferir no desempenho da criança quando ela sabe que, após o horário escolar, vai receber algo que lhe foi prometido, como um lanche no shopping ou um brinquedo.

3. Situações imediatas. Quando o comportamento inadequado tem relação e é consequência de um acontecimento anterior imediato. Exemplos:

- A criança age com agressividade contra alguém que acabou de derramar, sem querer, o suco de seu amigo. Nesse caso, a dificuldade em interpretar a situação provocou uma percepção equivocada da intenção do outro, fazendo com que ele agisse de forma impulsiva.

- Um aluno com forte interesse em música apresenta estereotipias motoras, andando de um lado para o outro sem função e balançando as mãos de forma repetitiva após o professor terminar a aula de música.
- Durante um jogo, ao perder a partida, a criança chora de forma descontrolada e se agride dando socos na cabeça. A baixa tolerância à frustração, ou seja, quando algo não acontece como o esperado ou desejado, muitas vezes leva a comportamentos de birra. Estes podem se tornar tão intensos evoluindo para uma crise comportamental.

FUNÇÕES DOS COMPORTAMENTOS

Saber a função de cada comportamento é tão importante quanto saber sua causa. Os comportamentos podem ter três diferentes funções[13]:

- Esquiva – fugir ou atrasar o cumprimento de uma atividade, tarefa ou ordem.
- Estimulação sensorial – buscar algum estímulo sensorial na tentativa de se autorregular.
- Obter algo – chamar atenção ou ganhar algo do seu desejo.

Mapear o que motiva uma alteração comportamental, ou seja o que o antecede (de forma cumulativa ou imediata) ou o que irá acontecer e que está provocando esse comportamento, bem como conhecer suas funções, será primordial na escolha de técnicas e estratégias eficazes e assertivas para manejar o comportamento.

Além disso, é imprescindível realizar uma análise detalhada dos reforçadores de tais comportamentos. Tudo o que aumenta a probabilidade desse comportamento aparecer será um reforçador. Assim, quando identificamos a função de um comportamento (esquiva, autoestimulação ou obtenção de algo) precisamos eliminar seus reforçadores.

REFORÇADORES DOS COMPORTAMENTOS

Para modificarmos, controlarmos ou extinguirmos um determinado comportamento em sala de aula, precisamos também entender o que são reforçadores. Reforço é tudo aquilo que aumenta a frequência ou intensidade de um comportamento[14].

Segundo as Terapias Comportamentais, o reforço pode ser positivo ou negativo, o que não tem nada a ver com o fato dele ser bom ou ruim. Também não têm correlação com recompensa ou punição. Porém, mais importante do que nomear os reforçadores (como sendo positivos ou negativos) é observar se o que vem depois do comportamento aumenta a probabilidade daquele comportamento ocorrer novamente, em frequência ou intensidade.

Dentro da escola, reforçadores devem ser utilizados de forma consciente e assertiva. Reforçadores são extremamente úteis e efetivos no dia a dia escolar e têm o objetivo de manter e aumentar os comportamentos adequados ou diminuir e extinguir o comportamento inadequado.

ORIENTAÇÕES GERAIS QUANTO AOS SINTOMAS COMPORTAMENTAIS, COGNITIVOS E EMOCIONAIS

Somente a intervenção comportamental não contemplará a efetiva mudança cognitiva comportamental que almejamos provocar no sujeito que apresenta comportamentos inadequados. A Terapia Cognitivo Comportamental (TCC) contribui assertivamente na melhora da adequação e aprimoramento dos sintomas cognitivos, emocionais e comportamentais que estejam causando prejuízos ou dificuldades no desenvolvimento dos alunos[15].

Então, além de:

- Conhecer ao máximo a história familiar, clínica e escolar do nosso aluno;
- Ter em mente os gatilhos mais prováveis que desencadeiam comportamentos inadequados;
- Aprender a mapear esses comportamentos para entendermos a função deles naquela situação específica;
- Utilizar reforçadores efetivos.

Deve-se:

- Ampliar o campo do olhar, ou seja, ter um olhar para além da situação em si.
- Inserir as dificuldades encontradas (comportamentos inadequados) no contexto educacional a fim de avaliar e trabalhar, tais comportamentos no ambiente social-escolar, pensando em como esse comportamento inadequado reflete negativamente no coletivo.
- Criar oportunidades e possibilidades para que haja desenvolvimento cooperativo de todo o grupo escolar e não apenas a mudança comportamental individual do aluno de inclusão, estimulando sempre a flexibilidade cognitiva de todos.

- Estimular a identificação e a expressão das emoções envolvidas nas situações por eles vivenciadas.
- Ensinar seu aluno a observar o contexto, retirando os aspectos relevantes para a compreensão coerente das diferentes situações, aumentando a flexibilidade e a tolerância, ou seja, auxiliando-o na construção de alternativas para a solução dos problemas enfrentados no dia a dia.
- Estimular a empatia, ou seja, ensinar ao aluno a se colocar no lugar do outro, inferir estados mentais, pensamentos, desejos, crenças e intenções.
- Utilizar técnicas flexíveis de autocontrole, como: controlar a respiração, saídas monitoradas e recursos sensoriais, entre outros.
- Auxiliar seu aluno a compreender aspectos linguísticos e paralinguísticos do discurso, bem como a compreensão das figuras de linguagem.
- Aumentar o repertório de interesses, apresentando assuntos e temas variados, enriquecendo o conhecimento e o ambiente.

MENSAGEM AO PROFESSOR

A escola é um lugar de grande influência na formação daqueles que serão o futuro. Ser professor é estar no leme, ao lado de cada aluno, suas mais preciosas embarcações. Sem esmorecer, enfrentam várias tempestades, direcionando suas velas mar adentro do desenvolvimento do ser humano. O mar pode estar revolto e os ventos soprando contra, mas o que fará a diferença no rumo de cada embarcação será a presença de um velejador que atue verdadeiramente como protagonista, sem receio de se arriscar, de se aprimorar, adaptando-se e confiando em suas ações. Então, professor, você não está sozinho: seu conhecimento é sua bússola. Siga navegando, sempre!

REFERÊNCIAS

1. Maenner MJ et al. Prevalence of autism spectrum disorder among children aged 8 years – autism and developmental disabilities monitoring network, 11 sites. EUA; 2016.

2. Cuevas K, Sheya A. Ontogenesis of learning and memory: biopsychosocial and dynamical systems perspectives. Dev. Psychobiol. 2019;61(3):402-5.

3. IHA – Instituto Municipal Helena Antipoff. Secretaria Municipal de Educação do Rio de Janeiro. PEI – Plano Educacional Individualizado. Prefeitura da Cidade do Rio de Janeiro: Secretaria Municipal de Educação; 2013.

4. Serrano P. Integração sensorial: no desenvolvimento e aprendizagem da criança. Lisboa: Papa Letras; 2016.

5. Polity E. Dificuldade de aprendizagem e família: construindo novas narrativas. São Paulo: Vetor; 2001.

6. Arruda M. Intervenções no contexto escolar. In: Dias N, Mecca T. Contribuições da neuropsicologia e da psicologia para intervenção no contexto escolar. São Paulo: Memnon; 2015.

7. Ministério da Educação do Brasil. Lei Brasileira de inclusão da pessoa com deficiência – Estatuto da Pessoa com deficiência, Lei 13.14/2015. 2015.

8. Ministério da Educação do Brasil. Lei de diretrizes e bases da educação nacional – LDB n.9394/1996. 1996.

9. Hossain MM, Khan N, Sultana A, Ma P, McKyer ELJ, Ahmed HU, et al. Prevalence of comorbid psychiatry disorder among people with autism spectrum disorder: an umbrella review of systematic reviews and meta-analyses. Psychiatry Res. 2020;287:112922.

10. Bee H. A criança em desenvolvimento. Porto Alegre: Artmed; 2003.

11. Caballo V. Manual de técnicas de terapia e modificação de comportamento. São Paulo: Livraria Santos Editora; 1996.

12. Reinecke M, Dattilio F, Freeman A. terapia cognitiva com crianças e adolescentes. São Paulo: Livraria Médica Paulista; 2009.

13. Lovaas I. Ensinando indivíduos com atrasos de desenvolvimento: técnicas básicas de intervenção. Austin: Editora PRÓ-ED; 2003.

14. Farrel M. Dificuldades de relacionamento pessoal, social e emocional: guia do professor. Porto Alegre: Artmed; 2008.

15. Caballo V. Manual de técnicas de terapia e modificação de comportamento. São Paulo: Livraria Santos Editora; 1996.

TEAjudando a ensinar e aprender (contribuições da Psicopedagogia para professores que ensinam pessoas com TEA)

Luciane Bezamat Alvim
Marcia Tavares Rodrigues

As experiências em salas de aula nos trazem uma diversidade incalculável. Quando se inicia um novo ano letivo as perguntas ecoam. Que desafios estão por vir? Que novos afetos serão estabelecidos? Quem crescerá? Quem ensinará e quem aprenderá? Quem somará experiências para o resto da vida? Próximo a isso, pode ser o pensamento de milhares de professores que todos os anos se dispõem e se preparam para os novos desafios a percorrer. Nós professores aprendemos a ensinar e aprendemos ensinando. Sabemos que cada pessoa tem formas diferentes de aprender e com mais ou menos habilidades nas diferentes áreas do aprendizado, mas em sua maioria se desenvolvem apresentando resultados, amadurecimento e funcionalidade. Quando recebemos um aluno que destoa desse conjunto de expectativas, o que vem sendo cada vez mais comum, as interrogações surgem e por mais que nos sintamos preparados, os desafios por vezes nos desestabilizam. Com a proposta de auxiliar nesses momentos e nos novos caminhos a percorrer, vamos dividir com vocês a experiência e os estudos que passam de três décadas e trazem resultados muito satisfatórios com reais contribuições para o aprendizado e desenvolvimento de pessoas com Transtorno do Espectro Autista (TEA) e demais transtornos do neurodesenvolvimento.

Na década de 1980, saímos da escola Normal para o início de uma jornada que sabíamos se tratar de ensino-aprendizagem, mas estávamos longe de enxergar como seguiriam nossos ofícios. Certas de que nossa empolgação nos levaria para encantamentos e profundos conhecimentos, ainda assim não vislumbramos o que seriam os desafios de trabalhar com pessoas tão importantes e que traçariam nossos caminhos de estudos e pesquisas para sempre. Desde nosso encontro profissional, que já faz bodas de prata, até hoje quando estamos terminando um mestrado em educação especial temos a certeza de que foi o melhor dos mapas que seguimos para traçar nossos caminhos profissionais.

Somos atualmente além de professoras, pedagoga e psicóloga, psicopedagogas e mestrandas em Ciência da Educação e Educação Especial. Saímos da sala de aula infantil, mas ela nunca saiu de nós, e é com o mesmo encantamento do início que atualmente formamos profissionais, orientamos escolas, mediadores e pais, sempre com a crença de que a educação/aprendizado é direito e deve fazer parte do desenvolvimento de todo ser humano[1,2]. As leis que exigem e garantem a inclusão nos apoiam e orientam em relação aos direitos do aluno e deveres da escola.

No manual diagnóstico e estatístico de transtornos mentais[3], o termo TEA passa a ser utilizado para denominar o conjunto de sintomas; nele são revistos os critérios diagnósticos e o conjunto de sintomas do TEA fica dividido em níveis e necessidades de apoio. De acordo com o DSM-5, entre os critérios para diagnóstico encontram-se: *deficit* permanentes na comunicação social e na interação social, *deficit* na reciprocidade socioemocional, *deficit* nos comportamentos comunicativos, *deficit* para desenvolver, manter e compreender relacionamentos, entre outros. *A gravidade baseia-se em prejuízos na comunicação social e em padrões de comportamento restritos e repetitivos.*

Os níveis de acometimento se dividem em: Nível 1 (necessita suporte), Nível 2 (necessita de suporte substancial) e Nível 3 (necessita de suporte muito substancial). Tais *deficit* por vezes comprometem o desenvolvimento em geral das pessoas acometidas. O prejuízo pode inviabilizar aprendizagens por abordagens formais, o convívio satisfatório com os pares e a permanência saudável nas instituições de ensino regular. Para que essa rotina seja cumprida, opta-se por ter um profissional que faz a mediação escolar, interferindo nas rotinas e buscando adequações e acomodações para o dia a dia escolar em parceria com a escola.

Agora buscando TEAjudar nesse caminho, vamos dividir um pouco das nossas experiências. Em longos estudos passamos pelos autores que sabiamente descreveram e desenvolveram teorias sobre o desenvolvimento. Todos contribuíram com nossa base de trabalho, de Jean Piaget[4,5] a Eric Schopler[6-8], e percorremos um intenso conhecimento dos desenvolvimentos neurotípicos e das pessoas com TEA. Entender os estilos de aprendizagem dessas pessoas e suas sensibilidades passou a ser nossa cartilha para traçar planos de ações educativas que pudessem garantir aprendizados, independentemente do nível de acometimento do seu autismo.

O uso dos instrumentos pode beneficiar aspectos como a comunicação, sociabilidade e adequação do comportamento, além de contribuir para um efetivo aprendizado dos conteúdos.

Assim como a equipe deve buscar entender o aluno de inclusão, a turma, sabendo desse colega e entendendo que ele pode ter atitudes diferentes por ver o mundo de outra forma, pode fazer muita diferença para o dia a dia de todos.

A seguir, abordaremos alguns momentos/aspectos importantes onde, com a organização, podemos contribuir significativamente para a inclusão de nosso aluno com TEA.

TEAjudando – A CHEGADA

Quando o aluno com TEA chega, o ideal é que os professores o conheçam: seu perfil, seus estilos de aprendizagem, seus interesses, suas sensibilidades, seu hiperfoco (se houver), suas manias, seus hábitos positivos... Com esse apanhado geral, tudo que você irá planejar começará a ter um formato personalizado, o que, acreditem, fará imensa diferença no dia a dia do seu trabalho.

A ANTECIPAÇÃO

Por apresentar dificuldades com as sequências, cronologia e empatia, entre outros aspectos necessários às leituras dos códigos sociais, o aluno com TEA precisa receber o "mapa" do seu dia. Então é necessário que o plano que envolva o ambiente e as atividades já estejam organizadas. A previsibilidade dá segurança e a antecipação e sequência orienta.

O DIA A DIA

Um cronograma/agenda diário deve acompanhar nosso aluno para que ele entenda o que, quando, onde e com que recursos deve realizar cada tarefa. Você pode estar pensando que tais instrumentos podem criar dependências e o aluno não criar autonomia, mas é exatamente o contrário, pois se eu tenho dificuldades para me orientar e me localizar, o que faço? Peço ajuda, pego pontos de referência e de novo peço ajuda. Mas o nosso aluno não terá essa organização e iniciativa, aliás, na maioria das vezes tem dificuldades com iniciativas e com o planejamento das ações. E nós também, se formos procurar por algo ou algum lugar sem nenhuma informação, ficamos dependentes de outras pessoas para nos informar. Assim, é importante entender que todos nós usamos guias, receitas e mapas para nos orientarem e não nos tornamos dependentes deles.

CRISES E BIRRAS

É! Nosso aluno com TEA pode definitivamente não entender o que se espera dele, ou não saber comunicar que está com dor ou algum incômodo, ou não conseguir explicar que o som da luz fluorescente que para muitos é praticamente inaudível o irrita, ou que aquela coleguinha afetiva e bem-intencionada lhe deu um beijo, mas beijos, por sua intensa sensibilidade sensorial, são sentidos como um tapa... E nesse momento ele terá o que chamamos de crise ou reação corporal. Podemos já saber previamente que essas situações existem, podendo com isso nos organizar para saber lidar com eles. Então é bom que saibamos que podemos dispor de recursos relativamente simples para entender e ajudar nosso aluno e nossa turma. Saber antecipadamente por meio dos responsáveis se existe e o que é que costuma acalmá-lo, ou se depois das crises ele busca algum objeto, lugar ou pessoa. Se essas perguntas forem respondidas, providenciamos algo próximo ou similar para termos à mão se necessário. Se nada for colocado, muitas vezes as pessoas não perceberam se algo ajuda, então teremos que buscar, observar e criar esses recursos. Contudo, algumas vezes nosso aluno entendeu que repetindo um comportamento desorganizado, fazendo uma birra, ele consegue algo, e nesse caso pode ser um pouco mais trabalhoso, pois precisaremos colocar os limites e ensinar que existem outras formas de dizer que está insatisfeito. Os recursos visuais auxiliam bem nesses contextos, nem sempre a curto prazo, mas certamente funcionam sempre que há um empenho na mudança do comportamento por parte de todos que com ele convivem.

APRENDIZADO

O nosso aluno pode ou não ter *deficit* intelectual, ou seja, sua cognição pode ou não ter limitações nas possibilidades do aprendizado dos conteúdos. Contudo as adaptações podem ser necessárias para qualquer pessoa com TEA, pois o prejuízo nas funções requer planejamento, organização, autocontrole e empatia, entre outras necessárias ao aprendizado formal em rotina escolar regular. Para os que têm *deficit*, faz-se necessária a adaptação do currículo, organizando a redução dos conteúdos e estabelecendo prioridades. Essa ação pode ser feita pelos profissionais, professores, coordenadores e mediadores, e quando houver a equipe terapêutica, esta pode dar apoio ou orientações. É direito do aluno em inclusão o PEI (Plano Educacional Individualizado) e/ou PDI (Plano de Desenvolvimento Individual) e o PPP (Projeto Político Pedagógico)[9-14]. Estes garantem planos adaptados, avaliações adaptadas, registros de seu percurso e dos conteúdos, organizando e podendo, dessa forma, criar um histórico dos recursos na inclusão. Como estamos falando de pessoas que, embora tenham o mesmo diagnóstico, possuem necessidades específicas diferentes, assim serão as adaptações – e como devem ser as avaliações dependerá da avaliação da equipe.

SOCIALIZAÇÃO

As dificuldades nas trocas com a turma sempre acontecerão? Sim, professores e mediadores podem ser excelentes agentes para identificar e auxiliar esses contatos, mas em maior ou menor intensidade isso acontecerá, pois o nosso aluno tem dificuldades com a TOM (Teoria da Mente)[15,16], que possibilita uma pessoa inferir sobre o que a outra está pensando ou sua intenção. Embora muitas vezes queira ter amigos, queira se comunicar, ele é inábil socialmente, tem dificuldades com a empatia, não compreende metáforas que não tenha sido treinado para entender, por vezes fica desorientado por muitos estímulos visuais e auditivos... e quando se arrisca muitas vezes é mais ingênuo que seus pares, pode ter repertório muito restrito e só falar o tempo todo do mesmo assunto ou ser inconveniente em comentários. Enfim, como nos ensinou Uta Frith[17], o pensamento do autista é em ilhas e nós temos que ser as pontes para ajudálos.

REFORÇADORES

É muito importante que nosso aluno saiba quando está respondendo positivamente às situações e quando seu comportamento está em desacordo com o contexto. Para isso usamos todo o tempo reforçadores positivos, que podem ser desde um parabéns dito ou entoado até premiações por reconhecimento ao conseguir algo que sabidamente era difícil[18-20].

Trabalhamos também com tabelas reforçadoras, com metas para os que compreendem e podem se beneficiar. Nelas teremos combinados que devem ser cumpridos ao longo de um determinado tempo, e serão utilizados marcadores para demonstrar sua evolução. Ao final ele tem direito à meta combinada.

Algumas vezes, sem perceber nós e os familiares estamos reforçando comportamentos inadequados ou desajustados: pelo simples fato de receber atenção nesses contextos, o reforço pode estar acontecendo. Nós seres humanos infelizmente temos o hábito de supervalorizar comportamentos negativos e de desprezar comportamentos positivos. Por exemplo, muitas vezes uma criança qualquer se esforça para ter um bom desempenho escolar e se orgulha com o resultado, mas ouve de seus responsáveis que não fez mais que sua obrigação, ou um "que bom..." pouco esfuziante, ao passo que se essa mesma criança apresentar um resultado negativo, isso pode lhe custar muito, longas broncas e punições. Qual acham que foi o comportamento mais enaltecido, mais "valorizado"? Por isso precisamos ter muito cuidado e lembrar sempre de supervalorizar até mesmo o que nos parece simples, pois pode ter acontecido com muito esforço.

PASSO A PASSO

Entendendo esses pontos fundamentais, vamos a exemplos das propostas de ensino estruturado[21,22].

1. Os modelos de cronograma/agenda irão variar de acordo com o desenvolvimento cognitivo de nosso aluno, podendo ir desde concreto até escrito.

- Agenda concreta: apoiará aos que ainda não têm possibilidades de compreender códigos e necessitam que a antecipação seja indicada por um objeto que será utilizado na proposta (ação).

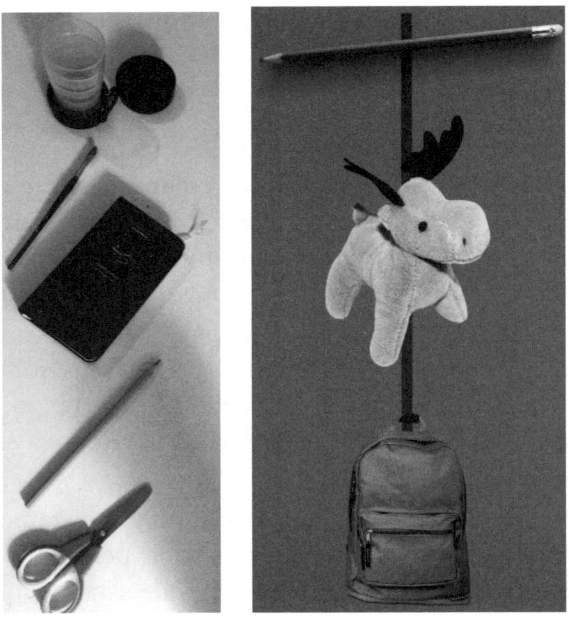

Figura 1. Modelos de agenda concreta

- Agenda de fotos: apoio aos que começam a compreender imagens mas necessitam ainda da figura real para identificar a ação.

Figura 2. Modelos de agenda de fotos

- Agenda de figuras (pictogramas): orienta os que compreendem imagens e associam as ações. Crianças menores, mesmo que já leiam, podem se beneficiar desse modelo; nesse caso podemos ter a escrita também.

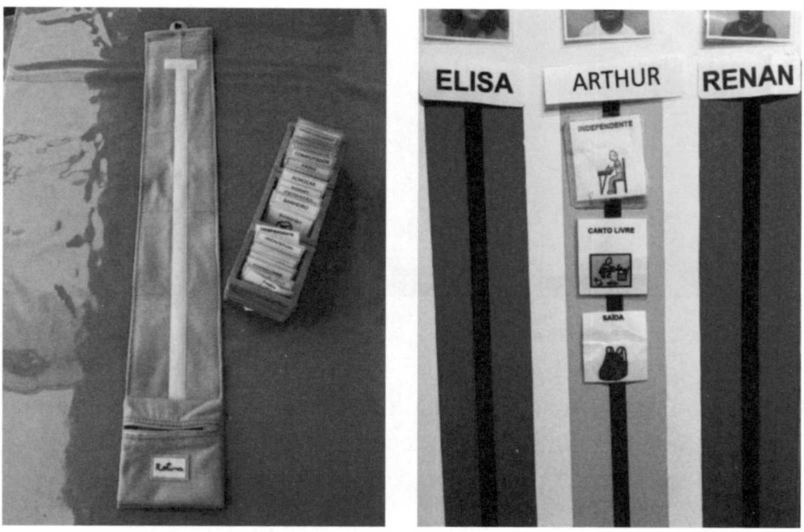

Figura 3. Modelos de agenda de figuras (pictogramas)

- Agenda escrita: organização sequenciada do dia por escrito para ticar a cada ação para os que estão totalmente alfabetizados.

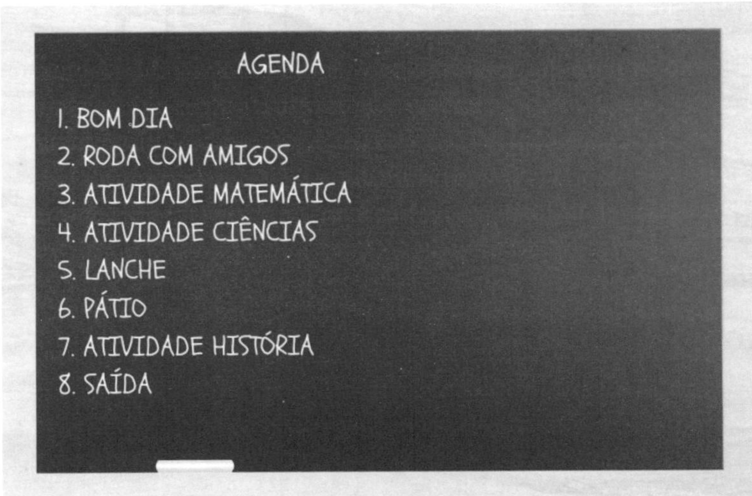

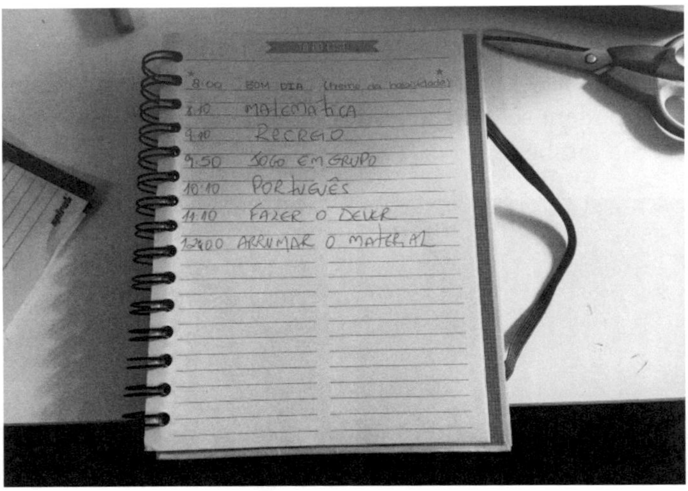

Figura 4. Modelos de agenda escrita

2. Os modelos de materiais adaptados podem seguir critérios que são nitidamente facilitadores, independentemente do nível do TEA e do desenvolvimento cognitivo.

- Material visualmente claro, sem excesso de estímulos, com letras e espaçamentos que favoreçam discriminar facilmente cada proposta. O uso de letra bastão maiúscula é o mais indicado. Se a questão for extensa, repetir enunciados pode ajudar.

- Ordens simples e diretas. Enunciados claros e com palavras conhecidas pelo aluno. Exemplos:
  - Em vez de "Enumere", use "Responda colocando os números em ordem".
  - Em vez de "Correlacione", use "Procure os que se completam".

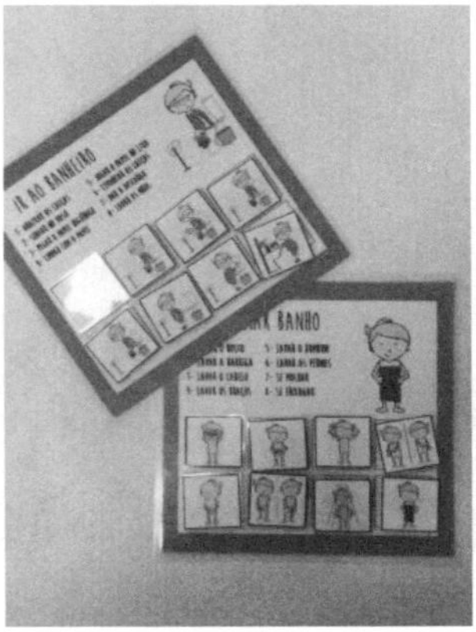

Figura 5. Modelo de material adaptado para aprendizado de rotina

- Quantidade moderada de ações por tarefa e com marcadores para compreensão do fim. A previsibilidade é essencial.

3. Socialização

- Apoio às experiências sociais. Muitas vezes mediadores nos perguntam se na hora do recreio da criança podem fazer seu intervalo também. E a resposta é: não, de jeito nenhum, pois esse pode ser considerado um dos momentos em que mais nosso aluno necessita apoio e orientação. Se ele tem todas as dificuldades já citadas com a comunicação, leitura social e trocas, nesse momento necessitará dicas e orientações para aprender a conviver e trocar com seus pares. Alguns recursos podem auxiliar. Exemplo: figuras com as emoções, histórias sociais, trabalhar modelação e modelagem (ações como modelo e reforço positivo as ações dele).

Figura 6. Recurso visual para auxílio da socialização

- No dia a dia, nosso aluno pode, com apoio, entender a necessidade do uso de códigos sociais e palavras de gentileza. O treino de habilidades sociais traz benefícios importantes e possibilita o desenvolvimento afetivo, cognitivo e social23-27.

Figura 7. Recurso visual para auxílio da socialização

- Nosso aluno pode não ser naturalmente interessante para seus colegas, já que tende a ser repetitivo, inadequado e, por vezes, tem comportamentos que afastam as pessoas. Mas podemos então ajudar com recursos onde ele pode se tornar querido pelos pares. Esses recursos vão desde o uso dos códigos e aprender a dizer o que não gosta de forma gentil até levar um jogo de sua preferência e aprender a convidar os amigos para participarem, bem como usar alguma habilidade dele que possa ser agradável e o mediador ou professor trazer atrativos para ele que sejam de interesse do grupo também.
- Hiperfoco ou habilidades específicas podem se tornar instrumentos de aproximação. Muitas vezes nosso aluno com TEA pode ter fixações em temas, objetos e assuntos, tornando-se repetitivo e desagradável, mas podemos propor uma troca entre os alunos. Por experiência, já obtivemos sucesso com "aulas" sobre futebol, dinossauros, pirâmides do Egito... explanadas por nosso aluno de inclusão, e o olhar dos colegas mudaram sobre eles e as aproximações puderam começar a acontecer.

Figura 8. Imagem exemplificando alguns hiperfocos.
Recurso visual para auxílio da socialização

- Eventos sociais, que para muitos causa uma expectativa positiva por interagir ou homenagear alguém, para esse nosso aluno nem sempre acontecerá assim. Esses momentos em sua maioria mudam a configuração do ambiente, o que já não é fácil para eles, e além disso há muitos estímulos juntos, sons, luzes ou escuro, pessoas a mais...Isso pode desregular e trazer dificuldades para ele. Mas também é importante envolve-lo com todos os projetos da escola, então precisamos organizar uma agenda especial para esses dias, além de calendários com contagem regressiva e histórias sociais que ajudem a entender e prever o acontecimento. Durante o evento, entender que ele terá um fim também é importante.

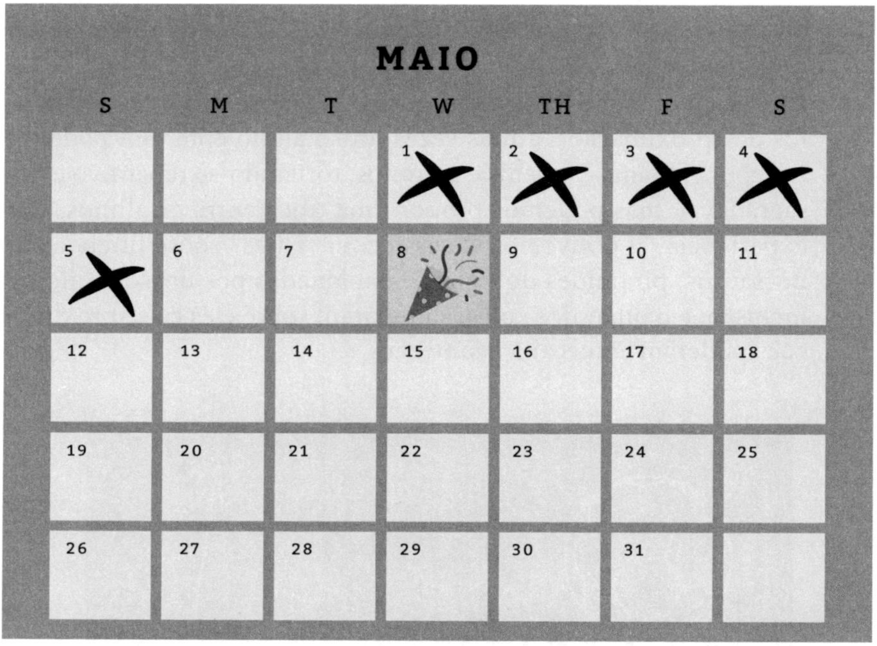

Figura 9. Imagem de calendário para contagem regressiva.
Recurso visual para auxílio da socialização

CONCLUINDO

É importante afirmarmos que nada disso é simples ou fácil; o caminho, desde seu início, é intenso e exige muito esforço de todos. Pais, professores, equipe em geral e o nosso aluno iniciam com muitas expectativas, mas algumas serão frustradas, outras redirecionadas e outras surgirão. Os resultados em sua maioria compensam, mas devemos saber que somos sempre aprendizes e que fazer e refazer em busca de um melhor resultado vai fazer parte o tempo todo. Ninguém nessa jornada já sabe ou tem o roteiro certo, isso por que ele simplesmente não existe: tudo será todo o tempo construído a muitas mãos, e nem sempre o que deu certo uma vez vai dar em outra, e nem sempre o que deu certo com aquele aluno da inclusão vai dar com este, e é possível que exatamente aí esteja o grande encantamento e o grande desafio a ser transposto. Seremos ao mesmo tempo os motivadores e a plateia de cada sucesso e estenderemos a mão para começar de novo a cada fracasso. Mas como educador, o importante é nunca desistir e sempre ter orgulho de seu maravilhoso trabalho.

REFERÊNCIAS

1. Unesco. Declaração de Salamanca. Sobre princípios, políticas e práticas na área das necessidades educativas especiais. [acesso em 2020 jul. 21]. Disponível em: http://portal.mec.gov.br/seesp/arquivos/pdf/salamanca.pdf.

2. Brasil. Lei de Diretrizes e Bases da Educação. Lei nº 9.394/96, de 20 de dezembro de 1996. Diário Oficial da União. 1996.

3. DSM-5. Manual de diagnóstico e estatística das perturbações mentais. American Psychiatric Association. Porto Alegre.

4. Piaget J. Seis estudos de Psicologia. Rio de Janeiro: Forense Universitária; 1995.

5. Piaget J. O nascimento da inteligência na criança. Rio de Janeiro: Zahar; 1973.

6. Schopler E, Reichler RJ, Renner B. The childhood autism rating scale (CARS). Los Angeles: Western Psychological Services;1998.

7. Schopler E, Lansing M, Reichler R, Marcus M. Perfil psicoeducacional. 2015.

8. Divison TEACCH/Departament of Psychiatry. TEACCH Structured teaching assessment. Chapel Hill: University of North Caroline; 2019.

9. MEC. CONAES. INEP. Avaliação externa de instituições de educação superior: diretrizes e instrumentos. Brasília, DF; 2005.

10. PPI – Projeto Pedagógico Institucional. São Bernardo do Campo: Faculdade Anchieta; 2005.

11. Bussman AC. O projeto político pedagógico e a gestão da escola. In: Veiga IPA, organizadora. Projeto político pedagógico da escola: uma construção possível. Campinas, SP: Papirus; 2003.

12. Gandin D, Gandin LA. Temas para um projeto político pedagógico. Petrópolis: Vozes; 2002.

13. Plano Educacional Individualizado (PEI): um diálogo entre práticas curriculares e processos de avaliação escolar. In: Glat R, Pletsch MD, organizadoras. Estratégias educacionais diferenciadas para alunos com necessidades especiais. Rio de Janeiro, RJ: EDUERJ; 2013.

14. Glat R, Pletsch MD. Inclusão escolar de alunos com necessidades especiais. Rio de Janeiro: EdUER; 2011.

15. Baron-Cohen S. (1990). Autismo: uma alteração cognitiva específica de "cegueira mental". Rev Portuguesa de Pedag. 1990;24:407-430.

16. Baron-Cohen S, Leslie AM, Frith U. Does the autistic child have a "theory of mind"? Cognition. 1985;21:37-46.

17. Asperger H. 'Autistic Psychopathy" in childhood. In: Frith U. Autism and Asperger Syndrome. Cambridge: Cambridge University Press;1944/1992.

18. Cameschi CE, Abreu-Rodrigues J. (2005). Contingências aversivas e comportamento emocional. In: Abreu-Rodrigues J, Ribeiro MR, organizadores. Análise do comportamento: teoria, pesquisa e aplicação. Porto Alegre, RS: Artmed; 2005.

19. Catania AC (1999). Aprendizagem: Comportamento, linguagem e cognição. Porto Alegre, RS: Artmed; 1999.

20. Holland JG, Skinner BF (1975). A análise do comportamento. São Paulo, SP: Editora Pedagógica e Universitária; 1975.

21. Del Prette A, Del Prette, ZAP. Psicologia das habilidades sociais: terapia, educação e trabalho. Petrópolis: Editora Vozes; 1999.

22. Leon V. Práticas baseadas em experiências para aplicação do TEACCH® nos Transtornos do Espectro do Autismo. São Paulo: Editora Menon; 2016.

23. Leon V, Moraes C. Portfólio de atividades para ensino estruturado. São Paulo: Editora Menon; 2018.

24. Del Prette A, Del Prette ZAP. Psicologia das habilidades sociais na infância: teoria e prática. Petrópolis: Editora Vozes; 2005.

25. Del Prette A, Del Prette ZAP. Treinamento assertivo: ontem e hoje. Esetec; 2003.

26. Del Prette A, Del Prette ZAP. Psicologia das habilidades sociais: terapia, educação e trabalho. Petrópolis: Editora Vozes; 1999.

27. Rodrigues CL, Folquitto CT. Baralho das habilidades sociais. Sinopsys Editora.

28. Rodrigues M. Educação emocional positiva. Saber lidar com as emoções é uma importante lição. Sinopsys Editora.

HABILIDADES LINGUÍSTICO-COGNITIVAS NO TEA: IMPLICAÇÕES PARA A ESCOLARIZAÇÃO FORMAL

Renata Mousinho
Fernanda Mesquita
Evelin Schmid
Juliana Pereira
Patrícia Porto

O Transtorno do Espectro Autista (TEA) é uma desordem neurobiológica caracterizada por um grupo de dificuldades que interferem diretamente na qualidade da interação social e da comunicação, além de interesses restritos. Alterações sensoriais também estão presentes na maior parte das vezes[1].

Este capítulo tem como objetivo apresentar estratégias aos professores que possam enriquecer sua prática, contribuindo para seu aperfeiçoamento em sala de aula no manejo dos alunos portadores de sintomas do TEA. Para alcançar esse objetivo, serão abordados os seguintes temas: os prejuízos apresentados em áreas da linguagem, da Coerência Central, da Teoria da Mente, das Habilidades Sociais e das Funções Executivas.

Desde muito pequenas, as crianças com TEA e suas famílias experimentam muitos desafios para adaptação no ambiente escolar. A partir do ensino fundamental, quando as demandas sociais e acadêmicas aumentam, os desafios se ampliam.

Nesse contexto, é importante conhecer as várias questões que são características do quadro de TEA e que estão diretamente implicadas nas dificuldades de aprendizagem, conforme dados descritos a seguir:

1. A própria sintomatologia do autismo, incluindo os *deficit* na interação social e de comunicação, além dos interesses restritos.
2. O estilo cognitivo dos portadores de TEA e sua relação com a linguagem.

Existem outros fatores importantes que compõem o quadro clínico de TEA, como a presença ou não de comorbidades, o ambiente em que a pessoa vive e o tipo de escola que frequenta. Conhecer o perfil de nossos alunos é o que permitirá saber a melhor forma de ajudá-los. Por isso, cada uma dessas questões citadas acima será desenvolvida, a fim de criar subsídios para reflexão da prática educacional.

No TEA, a interação social, condição fundamental para o desenvolvimento de linguagem e comunicação, pode estar prejudicada em variados graus. Por exemplo, nos casos mais severos, pode-se ter crianças que evitam contato com outras pessoas e utilizam pouco ou nenhum comportamento social (não olham nos olhos, não acenam, nem sorriem em resposta). Em outros, há indivíduos que, apesar de não iniciarem a interação, não a evitam. Nesse caso, se alguém buscar algum contato, eles não irão recusar. Já nas formas mais leves do espectro do autismo, o sujeito busca a interação, porém, de maneira inábil, podendo parecer, por vezes, ser uma pessoa "sem noção". Como exemplo de inabilidade social leve, pode-se citar uma pessoa que ao ver um determinado carro, poderá falar para seu proprietário: "Este não é mais fabricado porque o motor era ruim".

As dificuldades relacionadas à comunicação e à linguagem também são muito variáveis. É possível se observar desde a ausência de linguagem oral com falta de intenção comunicativa (incluindo ausência da utilização de gestos), até indivíduos que usam somente a fala para resolver situações imediatas (usam "dá" – quando querem biscoito). Outros já apresentam uma produção mais ampla de fala. As características da comunicação e linguagem podem envolver ecolalias (repetição do que é dito), dificuldades gramaticais relacionadas a estruturas dos elementos nas frases. Em alguns casos, a estrutura da linguagem é boa, mas a comunicação pode não se ajustar adequadamente ao outro (unilateral), sendo utilizados, por exemplo, termos muito rebuscados, inadequados ao contexto, dificultando a compreensão por seus pares de interação: "Não como feijão porque não faz bem para meu sistema digestório".

Já os padrões repetitivos de comportamento dizem respeito à dificuldade que indivíduos com TEA têm em variar seu repertório de interesses, aceitarem mudanças repentinas de rotina, ou qualquer outra mudança que exija flexibilidade do pensamento[2]. Em geral, a intensidade com que essas crianças se preocupam com determinados rituais ou o foco dado a partes de objetos (exemplo: girar a roda do carrinho, enfileirar animais, só se sentar depois de bater na mesa do colega, entre outras "manias") é excessivo. A tendência à repetição interfere diretamente na rotina escolar, uma vez que a criança pode gostar apenas de determinado tema, o que limita a realização de atividades de faz de conta, o repertório de brincadeiras e o acesso à imaginação. Por causa dessa característica, muitas vezes o professor pode encontrar dificuldade para introduzir novos conteúdos.

ENSINAR PARA TODOS E A ESPECIFICIDADE DE ALUNOS TEA

Cada aluno é diferente e único, com variações quanto às áreas de força ou fraqueza, maior ou menor motivação e diferentes graus de sustentação da atenção. Com alunos TEA não é diferente! Portanto, as estratégias que se seguirão estão longe de serem regras úteis para todos. Considerando a heterogeneidade sintomatológica dessa população, é importante pensar que seria incorreto presumir que existam intervenções ideais para todas as crianças com TEA. No entanto, é importante que sejam colocadas diretrizes gerais que sirvam de inspiração para que o professor trace seus próprios caminhos após conhecer bem seu aluno, sendo as estratégias adotadas baseadas em práticas terapêuticas ou de ensino respaldadas em pesquisas científicas.

Do que essa criança gosta? A maioria dos objetos que ela se interessa pode não ter uma natureza pedagógica, mas pode ser usado para esse fim. É extremamente importante que o professor acredite que essa criança tem potencial para aprender. Preocupe-se em descobrir o que motiva o engajamento dela (aquilo que motiva muito deverá ser utilizado para atividades com maior demanda cognitiva, enquanto aquilo que motiva pouco deverá ser usado para atividades menos complexas e mais prazerosas).

É importante termos em mente que, em muitos casos, o excesso de estímulo (como uma voz muito alta ou muitas pessoas falando ao mesmo tempo) podem funcionar como estímulos aversivos que tendem a causar desconforto sensorial e desorganização no aluno. Para uma criança portadora de um transtorno do espectro do autismo, ser mandado para a sala da diretora como punição na hora do recreio pode funcionar exatamente ao contrário. Além de não compreender a hierarquia social e o seu significado, a criança pode ficar aliviada por se livrar do pátio ruidoso.

Para melhor ilustrar, segue outra situação. Um aluno se encontra em um momento de alta demanda: arrumar a mochila sozinho, aprender a ler e escrever, copiar o dever do quadro, os recados na agenda, troca de professor e de matéria, tendo que guardar o material usado e pegar os materiais novos. De repente, o colega ao lado começa a arrastar a cadeira. O barulho causa enorme desconforto no aluno com TEA. Esse conjunto de estímulos e demandas pode causar uma sobrecarga capaz de gerar uma reação "inesperada", com birras ou gritos.

O aluno com TEA pode precisar de outras adaptações para conseguir êxito na vida escolar. Retomando o exemplo da criança descrita acima, caso ela apresente importante sensibilidade auditiva, poderá usar na sala de aula fones de ouvido para redução do ruído. Essa medida certamente favorecerá a participação dela em sala de aula. Uma outra medida para aliviar a sensibilidade auditiva pode ser separar a turma em grupos menores e assim diminuir o número de pessoas a quem a criança deverá dirigir a atenção simultaneamente.

Nas aulas de música, por exemplo, a criança poderá trabalhar a expressão corporal, caso ele ainda resista a tocar os instrumentos que lhe causam incômodo sensorial; o recreio ser programado para ocorrer imediatamente após essa aula desafiadora (que pode ser estressante). O intervalo dará ao aluno um tempo maior para relaxar ou, até mesmo, se reorganizar para próxima aula.

Figura 1. Prancha de comunicação criada pelas autoras, a partir das imagens retiradas do Portal Arasaac

O apoio visual é uma das práticas baseadas em evidências que permite ao aluno acompanhar, de forma independente, eventos e atividades[3]. O uso de materiais concretos facilita a aprendizagem do aluno com autismo, pois ele pode visualizar melhor um conceito de matemática, por exemplo[4]. Utilizar dicas visuais, como organogramas ou grifar as palavras chaves nos enunciados para compreensão desses, ajudam com o controle de elementos que podem distrair a criança.

O uso de figuras possibilita que o estudante exerça seu papel comunicativo, podendo indicar o início, término ou alguma alteração na atividade. Conseguir sinalizar a necessidade de uma pausa ou simplesmente pedir ajuda nas tarefas previne comportamentos inadequados ocasionados por dificuldades de comunicação. Além disso, a utilização de um sistema de comunicação baseado em figuras parece exigir menos habilidades cognitivas, linguísticas ou de memória[5]. A organização desse sistema usando as figuras ou fotos deve ter como critério as necessidades ou interesses do seu aluno.

Um bom exemplo de uso da comunicação visual é quando há o intuito de informar a programação prevista para o dia, explicar as etapas necessárias para executar uma tarefa, os enunciados de exercícios e fornecer um suporte para o aluno se expressar. Por exemplo, uma turma que terá a seguinte programação para o dia: 1) matemática; 2) música; 3) recreio; 4) inglês; 5) computação.

O professor, normalmente, escreve no quadro quais são as aulas previstas para o dia, mas para o aluno com TEA, esse recurso pode não ser suficiente, principalmente se a leitura ainda não estiver automatizada. Nesse caso, uma adaptação simples pode ser feita: permitir que a rotina comunicada através de figuras fique num suporte em cima da mesa do aluno. Outro recurso é usar um *checklist* com as atividades do dia para que o estudante possa ir dando baixa e se reorganizando ao longo do dia.

Entretanto, ao se parar para pensar, não há diferenças significativas entre escrever a rotina no quadro e fixar as figuras no quadro. Se através da primeira forma nem todos os alunos conseguirão usufruir, da segunda, todos irão se beneficiar. Logo, essa é uma adaptação (substituir a palavra escrita no quadro pela figura representando a atividade) que favorece muito a organização de todos, independentemente de diagnóstico.

Figura 2: Esquema criado pelas autoras, a partir das imagens retiradas do Portal Arasaac

Em outras palavras, enquanto as crianças com desenvolvimento típico se organizam com a rotina no quadro e se sentem recompensadas com elogio da professora, os alunos TEA muitas vezes precisam que as etapas de uma tarefa sejam subdivididas em etapas menores e que a recompensa seja mais imediata, como também, relacionada a algo do interesse deles (montar uma folha com velcro e ir prendendo a rotina do dia, assim como a recompensa, pode ser bastante motivador e organizador).

Dessa forma, utilizar comunicação visual, saber o que motiva o aluno TEA, estabelecer combinados possíveis para manter o prometido (ambos os lados devem cumprir!), saber qual o tempo de envolvimento na atividade que consegue sustentar (respeitar esse tempo), adequar o nível de dificuldade da atividade, ensiná-lo a sinalizar quando precisa de um intervalo e saber se sente algum desconforto sensorial são pontos fundamentais que favorecem a organização do aluno com TEA.

Resumindo, comportamentos incomuns podem ser tentativas de comunicar intenções que o aluno não sabe transmitir de outra forma e com frequência passam a fazer sentido quando se entende o significado dessas atitudes nas crianças que as apresentam[6]. Assim, uma criança poderá bater no próprio rosto quando lhe for solicitado sair do recreio para realizar uma nova atividade, pois pode não compreender para onde está indo. Em cada caso, um comportamento em particular deve ser interpretado em relação ao contexto no qual ocorre e o papel que tem para criança.

HABILIDADES COGNITIVAS E LINGUAGEM

Muitos trabalhos mostram que o estilo cognitivo do autismo é diferente da maior parte das pessoas, o que lhes atribui uma visão própria do mundo. Podese começar falando dos precursores da linguagem, que envolvem a imitação, a atenção compartilhada e a comunicação não-verbal[7]. Como as crianças com TEA apresentam desde muito jovens dificuldades nessas habilidades, a aquisição da linguagem e outras aprendizagens podem mostrar uma trajetória diferenciada. Enquanto os conteúdos simples, aprendidos através dos outros (saber as etapas do procedimento de embarque ou em um jantar quando uma iguaria nunca experimentada é servida – em situações como essas, imita-se o modelo de alguém ao nosso lado), podem não ser incorporados, outros conteúdos considerados complexos para a faixa etária podem ser desenvolvidos sem o intermédio de alguém (listas estáveis como, por exemplo, nomes de carros, dinossauros e planetas aparecem frequentemente).

Para fins didáticos, as habilidades serão divididas em subtópicos, buscando a compreensão das características e do impacto na vida escolar, bem como trazendo dicas práticas.

COERÊNCIA CENTRAL E LINGUAGEM

A falha na Coerência Central é a percepção incompleta do todo. Os indivíduos com autismo não possuem uma tendência natural e inata em agrupar as informações para formar uma unidade de significado, ou seja, dar sentido global às partes das informações[8]. Conhecer a noção de

Coerência Central (algumas vezes traduzido como *Coesão Central*), que é uma tendência em agrupar partes de informações a fim de organizá-las em um todo que faça sentido[9], e seu prejuízo no autismo[10], é um fator relevante na compreensão do estilo cognitivo de tais alunos. Enquanto a maioria das pessoas olha o contexto para depois chegar ao detalhe, as pessoas com TEA, em contrapartida, podem fixar-se longamente no detalhe e nem sempre chegar ao todo.

Dificuldades para perceber conexões, generalizar, priorizar — habilidades imprescindíveis ao processo ensino-aprendizagem, são prejuízos causados pelo comprometimento na Coerência Central[11]. Esses *deficit* fazem com que estudantes com TEA tenham dificuldade em estabelecer associações e, por consequência, não consigam generalizar conhecimentos. Elas podem ser excelentes em determinadas áreas, entretanto, não são capazes de levar esse conhecimento para outras situações. Dessa maneira, pode-se encontrar a seguinte situação: Maria pode ser ótima com multiplicação nas tarefas escolares ou dominar cálculos a partir de datas de nascimento, no entanto, pode não conseguir realizar compras com dinheiro porque se perde no cálculo do troco.

Por essa razão, também não é incomum se deparar com esse aluno atento ao detalhe de uma luzinha do detector de incêndio no canto de uma sala de aula, ao invés de focar no todo da aula. Ou durante uma aula sobre a Guerra do Paraguai, ficar fixado no fato de todos os soldados usarem botas marrons, enquanto a professora está contando sobre uma guerra onde países disputam território. O aluno com TEA terá muita dificuldade para conseguir não pensar mais na cor da bota e se ater à informação relevante da aula: "O que motivou a guerra? Quando aconteceu a guerra? Quem estava envolvido? Qual foi a consequência da guerra?".

Em alguns casos, pontuar para a criança que ela terá um tempo (e mostrar quando será esse momento) para conversar sobre as botas do soldado, pode ser suficiente. Em outros casos, se posicionar na sala de aula próximo ao aluno, falando para a turma, mas também direcionando a informação de forma objetiva para o estudante, visando sustentar a atenção dele, pode ajudar. Além disso, fornecer um roteiro com palavras-chave pode favorecer a noção do contexto da aula. Por exemplo: "A aula hoje é sobre a Guerra do Paraguai. João, nós hoje vamos falar sobre a Guerra do Paraguai (enquanto a professora aponta para o roteiro onde está escrito o tema da aula e pede pra ele cobrir com marca texto)". Ainda há a possibilidade do uso de mapas mentais, em que o tema central fica localizado no meio e, a partir daí, os eventos vão se ligando.

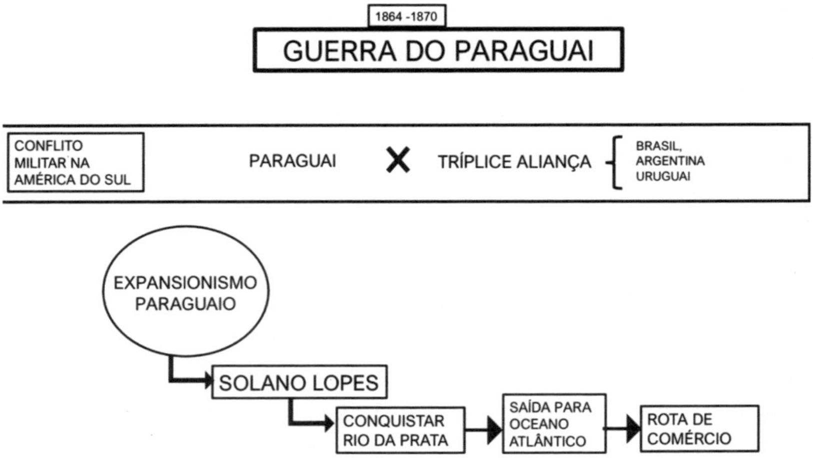

Figura 3. Modelo criado pelas autoras

Outra questão que pode ser encontrada devido a esse prejuízo em reconhecer o todo, e que impacta significativamente o aprendizado escolar, é a dificuldade para entender palavras que possuem mais de um sentido (colher = talher e colher = colheita). Apenas considerando o todo, o contexto da frase ou discurso, poderá se atribuir o significado. Tal habilidade também é demandada para extrair a moral ou essência da história em detrimento aos detalhes, assim como, elencar ideias para a produção escrita.

Para estimular isso, bem como a interpretação de textos, sugerem-se atividades tipo *Cloze*. Essas atividades são realizadas através de um texto lacunado que deverá ser preenchido pelo aluno. Através dessa técnica, ele deverá monitorar a sua compreensão, para que possa preencher os espaços visando manter o significado. Caso o aluno tenha muita dificuldade no nível textual, é possível começar apresentando pequenos trechos com frases contendo lacunas, ou ainda dar opções de palavras para o preenchimento, como pode ser observado a seguir, seguindo uma progressão de complexidade. O interessante é que a proposta pode ser adaptada a qualquer etapa da escolarização, usando textos narrativos, como no exemplo abaixo, ou informativos, aproveitando conteúdos explorados em sala de aula.

O susto	O susto	O susto
Marina era uma menina alegre e curiosa. Um___ (desenho-dia) ela foi passear em um sítio com sua família. Ela (dormiu-começou) a explorar aquele espaço novo, com tantas árvores, flores e_____ (fugiu-muitos) animais. Quando ela se deu conta, a família dela já não estava por perto. Ela levou um______(susto-bronca)! Etc...	Marina era uma menina alegre e curiosa. Um___ela foi passear em um sítio com sua família. Ela começou a explorar aquele espaço novo, com tantas árvores, flores e_____animais. Quando ela se deu conta, a família dela já não estava por perto. Ela levou um_____! Etc... muitos – dia –susto-começou	Marina era uma menina alegre e curiosa. Um___ ela foi passear em um sítio com sua família. Ela______ a explorar aquele espaço novo, com tantas árvores, flores e______animais. Quando ela se deu conta, a família dela já não estava por perto. Ela levou um_____! Etc...

Figura 4. Modelo criado pelas autoras

Outra estratégia para ajudar o aluno a formar unidades de significado, ou seja, para que ele compreenda todo o texto ao final da leitura, é favorecer a percepção de figura/fundo no texto. Dessa forma, ele pode ser orientado a marcar o texto com diferentes cores para destacar o evento principal e o contexto. Por exemplo: o aluno irá sublinhar de verde os eventos sequenciais (figura) e de rosa, os elementos que comentam o que está sendo narrado (fundo: as descrições, o tempo e o local). Essa atividade pode ajudar na construção de significados para compreensão do conteúdo.

Todos esses recursos fazem com que a pessoa com TEA consiga montar o grande quebra-cabeça que é a comunicação social. Como os estudantes com esse perfil cognitivo tendem a se ater as peças isoladas, juntar as informações recebidas através dos gestos, da entonação, da mensagem verbal (ou seja, reunir todas as pistas do contexto, além das palavras ditas) é uma grande barreira que dificulta o estabelecimento de uma interação eficiente.

Por outro lado, esse estilo cognitivo também traz algumas habilidades como, por exemplo, a facilidade para classificação, taxonomia e seriação. Esses alunos terão destaque em jogos como “7 erros”, “Onde está Wally” e em conteúdos mais complexos que dependem dessas habilidades, como classificação dos seres vivos ou elementos químicos. Cabe ressaltar que é por causa dessa característica que pessoas com TEA conseguem ver situações e objetos de um ângulo diferenciado, o que pode ser útil em algumas aprendizagens e profissões.

TEORIA DA MENTE E LINGUAGEM

Outra característica extremamente relevante é a dificuldade apresentada na *Teoria da Mente*[12]. Teoria da Mente envolve a habilidade de atribuir estados mentais (pensamentos e emoções) a si mesmo e ao outro ("Como eu me sentiria se fizessem comigo o que acabei de fazer com o colega?"). Além disso, permite adaptar o próprio comportamento (resposta ao que o outro espera), sem que essa solicitação precise ser verbalizada (se o interlocutor está contando algo ruim que aconteceu com ele, não se pode ter uma crise de riso ao lembrar de um vídeo engraçado). A dificuldade apresentada na Teoria da Mente advém de fragilidades em habilidades cognitivas básicas, consideradas precursoras dessa habilidade: a imitação, a atenção e o brincar compartilhado[13].

A dificuldade em se colocar no lugar do outro pode interferir na produção textual e na produção de respostas às questões por comprometer a interpretação adequada da informação. Assim, a produção pode se apresentar faltando informações que permitam ao leitor compreender aspectos subjetivos dos personagens, como também informações mais básicas que dizem respeito ao cenário da história. Outro motivo que também pode comprometer a produção textual está relacionado aos interesses restritos. Se for solicitado que o estudante fale sobre as crianças que andam de skate, mas ele não gostar de skate, pode não conseguir desenvolver o tema por falta de conhecimento de mundo, como também, por não ter motivação (esse assunto não o interessa de jeito nenhum).

Estudos mostram que o treinamento dessas habilidades através de conversas, da explicação dos estados mentais de crenças e falsas crenças, e do desenvolvimento da linguagem surtem efeitos positivos no desenvolvimento da Teoria da Mente. Além disso, estimular os jogos de faz de conta, nos quais a criança treina a dissociação entre o real e a situação que está sendo representada (imaginada), é uma das formas básicas de Teoria da Mente[14].

Devido ao comprometimento nessa habilidade que nos permite enxergar a intenção do interlocutor, o aluno com TEA pode apresentar dificuldade para compreender o sarcasmo, a ironia. Compreender esse tipo de estrutura da língua pode se tornar especialmente árduo porque exige que a pessoa com TEA use, para além da Teoria da Mente, outras habilidades que também se apresentam fragilizadas nos quadros: a coerência central e a flexibilidade cognitiva. Dessa forma, aglutinar diversos sinais fornecidos pelo contexto para formar uma unidade de sentido (associar as palavras ditas com a forma, com a entonação da voz, com a expressão facial e corporal, com o espaço e tempo), assim como, flexibilizar o uso de termos (entender que uma palavra pode ter vários significados) é algo muito laborioso.

As sequências lógicas podem ser bons instrumentos para explorar essa noção de se colocar no lugar do outro. Dessa maneira, pode-se colocar em 3 cartões a seguinte história: 1) Meninos se arrumando para ir ao estádio, um com a camisa da Argentina e outro com a camisa do Brasil; 2) Meninos assistindo ao jogo; 3) Meninos saindo do estádio, sendo que o que veste a camisa do Brasil está sorrindo, enquanto o que usa a camisa da Argentina está chorando. Ao mostrar a figura 1, o professor pode perguntar: "Olhe a roupa que eles estão vestindo. Para onde você acha que eles irão? Será que eles gostam de futebol? Para qual país cada um torce?". Já na figura 2, pode-se fazer perguntas, como: "Onde eles estão? Você acha que eles gostariam de estar neste lugar ou em outro? Você torce para algum time? Como você se sente assistindo aos jogos? Como será que eles estão se sentindo? Na imagem, vemos duas crianças na arquibancada. Será que eles estão sozinhas?". Por fim, com a figura 3, "Que time ganhou o jogo? Por que esse menino está chorando? Por que esse menino está feliz?". Além disso, através dessa sequência, elaborar perguntas: "Você acha que o menino com a blusa do Brasil está feliz ou triste? O que você acha que aconteceu?".

As situações cotidianas também podem ser utilizadas com apoio de figuras ou somente na modalidade oral (dependendo da necessidade de suporte do aluno) "A mulher ganhou um carro novo. Ela está surpresa ou chateada?", ou "O seu amigo perdeu o celular novinho. O que você acha que ele está sentindo?". É importante dizer que, apesar de muitas vezes serem capazes de descrever o que sentiram ao passar por uma situação semelhante, não conseguem compreender como o amigo sente a perda do aparelho. Ele pode ainda se ater ao ruído engraçado que o menino faça chorando, por exemplo, por isso, começar a ter uma crise de riso.

As falhas duradouras na interação apresentadas por crianças com TEA estão relacionadas à dificuldade em aplicar a Teoria da Mente ao momento dinâmico da interação[15]. A comunicação social depende bastante da Teoria da Mente. Entender a intenção dos outros permite que o indivíduo tenha uma melhor comunicação e compreensão. Além disso, é uma forma de se tornar menos ingênuos. Por sua relevância, as Habilidades Sociais merecem uma seção à parte, como será apresentado a seguir.

HABILIDADES SOCIAIS, COMUNICAÇÃO E LINGUAGEM

A *Habilidade Social* refere-se aos desempenhos apresentados por uma pessoa diante de demandas interpessoais, contribuindo para interações socialmente competentes[16]. Assim, pressupõe-se que as habilidades de linguagem e de comunicação possuem um papel fundamental no desenvolvimento das habilidades sociais por possibilitar a interação, como também a inserção no meio social. A interação é uma oportunidade de sofisticar a linguagem através da prática. Da mesma forma, conforme as habilidades linguísticas são aprimoradas, melhora-se a qualidade da interação social. Logo, uma habilidade é imprescindível para a outra se desenvolver.

Atualmente, dentre as classes de comportamentos sociais, a empatia é considerada como a habilidade social de maior importância para um desenvolvimento mental saudável. A empatia pode ser caracterizada como uma habilidade que inclui três componentes: cognitivo, afetivo e comportamental. O cognitivo se refere à capacidade do interlocutor interpretar e compreender pensamentos e sentimentos de forma precisa. O afetivo corresponde à identificação dos sentimentos de compaixão e simpatia pelo outro, como também de preocupação como seu bem-estar, ou seja, é a capacidade de experimentar a emoção do outro, de sentir com ele. O componente comportamental permite a visibilidade da própria empatia, de tal forma que o outro perceba que é compreendido, consistindo em expressar o entendimento do sentimento e do ponto de vista do outro quanto ao seu êxito ou as suas dificuldades[16]. Nessa perspectiva, levando em consideração os prejuízos da Teoria da Mente apresentados pelos pacientes com TEA, a habilidade de empatia encontra-se, consequentemente, comprometida neste grupo.

A criança com TEA, conforme já foi dito, apresenta dificuldades em adquirir as habilidades de comunicação e de interação. Isso significa dizer que, por terem poucas oportunidades de interação com seus pares, fica mais difícil pôr em prática em todos os ambientes as habilidades estimuladas em terapia. Ninguém se torna maratonista sem treinar a corrida. Se não forem proporcionadas diversas oportunidades para essa criança interagir, como ela vai desenvolver a linguagem? Se as habilidades linguísticas não forem estimuladas, o que ela terá para usar no jogo social?

Pesquisadores apontam que ensinar de uma forma direta, por meio de regras concretas ou *script*, como por exemplo, cumprimentar outras pessoas ou ensinar as regras de uma brincadeira trazem maiores benefícios nessa população[17].

Existem algumas estratégias bem simples que o professor pode incluir na rotina escolar para favorecer os ganhos do aluno. Por exemplo, pedir para olhar nos seus olhos durante uma solicitação, ajudar na leitura do ambiente para que aprenda como abordar os amigos de forma adequada (mostrar as informações que podem ser inferidas a partir do ambiente: quais sinais me indicam que o colega está disponível ou não? Como saber se a pessoa está gostando da minha conversa ou se está com pressa?). A professora não somente pode dar o modelo de como se age num determinado contexto social, como também dizer explicitamente aquilo que o aluno com TEA deverá falar em determinada situação.

Uma sugestão de oportunidade para aplicar esse recurso é, ao observar que uma outra criança está sem saber o que fazer numa atividade livre, o adulto pode incentivar o aluno com TEA a convidá-la para brincar. "Será que seu amigo quer montar a maquete com você?". Se isso não for suficiente, o professor pode conduzir a criança ao amigo e dar o modelo do que falar: "Quer me ajudar a montar?". O modelo do que fazer e de como fazer é importante para a criança ou adolescente conhecer um caminho para obter o resultado desejado naquela situação.

Sem dúvida, trabalhar a habilidade social no momento do uso, no contexto de interação, é muito efetivo. Porém, algumas crianças podem se beneficiar de um trabalho antecipatório. Ou seja, ela precisa pensar no uso antes de praticar com os pares. Serão elencadas aqui algumas sugestões para realizar esse trabalho dentro da rotina escolar – escrever narrativas sociais, escrever histórias que descrevem situações sociais específicas e soluções práticas de problemas. "O que devo fazer para pegar um livro na biblioteca" ou "O que fazer se perder meu estojo" ajudam a criança a adaptar sua linguagem à situação-alvo. Divididos em pequenos grupos, os alunos podem desenhar sequencialmente o que deve ser feito para conseguir o lanche no recreio, os desenhos devem ter poucos detalhes visuais, para evitar distratores, e garantir que a atenção do aluno esteja nas dicas sociais apresentadas.

Outra característica que pode ser encontrada em indivíduos TEA é o excesso de sinceridade, pelo pouco filtro social falam o que pensam, o que pode ser desastroso para a interação social. Ao ganhar um presente repetido no seu aniversário, ele pode falar: "Não gostei! Já tenho esse!" Ou quando a professora perguntar aos alunos se gostaram do novo corte de cabelo dela, ele responder simplesmente: "Não!"

É importante esclarecer que as opiniões sinceras, que podem muitas vezes magoar o ouvinte ou causar mal-estar social não são propositais ou intencionais. Elas são ditas pela dificuldade em se colocar no lugar do outro. Se essa criança achar engraçado um menino ser xingado de "bolotchom" por outro, poderá repetir o comportamento sem nenhuma intenção de constranger (muitas vezes esse termo repetido pode ser um palavrão, o que complica ainda mais a situação). Também falham em perceber as sutilezas da comunicação, não conseguem captar que o amigo não está achando graça nenhuma. Essa dificuldade também está relacionada à falta de empatia. Além disso, podem ter falhas no controle inibitório, o que significa dizer que podem fazer sem pensar, ou simplesmente não conseguir parar um comportamento. O controle inibitório é uma habilidade que permite ao indivíduo inibir respostas preponderantes, respostas a estímulos distratores ou ainda interromper respostas que estejam em curso. Esse conceito faz parte do funcionamento executivo, que será abordado no próximo item.

Outras situações que ocorrem com certa frequência são falas descontextualizadas. O estudante TEA pode não fornecer informações que dão o contexto para o ouvinte ou leitor, pode dar informações redundantes ou desnecessárias, pode ainda fugir do tema para escrever algo de seu interesse ou ainda ir mudando de tópicos sem produzir algo coerente (o professor solicita que fale sobre a viagem de férias, mas o aluno gosta muito de aviões, por isso, começa a descrever as peças do avião, os modelos de aeronaves, a velocidade que ele alcança, mas não fala sobre as férias). Também não é incomum fazerem perguntas das quais já sabem a resposta, numa tentativa de interagir, como, por exemplo, entrar em sala de aula e perguntar o nome do professor.

É muito importante que o grupo escolar tenha acesso às características do aluno com TEA de maneira clara e objetiva, para que não sejam criados tabus ou rótulos. Todos que irão compartilhar o ambiente de sala de aula deverão saber que determinados comportamentos não ocorrem "de propósito". O grupo pode aprender a ajudá-lo. Dessa forma, a turma poderá favorecer o desenvolvimento desse aluno possibilitando que estabeleça interações produtivas através de uma relação saudável. O bullying, o preconceito, a impaciência e a dificuldade de lidar com a diferença comprometem o desenvolvimento da criança que depende da interação para conseguir crescer.

Essa intervenção naturalista, que ocorre em contextos naturais de interação (durante as atividades cotidianas da criança), já se mostrou um meio eficaz para aprendizado e generalização[3]. A escola é, portanto, um lugar privilegiado para o desenvolvimento das Habilidades Sociais.

FUNÇÕES EXECUTIVAS E LINGUAGEM

As funções executivas (FE) são processos cognitivos complexos necessários para a organização e adaptação do comportamento a um ambiente em constante mudança[18].

Para entender melhor o que são as Funções Executivas, basta pensar no cérebro como uma grande empresa que conta com setores e departamentos funcionando em sinergia para crescer. Nessa empresa, a direção (funções executivas) decide onde será investido maior energia cognitiva (pensamento). A direção (funções executivas) é responsável pelo planejamento, automonitoramento, tomada de decisão, organização, flexibilidade cognitiva, controle inibitório e memória de trabalho e criatividade[19,20]. Como descrito, várias são as habilidades associadas às Funções Executivas. Estudos mostram evidências de disfunções executivas no TEA[21,22]. Doravante serão desenvolvidas quatro que parecem relevantes ao se pensar em alunos TEA: o controle inibitório, o planejamento, flexibilidade cognitiva e memória de trabalho.

O *controle inibitório* é a capacidade de resistir ou "controlar" a vontade de fazer algo em detrimento à uma regra ou situação[23]. É o nosso "freio". Por exemplo, a criança quer sair correndo pela rampa da escola, mas existe uma placa avisando que é proibido correr. Ou é necessário ficar sentado em sala de aula e o aluno levanta fora de contexto. Em indivíduos com TEA, a dificuldade no controle inibitório também interfere nas questões sensoriais, que podem ser exacerbadas pela falta de inibição ou regulação, e, se a criança tiver hábito de esfregar as mãos em superfícies ásperas, por exemplo, ela poderá machucar sua pele devido à intensidade das repetições.

Em sala de aula, pode ser necessário realizar alguns combinados caso a criança ou adolescente com TEA fique com dificuldade, por exemplo, em inibir a vontade de bater na mesa. O professor pode se aproximar, pegar na mão do aluno e dar o lápis para ela escrever, mudando o foco do comportamento, ou solicitar que ela tenha um pequeno intervalo para beber água. Explicar que aquele movimento atrapalha a aula para ele e para os colegas. Dar a ele alguma função naquele momento (apagar o quadro, pegar o caderno no armário). Combinar que ele pode bater na mesa assim que acabar a explicação ou fazer outro tipo de movimento que traga menos prejuízo, caso seja por ansiedade (balançar as pernas).

O *planejamento* é uma operação complexa em que uma sequência de ações planejadas precisa ser monitorada, avaliada e atualizada, tornando possível ao indivíduo atingir o objetivo proposto. A rotina escolar demanda muito planejamento. Planejar é criar ou estabelecer etapas para a realização de determinada tarefa. Junto ao planejamento vem a organização, pois ao elaborar um plano, é necessário organizar materiais ou métodos para transformar ideia em ação[24]. Crianças e adolescentes TEA podem apresentar um desajuste nesse ponto, ou seja, apresentarem muita dificuldade para se organizar ou planejar, ou o contrário: excesso de planejamento e organização, deixando pouco espaço para as variações (tal questão será melhor desenvolvida na continuidade do texto – flexibilidade cognitiva).

No caso dos indivíduos que apresentam dificuldade em planejamento e organização, tarefas consideradas simples como arrumar o estojo, mochila e separar o uniforme já podem ser grandes desafios. Ao se pensar na elaboração de pesquisas e trabalhos escolares, os problemas podem aumentar. Algumas dicas têm grande impacto, como por exemplo, criar listas com os itens que devem constar na mochila e no estojo para ser conferida no momento da arrumação, usar post-its, agendas, bloco de notas do celular, para anotar o passo a passo de um trabalho (pesquisar sobre o rio Paraíba do Sul – lembrar de ver afluentes – qual o tamanho do rio – por quais estados passa). O uso de esquema visual contendo a ideia-chave pode igualmente favorecer o aluno que apresenta dificuldade para organizar a informação[25]. Outra sugestão seria a realização de trabalhos em pequenos grupos, de preferência três alunos, para que não haja sobrecarga para nenhum dos componentes do grupo.

Flexibilidade cognitiva é a habilidade de alternar diferentes pensamentos ou ações, de acordo com as mudanças do ambiente ou do contexto, ou seja, é a capacidade de mudar o modo de pensar, conseguir analisar diferentes perspectivas, conseguir alternar entre diferentes tarefas e ajustar o comportamento ao que está sendo exigido naquele momento[23]. Por exemplo, a criança com TEA já sabe que toda quarta feira tem aula de música no primeiro tempo de aula. Porém, após uma noite de chuva, a escola precisou interditar a sala. Nessa situação, com crianças sem dificuldades, basta que o professor comunique o acontecido e todos seguirão para atividade substituta. No entanto, como os alunos com TEA apresentam maior rigidez cognitiva (mais dificuldade para pensar diferente sobre algum ponto de vista ou mudar uma programação combinada) isso pode deixá-los confusos, frustrados e irritados durante todo o dia (a falta de flexibilidade também faz com que tenham dificuldade de sair de um estado mental para outro), além de ocasionar comportamentos inadequados.

Como resolver? Algumas dicas podem ajudar: sempre que possível, antecipar a mudança, preferencialmente comunicando aos pais antes do aluno chegar à sala de aula; levar o aluno até o local para explicar o motivo que impede a manutenção da rotina (a sala está fechada porque fora inundada com a chuva); no momento em que a rotina for alterada, quando possível, dar opções de atividades para ele escolher também contribui para a reorganização ("Já que não vamos ter aula de música hoje, podemos escolher entre: assistir a um filme ou ter aula de informática"); mostrar na grade de horários qual será a próxima atividade indicando que não houve mudança no resto do dia.

O recurso visual também pode favorecer a antecipação da mudança na rotina.

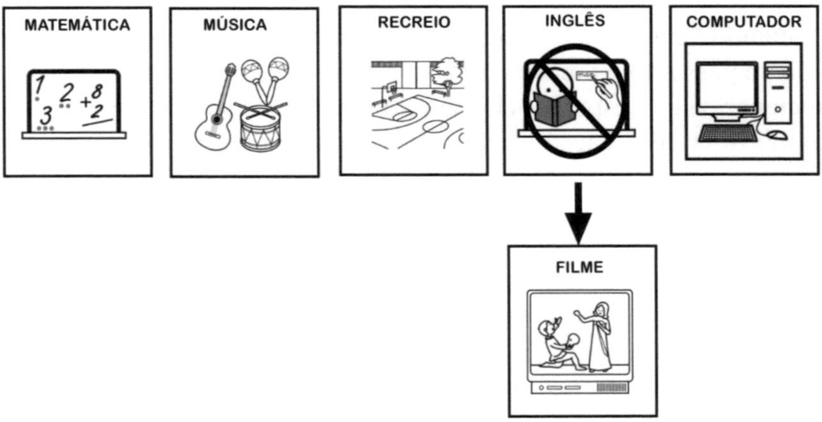

Figura 5: Esquema criado pelas autoras, a partir das imagens retiradas do Portal Arasaac

MEMÓRIA DE TRABALHO E LINGUAGEM

Apesar da *memória de trabalho* fazer parte das funções executivas, optou-se por destacá-la como um item à parte. Linguagem e memória apresentam uma relação direta, impulsionando-se mutuamente. A memória de trabalho é um sistema de armazenamento de informações temporário que permite ao indivíduo manipular um delimitado volume de informações necessárias para a execução de ações presentes, como na resolução de problemas matemáticos. Ela se divide em quatro componentes, a saber: componente fonológico, registro visoespacial, buffer episódico e executivo central[26].

A memória é a nossa capacidade de guardar, lembrar e recuperar informações como datas, eventos e procedimentos (como fazer uma receita de comida, como dirigir). Ela é composta de subsistemas e, para essa divisão, são utilizados critérios como: função, tempo de duração e seu conteúdo[27]. Aqui se propõe falar mais profundamente sobre a memória de trabalho, que recebe esse nome por guardar as informações por um curto período (milissegundos), enquanto se "trabalha" a informação recebida através da audição (memória de trabalho fonológica) ou pela entrada visual (figuras ou símbolos utilizam a via visoespacial).

No modelo clássico[28], a memória de trabalho (MT) é responsável por processar e armazenar informações por um curto período de tempo (milissegundos), tem capacidade limitada (2 a 7 itens) e, além disso, relaciona essas informações com o conhecimento guardado na memória de longo prazo (dias, meses, anos).

Voltando à metáfora do cérebro como empresa, a memória de trabalho também possui funcionários especializados. O executivo central diz qual funcionário será responsável pela informação que acabou de chegar. Ao escutar uma informação linguística, a memória de trabalho fonológica entra em ação e analisa essa informação. Ao ver um símbolo ou uma informação visual, a via visoespacial é acionada, sendo ela responsável por essa análise. E se for necessário associar e analisar uma informação que é, ao mesmo tempo, linguística e visual? Se tiver que lembrar quantos pares de chinelo eu tenho? Nesse momento, o buffer episódico relaciona as informações visuais (eu penso através de imagens e visualizo meus chinelos) às informações linguísticas (eu conto quantos pares). O buffer recorre também a outros setores da empresa, como a memória de longo prazo, para lembrar dos meus chinelos, nesse exemplo.

Uma estratégia que é utilizada para fazer com que as informações fiquem disponíveis por um tempo maior na memória de trabalho, enquanto se tenta resolver o que fazer com ela, é vocalizar a informação principal (ensaio subvocal), por exemplo, quando a pessoa escrever uma frase que fora ditada copiando algo do quadro. Para ficar mais claro, procure pensar no que acontece quando há necessidade de guardar um número de telefone novo: a pessoa fica repetindo a informação várias vezes até conseguir anotá-lo ou fazse alguma relação com um outro número que já conhecido "o começo é igual ao meu celular". Se nenhuma estratégia for utilizada, o número se perde rapidamente da nossa MT. Porém, vale lembrar que esse recurso é linguístico. Como os alunos possuem dificuldades na linguagem, além de outras questões cognitivas e atencionais, isso trará implicações no uso dessas capacidades.

A criança ou adolescente com TEA pode apresentar um rebaixamento da memória de trabalho e da memória de trabalho fonológica (apesar de comumente ser excelente em outros tipos de memória). O impacto que isso tem no desenvolvimento dela se revela pela dificuldade para começar a falar, através de uma fala como muitas trocas e omissão de sons e também por meio de um vocabulário e estruturas sintáticas muitas vezes reduzidas. A compreensão da língua oral também poderá estar comprometida.

As dificuldades podem ser mais abrangentes. Como lembrar da ordem que a professora deu: "Peguem as mochilas e abram as agendas no dia de hoje", se o aluno não consegue lembrar de todas essas informações? Uma alternativa seria dividir em dois comandos: "Peguem as suas mochilas, agora abram as suas agendas no dia__". Medidas simples que não impactam a rotina escolar da turma, mas podem ajudar não só aluno com TEA a não ficar perdido nessa tarefa, como também todos aqueles que precisam de uma dica a mais!

Outras táticas podem ser utilizadas, a saber: não dividir um enunciado ou texto em frente e verso da página, a fim de evitar que a informação se perca no movimento de virar a página; não utilizar comandos duplos no mesmo enunciado (ex: "Marque e copie a palavra"); permitir o registro em fichas ou rascunho de informações relevantes; utilizar marcadores para destacar informações relevantes, ler em voz alta e repetir a informação enquanto anota, utilizar pistas visuais (figuras, esquemas e símbolos).

Essas estratégias ou adaptações são eficazes para manter a informação viva na memória de trabalho, ajudando a criança a memorizar e guardar aquela informação.

GRAFOMOTRICIDADE E LINGUAGEM

O desenvolvimento grafomotor é a saída motora da linguagem escrita. Apesar de não ser uma habilidade da cognição especificamente, é uma habilidade psicomotora, área que envolve aspectos sociais, motores e cognitivos. É bastante comum que pessoas com TEA tenham muita dificuldade na realização da escrita à mão, já que ela depende da motricidade fina, da organização espacial, dentre outras habilidades psicomotoras. A dica mais importante é não deixar que isso atrapalhe outros domínios da aprendizagem.

Por exemplo, na alfabetização o importante é que a criança entenda o princípio alfabético, ou seja, a relação entre letra e som, a recombinação deles criando novas palavras. Isso tudo apresenta uma alta demanda cognitiva. Se além de tudo, ainda for exigido que ela escreva utilizando letras cursivas ou até mesmo a letra bastão, pode se tornar mais um complicador que, naquele momento, não seria prioridade. Nesse caso, podem ser usadas soluções alternativas, como letras em madeira, digitação ou letras mais fáceis de grafar (baseado nas habilidades de cada criança). Paralelamente, em outros momentos que não tenham um objetivo prioritário, pode-se solicitar aos alunos que façam atividades que melhorem sua habilidade grafomotora.

A literatura indica que a pinça tridigital, a mesma usada para segurar o lápis, é utilizada em cerca de 60% da AVD (atividade de vida diária)[29]. Dessa forma, estimular que a criança feche os botões da calça, puxe o zíper do casaco, amarre os cadarços, alimente-se usando talheres adequadamente, tampe potes, feche tampas de rosca, penteie o cabelo proporciona o desenvolvimento de autonomia, como também, sofistica o controle motor das estruturas responsáveis pela grafomotricidade.

Diversas atividades frequentes nas aulas de artes também irão propiciar o desenvolvimento de habilidades grafomotoras, sem que necessariamente a criança com dificuldade nessa área precise usar a escrita à mão como primeiro recurso. Pinturas, colagens, trabalhos com alinhavos e elásticos, "pinçar" letras submersas em algum material, colar pequenos adesivos podem ser motivadores. Ou, entre os maiores, realizar uma experiência no laboratório que exija o uso de pinças e o manejo de tubos de ensaio, consertar pequenas engrenagens, atividades de robótica.

Vale um lembrete com relação à escolha dos materiais: certifique-se antes se o aluno tem alguma questão sensorial (se sente desconforto ou fique hiperestimulado com o material) que restrinja o uso, para adequar a textura do material a sua possibilidade sensorial. Algumas crianças não conseguem suportar material com consistência gelatinosa (geleca, macarrão muito cozido) ou areia, por exemplo. Assim, o que era para ser uma atividade divertida, tornase um estímulo aversivo.

O uso de telas (de *tablet* ou computador) em sala de aula, além de ser um recurso para os alunos com dificuldades severas na coordenação dos movimentos para escrita, também pode estimular o interesse pelo registro dos conteúdos e por desenhos, e em última análise vai favorecer a habilidade de apontar, arrastar e o controle de força. Mas é importante frisar que esses movimentos, apesar de estimularem a motricidade, não substituem o pegar na caneta/lápis e escrever no papel. Além disso, as habilidades trabalhadas através da tecnologia não são generalizadas para o emprego fora do ambiente em duas dimensões. O fato de um aluno ser ótimo em jogos no celular ou *tablet* não garante que ele consiga executar a mesma tarefa com objetos concretos

CONSIDERAÇÕES FINAIS

Esse capítulo teve como objetivo apresentar estratégias aos professores, a fim de potencializar suas habilidades para lidar com crianças com TEA. Para alcançar esse objetivo, foram abordados os prejuízos cognitivo-linguísticos do transtorno. A compreensão dos comprometimentos cognitivos subjacentes é de grande importância para auxiliar no desenvolvimento de estratégias educacionais. A investigação sobre as hipóteses destes *deficit* é uma área promissora, embora muitas questões mereçam mais estudos, pois permanecem sem respostas conclusivas.

Na prática, conheça seu aluno. Entenda suas dificuldades e aptidões. Muitas vezes ele poderá estar na sala de aula com extrema dificuldade para alcançar o objetivo pedagógico, mas isso não significa que o tempo ali não seja precioso. Afinal de contas, o lugar de aprendizagem é também onde se aprende a interagir, a se comunicar, além de desenvolver a cognição.

Trace pequenas metas, escalone os seus objetivos. Se o seu aluno ainda não permanece em sala durante o período pedagógico, mesmo as atividades com a melhor adaptação poderão não alcançar o alvo. Sua primeira meta será fazer o aluno permanecer em sala de aula, sentar na cadeira e permanecer nela. Numa etapa posterior, realizar a atividade proposta. Esse mesmo pensamento pode ser transferido para a realização de uma leitura oral, se ele consegue ler palavras somente, essa será a sua contribuição.

Troque informações com os profissionais que trabalham seu aluno fora do horário escolar. Diga quais comportamentos mais difíceis de serem manejados em sala de aula, pedindo orientações e contribuindo com informações sobre o funcionamento dessa criança em aula. Converse com a equipe pedagógica da escola para que, juntos, novas adaptações possam ser criadas a fim de potencializar as habilidades dessa criança.

Nenhum potencial pode ser desperdiçado e, por maior que seja a dificuldade, entenda que a evolução pode ocorrer em passos bem pequenos, mas o importante é que essa criança consiga, através da escola, crescer, transpor obstáculos, superar seus próprios limites e ganhar autonomia para a vida após a escolarização formal.

REFERÊNCIAS

1. APA – American Psychiatric Association, et al. Diagnostic and statistical manual of mental disorders (DSM-5). Arlington: American Psychiatric Publishing; 2013.

2. Assumpção Junior FB, Kuczynski E. Autismo infantil: novas tendências e perspectivas. São Paulo, SP: Atheneu; 2007.

3. Odom SL, Collet-Klingenberg L, Rogers SJ, Hatton DD. Evidence-based practices in interventions for children and youth with autism spectrum disorders. Preventing school failure: alternative education for children and youth. 2010;54(4):275-282.

4. Barberini KY. A escolarização do autista no ensino regular e as práticas pedagógicas. Cadernos de Pós-Graduação em Distúrbios do Desenvolvimento. 2016;16(1):46-55.

5. Bosa C. Autismo: intervenções psicoeducacionais. Rev Bras Psiquiatr. 2006;28(Supl I):S47-53.

6. Reinecke M, Dattilio F, Freeman A. Terapia cognitiva com crianças e adolescentes. Manual para prática clínica. ArtMed; 1999.

7. Tomasello M. Origins of human communication. Massachusetts Institute of Technology; 2008.

8. Schmidt C, Kubaski C. Linguagem e síndrome de Asperger: Compreendendo a fala de um adolescente com base nas teorias da mente e da coerência central. IX Anped Sul. Seminário de pesquisa em educação da região sul. Caxias do Sul; 2012.

9. Bosa C. Autismo: breve revisão em diferentes abordagens. In: Psicologia: reflexões e críticas. Porto Alegre. 2000;13(1).

10. Happé F, Frith U. The weak coherence account: detail-focused cognitive style in autism spectrum disorders. J. Autism Dev Disord. 2006;36(1).

11. Cumine V, Leach J, Stevenson G. Asperger Syndrome. A pratical guide for teachers. London: David Publishers; 1998.

12. Frith U. Explaining the enigma. Malden: Willey Blackwell Publishers; 2003.

13. Maranhão S. Funções executivas e habilidades sociais no espectro autista: um estudo multicasos. Cad. Pós-Grad. Distúrb. Desenvolv. 2017;17(1).

14. Leslie A. Pretense and representation: the origins of 'Theory of mind'. Psychological Review. 1987;94(4):412-426.

15. Frith U. Emanuel Miller lecture: confusions and controversies about Asperger syndrome. Journal of Child Psychology and Psychiatry. 2004;45(4): 672-686.

16. Portella M, organizador. Estratégias de treinamento em habilidades sociais. CPAF-RJ; 2011.

17. Barry TD, Klinger LG, Lee JM, Palardy N, Gilmore T, Bodin SD. Examining the effectiveness of an outpatient clinic–based social skills group for high-functioning children with autism. J of Autism and Develop Dis. 2003;33:685-701.

17. Jurado MB, Rosselli M. The elusive nature of executive functions: a review of our current understanding. Neuropsychology Ver. 2007;17(3):213-33.

19. Chan RCK, Shumb D, Toulopoulou T, Chen EY. Assessment of executive functions: review of instruments and identification of critical issues. Archives of Clinical Neuropsychology. 2008;23:201–216.

20. Lezak MD, Howieson DB, Bigler ED, Tranel D. Neuropsychological Assessment. New York, NY: Oxford University Press; 2012.

21. Bosa C. As relações entre autismo, comportamento social e função executiva. In: Psicologia: reflexão e críticas. 2001;14(2):281-287.

22. Czermainski FR, Bosa CA, Salles JF. Funções executivas em crianças e adolescentes com transtorno do espectro do autismo: uma revisão. Psico. Porto Alegre. 2013;44(4):518-525.

23. Zimmermman N, Cardoso CO, Moraes AL, Prando ML, Fonseca, RP. Funções executivas e linguagem na infância: conceitos e relações entre componentes cognitivos para a interpretação neuropsicológica e neuropsicolinguística. In: Fonseca RP, Prando ML, Zimmermman N, organizadores. Avaliação de linguagem e funções executivas em crianças. São Paulo, SP: Memnon; 2016.

24. Meltzer L. Promoting executive functions in classroom. New York: The Guilfrod Press; 2010.

25. Fisher JB, Schumaker JB. Searching for validated inclusive practices: a review of the literature. Focus on Exceptional Children. 1995;28(4):1-20.

26. Baddeley A. The episodic buffer: a new component of working memory? Trends. Cogn. Sci. 2000;4:417–23.

27. Gabriel R, Morais J, Kolinsky R. A aprendizagem da leitura e suas implicações sobre a memória e a cognição. Ilha do Desterro. Florianópolis. 2016;69(1):61-78.

28. Baddeley AD, Hitch G. Working memory. In: Bower GH, organizador. The psychology of learning and motivation: advances in research and theory. New York: Academic Press. 1974;8:47–89.

29. Caetano EB. Anatomia funcional da mão. In: Pardini Júnior AG. Traumatismos da mão. Rio de Janeiro: Medsi; 2000.

O TRANSTORNO DO ESPECTRO AUTISTA À LUZ DA NEUROPSICOLOGIA

Lívia Stocco Sanches Valentin

INTRODUÇÃO

Várias teorias neuropsicológicas fornecem explicações das complexas e diversas manifestações comportamentais do Transtorno do Espectro Autista (TEA) e em termos de seus mecanismos psicológicos subjacentes e bases cerebrais associadas. Neste capítulo abordarei duas das teorias neuropsicológicas mais conhecidas: a hipótese da disfunção executiva e a hipótese do sistema límbico. Discutirei em relação ao *deficit* neuropsicológico basal e mostrarei alguns resultados de pesquisas realizadas a partir dessas teorias e os achados neuropsicológicos relacionados com TEA. Para o desfecho, algumas premissas teóricas serão descartadas e outras fundamentadas a fim de identificar o comprometimento neuropsicológico no TEA e quais os melhores tratamentos possíveis como atuação no ambiente escolar por professores ou tutores.

Para que todos possam entender sobre o Transtorno do Espectro Autista (TEA), é importante saber que o TEA tem início precoce, associa-se frequentemente a condições biológicas e médicas e não é facilmente tratado. O TEA inclui *deficit* persistentes de comunicação social e comportamentos, e interesses restritos e repetitivos. A ausência de habilidades básicas e motivação, no que diz respeito à socialização, leva o paciente com TEA à inabilidade de se engajar e se beneficiar de muitas atividades da vida, que requerem tais habilidades, como, aprendizado, conversação e engajamento em relacionamentos significativos e com reciprocidade. A terminologia para o TEA relaciona-se com as características associadas e a classificação diagnóstica do transtorno desenvolvida pelos sistemas de classificação do *Manual Diagnóstico e Estatístico dos Transtornos Mentais* (DSM) e da *Classificação Internacional de Doenças* (CID). A terminologia do TEA sofreu alterações diversas vezes, desde que essa condição foi inicialmente descrita como um transtorno mental, alterada conforme a publicação do DSM-V5; American Psychiatric Association (APA)[1]. Embora os critérios diagnósticos atuais para o TEA representem um consenso importante sobre como identificar essa síndrome complexa, eles constituem um relato descritivo da doença. Uma estrutura explicativa completa para entender o TEA envolve pelo menos quatro níveis de análise, sua etiologia, as estruturas e processos cerebrais na neuropsicologia e os sintomas e comportamentos apresentados pelos pacientes[2,3]. No nível mais básico, a etiologia diz respeito aos fatores genéticos e ambientais possíveis que causam o TEA. Presume-se que esses fatores etiológicos levem a anormalidades no desenvolvimento de estruturas e processos cerebrais subjacentes aos comportamentos e sintomas que constituem o TEA.

A estrutura neuropsicológica é explicada pelas funções cerebrais e o comportamento do paciente, muitas vezes com grande comprometimento cognitivo. A neuropsicologia tenta vincular esses dois níveis de análise, mapeando as relações entre as estruturas cerebrais e as funções psicológicas e comportamentais nesses pacientes. Assim, as construções neuropsicológicas potencialmente fornecem uma explicação unificadora para uma variedade de comportamentos e sintomas que, de outra forma, podem parecer díspares e não relacionados.

Nos anos de 1970 e 1980, os prejuízos sociais do TEA foram relacionados a um conceito neuropsicológico, a Teoria da Mente (TM). A TM refere-se à habilidade de compreender e prever o comportamento de outra pessoa, ou seja, engajar-se na cognição social. Teorias iniciais postularam que o TEA resultaria da ausência desse mecanismo cognitivo, o que afetaria a habilidade de interagir, brincar e iniciar comunicação de maneira recíproca. Os teóricos da TM mudaram o foco de *deficit* global do TEA para um foco que utiliza essa teoria para a compreensão dos processos sociais que ocorrem na tenra idade. Para muitos teóricos, os pacientes com TEA não apresentam a capacidade de empatia além da socialização[4].

Teorias relacionadas à TM incluem a teoria da motivação social[5,6] e o estilo cognitivo focado no detalhe[7]. De acordo com a Teoria da Mente, no início do desenvolvimento, crianças com desenvolvimento típico demonstram preferências para estímulos sociais que levam a padrões de comportamento nos quais a meta é manter as interações sociais; esses comportamentos levam, por sua vez, ao desenvolvimento de habilidades de comunicação. Nas crianças com TEA, as conexões biológicas e neurológicas necessárias para essas tarefas sociais primárias estão prejudicadas[7].

Uma outra teoria fundamenta a investigação do TEA à luz da neuropsicologia; a Teoria da Coerência Central, que foi apresentada por Frith em 1989 como uma explicação para alguns *deficit* observados no quadro. Como resultado, pacientes com TEA prestam mais atenção em mais detalhes no ambiente e em aspectos não sociais do meio ambiente, os quais seriam responsáveis pelo prejuízo na cognição social e sensibilidade sensorial[8].

Enquanto os modelos biológicos iluminaram os fundamentos genéticos, neurológicos e biológicos do TEA, o modelo comportamental continua sendo central para o diagnóstico desta síndrome. Tal como refletido na classificação do TEA no DSM-5, as pesquisas sobre déficits sociais e de comunicação indicaram que esses componentes estão interligados[9].

NEUROPSICOLOGIA E TEA

Agora que já postulei sobre algumas das teorias que fundamentaram o TEA, abordarei especificamente sobre a neuropsicologia e esse importante transtorno que abarca uma série de sintomas e compromete o dia a dia dos pacientes e seus familiares. Ao longo deste capítulo mesclarei o texto com as teorias, pesquisas atuais e os primeiros estudos sobre essa neuropatologia que tanto intriga a nós, profissionais da saúde e educação, e pessoas que convivem com essas pessoas. No TEA, o que mais se tenta investigar é o que pode ser o desencadeador do transtorno do comportamento, uma vez que não existem, como eu já disse, uma definição e uma teoria cabal para o TEA.

Sabemos que foram identificadas múltiplas anormalidades cerebrais no nível neuronal do TEA e pesquisas buscam evidências por *deficit* psicológicos focais e localizáveis que norteiam a maioria das pesquisas neuropsicológicas sobre a síndrome. No entanto, existem poucos estudos já finalizados e publicados que tiveram o interesse em investigar a base anatômica ou funcional do TEA por meio de exames de imagens, como ressonâncias magnéticas, tomografias computadorizadas ou ressonâncias magnéticas funcionais[10]. Com base em sua abrangente revisão dos estudos neuropatológicos e de neuroimagem do TEA, Minshew e seus colegas[11] caracterizaram as bases cerebrais do autismo como envolvendo distúrbios repetidos e generalizados na estrutura e organização neuronais, incluindo desenvolvimento dendrítico truncado nas estruturas límbicas, número reduzido de neurônios e acúmulo anormal de células no cerebelo, crescimento excessivo do córtex posterior e indicações de anormalidades difusas na conectividade cortical. As descobertas de anormalidades estruturais generalizadas no nível no cérebro não são facilmente assimiladas por paradigmas neuropsicológicos que procuram isolar e dissociar os componentes "prejudicados" dos componentes "preservados" do funcionamento psicológico com o objetivo de fornecer uma explicação unificadora para as complexas manifestações comportamentais do TEA.

As descobertas emergentes de pesquisas neurobiológicas sobre TEA, em conjunto com os esforços para repensar estruturas explicativas para a compreensão de distúrbios do desenvolvimento[12,13] podem ajudar a reformular e redirecionar os esforços para definir as características neuropsicológicas do TEA, que, por sua vez, podem ajudar a elucidar as relações de comportamento cerebral nesse complexo distúrbio do desenvolvimento.

Agora que já abordamos sobre as teorias possíveis que investigaram esse transtorno, vamos avançar um pouco na história da neuropsicologia. É a partir da neuropsicologia que investigações com exames de imagem cerebral realizadas em indivíduos com TEA descobriram diferenças localizadas principalmente nos sulcos frontais e temporais[10]. Tal estudo encontrou anormalidades da anatomia e do funcionamento do lobo temporal destes indivíduos. Essas alterações estão localizadas bilateralmente nos sulcos temporais superiores. Os sulcos temporais superiores são regiões importantes para a percepção de estímulos sociais e demonstram hipoativação na percepção de face e cognição social, e estão significativamente ligados com outras partes do reconhecimento social como identificação de faces, sorrisos, entonação de voz, tais como o Giro Fusiforme e a Amígdala[10]. Segundo Frith e Cohen[14], de acordo com a Teoria da Mente a principal anormalidade do TEA é a falta de capacidade de construir elaborações sobre a mente alheia. Existe um circuito neuronal especializado, com um conjunto de neurônios chamados "espelho", localizados no lobo frontal que permite pensar sobre nós mesmos e sobre o outro e, dessa forma, prever o comportamento de seus semelhantes – esse é o conceito maior da Teoria da Mente. Para Lameira, Gawryszenwski e Pereira[15], o entendimento de ações, a tomada de decisões, a imitação, que é uma ação importante para o aprendizado e a replicação de ações em tarefas e a empatia são funções atribuídas aos *neurônios-espelho* e são exatamente essas funções que se encontram alteradas em pessoas com TEA.

Para a neuropsicologia, o TEA tem muitos comprometimentos, principalmente na função executiva. A hipótese sugerida é de que existe uma disfunção acarretando *deficit* primários no controle executivo sobre o comportamento. Outra hipótese importante é referente ao sistema límbico que propõe o comprometimento das funções psicológicas tradicionalmente associadas aos lobos temporais mediais e às estruturas cerebrais límbicas. O comprometimento do sistema límbico explica melhor os *deficit* sociais e comunicativos profundos que caracterizam o TEA, isso porque o Sistema Límbico é a unidade cerebral responsável pelas emoções e comportamentos sociais.

A hipótese da função executiva em relação ao TEA não é teoria recente, é um conceito complexo e ainda amplamente provisório, que se refere àquelas "operações mentais que permitem que um indivíduo se desvincule do contexto imediato, a fim de guiar o comportamento por referência a modelos mentais ou objetivos futuros"[16-19]. A função executiva foi conceituada mais especificamente como envolvendo várias operações mentais sobrepostas, mas potencialmente dissociáveis, como planejamento, memória de trabalho, manutenção e mudança de objetivos iniciais, inibindo e rejeitando uma resposta preponderante. A função executiva não pode ser desvinculada de funções primárias como as funções atencionais, portanto, ao mesmo tempo, essas funções são vistas como constituindo um sistema unificado de nível superior das funções básicas de sensação, percepção, memória e linguagem[20].

Para alguns teóricos, a função executiva está intimamente relacionada à "inteligência fluida" e à capacidade de ter sucesso em tarefas não rotineiras de solução de problemas que exigem pensamento flexível e a geração de novas estratégias de solução[21]. Alguns cientistas postulam que a função executiva é apenas consolidada na adolescência[22], no entanto, existem pesquisas documentando o desenvolvimento de processos de controle executivo durante a infância e nos anos pré-escolares[23-28].

O primeiro estudo que investigou explicitamente a função executiva no TEA foi conduzido por Rumsey[29]. Guiados pela hipótese de Damasio e Maurer[30] (1978) de que os muitos sintomas compartilhados de TEA e lesão do lobo frontal podem surgir de *deficit* neuropsicológicos semelhantes e refletir danos aos mesmos sistemas cerebrais subjacentes. Rumsey administrou um teste de classificação de cartas que exige do jogador a capacidade de planejar, classificar, usar estratégias e ter flexibilidade no pensamento. Quem não consegue desempenhar bem esse teste, não fechando categorias conforme exige a testagem, sugere *deficit* no lobo frontal. Esse teste é o Wisconsin Cart Sort Test WCST, uma medida clínica amplamente utilizada por neuropsicólogos, projetada por Berg[31] como uma medida de abstração e flexibilidade conceitual. Rumsey[29] descreveu convincentemente a relevância potencial desses achados para os *deficit* sociais em pacientes com TEA, observando que o funcionamento social bem-sucedido, como no teste de sorteio de cartas, requer "integração e ponderação de múltiplas variáveis contextuais, atenção seletiva a aspectos relevantes do ambiente e inferência", o que os pacientes com TEA não apresentaram.

Assim, os *deficit* da função executiva poderiam potencialmente explicar não apenas o comportamento inflexível e rígido de indivíduos com TEA, mas também sua capacidade prejudicada de se envolver em interações sociocomunicativas recíprocas, que exigem avaliação "on-line" e seleção de respostas apropriadas a um constante fluxo de informações sutis, multidimensionais e específicas de contexto[32].

O surgimento da hipótese da Teoria da Mente do TEA serviu como um impulso importante para a descrição da disfunção executiva, que tendia a ver a apreciação limitada da mente de outras pessoas no TEA como refletindo um *deficit* mais amplo no domínio geral nos processos de controle executivo. Essas duas hipóteses foram testadas por Ozonoff, Pennington e Rogers[35], que incluíram várias tarefas da teoria da mente, bem como duas medidas da função executiva, o teste WCST e a Torre de Hanói[34]. Enquanto o WCST é geralmente tomado como uma medida de mudança de conjunto e flexibilidade cognitiva, a Torre de Hanói é normalmente vista como uma medida de planejamento. Nessa tarefa de transferência de disco, os participantes recebem inicialmente 3 e posteriormente 4 discos colocados em uma configuração específica em três pinos e são solicitados a reorganizar os pinos do arranjo inicial para um estado de meta prescrito, movendo os pinos um por vez e usando o mínimo de movimentos possível. As possíveis movimentações no teste da Torre de Hanói são restringidas ainda mais pela regra de que discos maiores não podem ser colocados em cima de discos menores. Embora Ozonoff et al[35] descobriram que indivíduos com TEA eram prejudicados nas tarefas da Teoria da Mente e da função executiva, os déficits da função executiva eram os mais difundidos entre os participantes com TEA, e uma pontuação composta derivada das variáveis WSCT e torre de Hanói era o discriminador mais forte do TEA. Esses achados, em conjunto com as correlações significativas encontradas entre a Teoria da Mente e os escores compostos da função executiva, levaram Ozonoff e seus colegas pesquisadores a considerarem a possibilidade de que a disfunção executiva seja o principal *deficit* cognitivo no TEA e que as estratégias perseverantes e inflexíveis de solução de problemas que caracterizam a disfunção executiva possam explicar o fraco desempenho de indivíduos com TEA nas tarefas da Teoria da Mente; isso quer dizer, abandonar a ideia inicial e optar por uma melhor e mais adequada, ou preterir sua opinião e aceitar a opinião alheia.

Com vários estudos anteriores estabelecendo a possibilidade de que os *deficit* de controle executivo possam explicar o fraco desempenho de indivíduos com TEA nas tarefas da Teoria da Mente e, além disso, que a disfunção executiva pode ser uma causa subjacente da profunda característica social do TEA[36,37], pesquisas voltaram-se para definir melhor os déficits específicos da função executiva no TEA, especialmente dada a natureza global e subespecificada desse construto e das medidas que foram usadas para medi-lo.

A função executiva pode distinguir o TEA de outros distúrbios. Dessa forma, estudos se afastaram do uso abrangente de medidas clínicas do funcionamento executivo e adotaram paradigmas de processamento de informações da psicologia experimental e da neuropsicologia cognitiva projetados para dissociar os componentes poupados e prejudicados da função executiva[38-40]. Os processos executivos de componentes que foram investigados no TEA incluem flexibilidade do pensamento e possibilidade de mudança de estratégia para a solução do problema, controle inibitório e memória de trabalho.

Além disso, as descobertas de *deficit* executivos em vários distúrbios diferentes questionam a noção de que a disfunção executiva pode ter um papel causal específico na sintomatologia central do TEA e aumenta a possibilidade de o comprometimento executivo ser um correlato geral e inespecífico de muitas condições neuropatológicas, incluindo retardo mental, que ocorre na maioria dos indivíduos com TEA[41,20]. Portanto, o que se intenta em investigar e definir como marcador neuropsicológico a alteração na função executiva no TEA é que outras neuropatologias também apresentam disfunções executivas, mas em qual grau ou com? Para o TEA a função executiva apresenta-se alterada em relação ao planejamento, busca de estratégias e flexibilidade do pensamento.

Outros estudos exploraram a possibilidade de que a disfunção executiva no TEA possa ser causada por um déficit essencial na memória de trabalho. A memória de trabalho refere-se à capacidade de manter em mente as informações transitórias, específicas do contexto, necessárias para executar ações em andamento ou futuras. A questão de saber se o TEA envolve um *deficit* primário na capacidade de memória de trabalho foi abordada por dois estudos[32,33], que tiveram resultados conflitantes. Ambos os estudos usaram um conjunto semelhante de tarefas de memória de trabalho, exigindo que os participantes respondessem a uma série de itens de uma tarefa de processamento focal, mantendo simultaneamente um registro mental de todas as suas respostas. Por exemplo, em ambos os estudos, os participantes receberam uma tarefa de contagem[34], na qual foram solicitados a contar os pontos em cada cartão de um conjunto, mantendo em mente o número de pontos em cada cartão na ordem em que foi apresentado. No entanto, enquanto Bennetto e seus colaboradores descobriram que seus participantes com TEA com um funcionamento relativamente alto estavam significativamente prejudicados em relação aos controles normais nessas tarefas de memória de trabalho, Russell e seus colegas verificaram que o desempenho de um grupo de crianças e adolescentes com TEA de baixo desempenho, embora inferior a um grupo normal, foi semelhante a um grupo com deficiência mental. Esses achados levaram Russell e seus pesquisadores a argumentar que um *deficit* na capacidade de memória de trabalho, embora talvez seja característico do TEA, como também foi indicado pelos achados de Bennetto, não é específico do TEA e é provavelmente uma manifestação do comprometimento neurológico mais amplo comum ao TEA e crianças mentalmente deficientes.

Os resultados de estudos que utilizam uma variedade de medidas experimentais deram suporte à ideia de que tarefas que exigem memória de trabalho e inibição de respostas prepotentes são particularmente desafiadoras para crianças com TEA.

Praticamente todos os estudos revisados até o momento investigaram a função executiva em crianças mais velhas, adolescentes e adultos com TEA. Embora tenha havido uma escassez relativa de pesquisas sobre o funcionamento executivo de crianças menores com TEA, é provável que pesquisas com estas sejam particularmente valiosas para ajudar a distinguir entre os principais *deficit* psicológicos e os *deficit* secundários e comportamentos associados.

Em resumo, um perfil mais bem delineado de *deficit* da função executiva no TEA começou a emergir de pesquisas neuropsicológicas recentes. Em particular, há evidências de um comprometimento específico da flexibilidade cognitiva ou de mudança de posição no transtorno que é distinto da perseveração recorrente de nível inferior e da desinibição motora, que pode estar mais amplamente associada ao retardo mental. Além disso, embora pesquisas indiquem que não há *deficit* específicos no controle inibitório ou na memória de trabalho, tarefas que taxam simultaneamente essas duas funções podem ser particularmente desafiadoras para indivíduos com TEA. *Deficit* de funções executivas desse tipo podem explicar o fraco desempenho de indivíduos com TEA em tarefas da Teoria da Mente, que normalmente exigem que os participantes mantenham as informações em mente enquanto inibem uma resposta inicial. Se a teoria da disfunção executiva for uma alternativa convincente à visão da Teoria da Mente do TEA, ela precisará demonstrar associações semelhantes entre os *deficit* executivos e as deficiências no funcionamento social e comunicativo que definem tão centralmente o distúrbio. Até o momento, as tentativas de estabelecer tais conexões não foram replicadas[13] ou sugeriram que os *deficit* executivos, embora presentes, não têm papel causal nas deficiências sociais e comunicativas[5].

Outra teoria importante sobre o TEA é a *hipótese do sistema límbico*, que infere que os pacientes com TEA tenham hipoativação deste sistema fazendo com que suas emoções e empatia sejam precárias. O sistema límbico é composto pelo córtex frontal orbital e pelo lobo temporal medial, que inclui a formação do hipocampo e a amígdala. Essa região do cérebro tem sido de particular interesse para os pesquisadores do TEA, devido às muitas maneiras pelas quais está implicada no funcionamento socioemocional de humanos e primatas[35-38]. Além disso, evidências de anormalidades histoanatômicas nas estruturas mediais do lobo temporal de indivíduos com TEA[39] contribuíram fortemente para o interesse no papel potencial dessa região cerebral no TEA. Diferentemente da função executiva, que foi elaborada principalmente no nível neuropsicológico da análise, a hipótese do sistema límbico, como o nome indica, foi até agora orientada para a identificação de um mecanismo de TEA no nível cerebral.

Boucher e Warrington[40] foram os primeiros pesquisadores a implicar a disfunção do lobo temporal medial no TEA. Eles basearam esse argumento em um conjunto de experimentos que investigavam as habilidades de memória de crianças com TEA, nas quais encontraram *deficit* nas habilidades de reconhecimento e atraso de reconhecimento para a memória de curto prazo[41], Boucher e Warrington argumentaram que o comprometimento seletivo da memória de longo prazo era semelhante ao padrão de comprometimento da memória observado em adultos amnésicos com danos para o hipocampo.

No entanto, vários estudos subsequentes que investigaram o funcionamento da memória no TEA falharam em apoiar a teoria amnésica do TEA de Boucher e Warrington. Por exemplo, vários estudos[32,52,11] investigando a memória verbal no TEA falharam em revelar déficits autistas no atraso na recordação ou no reconhecimento de uma lista de palavras. Em vez de prejudicar o armazenamento e a consolidação de informações verbais, o que seria esperado no caso de uma condição amnésica, esses estudos demonstraram comprometimentos estratégicos ou organizacionais na aprendizagem e na memória verbais mais consistentes com a síndrome da função executiva[32,52]. Um padrão semelhante de descobertas emergiu da pesquisa sobre o reconhecimento tardio de estímulos visuais no TEA[53,32]. Assim, uma relação entre amnésia do lobo temporal e TEA não tem sido apoiada. Portanto, apenas a título de esclarecimento e elucidação eu comentei sobre a hipótese do sistema límbico em relação a memória de curto-prazo, no entanto faz sentido em relação a empatia e emoções quando se trata de pacientes com TEA. Mas para a neuropsicologia, a caracterização do transtorno se dá por meio da avaliação das funções cognitivas e a evidência da disfunção executiva em seus critérios planejamento, flexibilidade mental, busca de estratégia para a solução de problemas.

DIAGNÓSTICO E TRATAMENTO

Agora que já fundamentei as principais teorias neuropsicológicas para o TEA, vou abordar sobre os diagnósticos possíveis e tratamento. Como ainda não foram identificados marcadores biológicos, o TEA continua a ser definido de maneira comportamental. À medida que aprendemos mais sobre a trajetória do TEA, o processo de diagnóstico inicial pode ajudar a identificar os tipos de desafios que os pacientes podem experimentar à medida que envelhecem e esclarecer o prognóstico.

Ao avaliar o TEA, além da variação da apresentação dos sintomas principais, um clínico; seja este um profissional da saúde ou educação, deve também considerar efeitos de fatores, como idade, funcionamento cognitivo, o nível de linguagem e o comportamento adaptativo. A presença de comorbidades, tais como transtorno de ansiedade, *deficit* de atenção e hiperatividade (TDA/H) e transtornos genéticos pode complicar o diagnóstico.

Os métodos diagnósticos são desenvolvidos para o uso de profissionais treinados e são utilizados para confirmar o diagnóstico inicialmente levantado por suspeitas de pais, familiares ou outros profissionais não qualificados para esta avaliação diagnóstica. Vale lembrar que muitos testes, como os psicológicos são restritos aos psicólogos e é determinantemente proibido o uso deste material por outros profissionais, mesmo que estes conheçam e dominem a técnica, o instrumento e a interpretação de seus resultados.

Para o TEA devemos avaliar o funcionamento cognitivo, a linguagem, o funcionamento adaptativo, os sintomas e seus transtornos e possíveis presenças de múltiplas deficiências, uma vez que a avaliação neuropsicológica se pauta na evidência de disfunções cognitivas possíveis para critérios diagnósticos.

Como já vimos ao longo deste livro e pelas teorias aqui citadas, o funcionamento cognitivo no TEA está associado à apresentação de sintomas e perfis cognitivos específicos são observados, com indivíduos que demonstram maior desenvolvimento não verbal em comparação ao desenvolvimento verbal[54], esse perfil tem sido teorizado como uma caraterística fenotípica marcante em pacientes com TEA.

Uma avaliação neuropsicológica do paciente com suspeita de TEA pode auxiliar no diagnóstico preciso, ajudar a determinar suas habilidades e seus *deficit* e auxiliar no desenvolvimento de intervenções apropriadas. A avaliação das habilidades de linguagem receptiva e expressiva é um componente central de uma avaliação cognitiva do TEA. A linguagem receptiva tende a ser pior que a linguagem expressiva. Existe evidência de que pacientes com TEA possam apresentar critérios para transtornos específicos de linguagem[55].

Outro componente importante para a avaliação neuropsicológica no TEA é o funcionamento adaptativo. Perfis observados no TEA incluem deficiências em habilidades sociais e de comunicação e habilidades adaptativas que são piores do que o funcionamento cognitivo global[56]. A presença de doenças comórbidas pode mascarar os sintomas do TEA, resultando no atraso do diagnóstico. Portanto, a avaliação clínica minuciosa e o tratamento das comorbidades, principalmente as psiquiátricas, podem melhorar o resultado de muitas intervenções. Pacientes com deficiências múltiplas necessitam na maioria das vezes de uma avaliação diagnóstica realizada por uma junta de profissionais qualificados.

Por exemplo, um paciente com paralisia cerebral apresenta comprometimento em áreas sensoriais importantes, incluindo a visão e audição que comprometem a avaliação e o diagnóstico preciso de TEA. Sabe-se que os pacientes com TEA apresentam atrasos no desenvolvimento, tais como os elencados sob a nomenclatura *atraso global do desenvolvimento*, bem como alguns outros transtornos com características associadas. No entanto, existem transtornos psiquiátricos específicos que precisam ser descartados, o perfil comportamental, bem como os fundamentos neurobiológicos e genéticos do TDA/H, podem se sobrepor ao do TEA[57].

Portanto, em minha opinião, para se diagnosticar uma patologia, seja ela um transtorno ou síndrome, devemos classificar o diagnóstico pelo grau de comprometimento no paciente. Por exemplo: se o paciente apresenta um distúrbio na escrita com trocas fonêmicas, mas tem embotamento afetivo, inflexibilidade mental, perseveração no comportamento, hiperativo e sonolento devemos classifica-lo como TEA e não como disléxico, ou TDA/H ou com distúrbios do sono; o que devemos é alertar aos pais e profissionais que atenderão este paciente que ele apresenta o transtorno do espectro autista e sintomas comórbidos para hiperatividade, dislexia e distúrbios do sono. O pensamento diagnóstico é exatamente o mesmo, mas inverso caso a preponderância fosse para a hiperatividade ou a desatenção ou a dislexia e não o TEA.

Outros transtornos são confundidores para o diagnóstico de TEA e o profissional deve ter um olhar clínico bem apurado. É o caso do Transtorno Obsessivo Compulsivo (TOC): embora comportamentos repetitivos estejam no cerne do TEA e do TOC, a apresentação desses comportamentos é qualitativa e quantitativamente diferente.

A prevalência de transtornos comórbidos no TEA varia aproximadamente de 5% a 70%. Transtornos psiquiátricos, como transtornos do controle de impulsos, transtornos de ansiedade e transtornos depressivos, doenças genéticas, problemas gastrointestinais e problemas neurológicos, juntamente com problemas de sono e epilepsia, estão entre os mais frequentemente observados. No TEA, os diagnósticos de comorbidades estão associados a vários fatores, como a idade, o funcionamento da linguagem e o nível de desenvolvimento.

A presença de um transtorno de ansiedade comórbido em indivíduos com TEA pode servir para complicar e piorar os sintomas de TEA. Estima-se que entre 11% e 84% dos indivíduos com TEA também experimentam um transtorno de ansiedade; o transtorno de ansiedade generalizada, as fobias específicas, o transtorno obsessivo compulsivo e o transtorno de ansiedade de separação são os mais comuns[58]. As taxas de comorbidades entre TEA e TDA/H variam entre 13% e 74%, e maior comprometimento dos sintomas tem sido observadas nas crianças[59].

Entre os distúrbios do desenvolvimento, a deficiência intelectual ocorre concomitantemente em 40% a 70% dos pacientes com TEA, tornando-se um dos diagnósticos de comorbidade mais comuns. Os transtornos de linguagem têm altas taxas de prevalência no TEA, os pacientes podem também apresentar problemas de linguagem, tais com apraxia de fala, distúrbios específicos de linguagem, dislexias e distúrbios de fluência.

Aproximadamente 15% dos casos de TEA têm uma causa genética conhecida[60]. Variáveis fenotípicas observadas no TEA com etiologias genéticas conhecidas foram delineadas, tais como fraqueza muscular, ataxia, regressão comportamental e anormalidades respiratórias estão entre as variáveis listadas, que, quando presentes, justificam testes genéticos[61].

As taxas de prevalência de distúrbios gastrointestinais em coocorrência com TEA são variáveis entre 9% e 70%. As dietas restritivas, o comer seletivo e o uso de medicação foram identificados nos problemas gastrointestinais no TEA. Uma ligação genética também tem sido indicada para um grupo menor de pacientes com TEA[62].

Comorbidades neurológicas são altamente prevalentes no TEA, e a epilepsia, os problemas de sono e a disfunção motora são problemas amplamente encontrados. A epilepsia ocorre a uma taxa aproximada de 30% no TEA[63]. Uma grande porcentagem dos casos de epilepsia no TEA tem comorbidade com a deficiência intelectual e quanto mais cedo as crises epiléticas ocorrem pior o funcionamento cognitivo do paciente[64].

Dificuldades em adormecer, como na latência do sono (período que antecede o dormir), e manter o sono (eficiência do sono) são problemas mais comumente reportados no TEA. Em crianças pequenas, os distúrbios do sono têm sido associados com problemas de comportamento durante o dia e nos adultos, a sonolência excessiva diurna e dificuldades de desempenho cognitivo foram observadas[65].

Por fim, o funcionamento motor tem sido reconhecido como um problema do TEA desde a caracterização inicial do transtorno. Comprometimentos graves e motores finos, apraxia, problemas de marcha e problemas de planejamento motor são relatados nestes pacientes, e alguns problemas motores podem levar a dificuldades em outras áreas de desenvolvimento.

TRATAMENTO

Agora que falamos sobre o TEA, suas disfunções cognitivas, seus comprometimentos sociais e afetivos, vamos falar um pouco sobre a possível atuação do professor para ajudar seu aluno com TEA. Cabe lembrar que muitas das técnicas, abordagens e tratamentos para o transtorno seguiram uma abordagem clínica e posteriormente foram adaptadas para um ambiente escolar ou familiar.

Portanto, enfatiza-se neste capítulo que os métodos de tratamento são necessariamente multiprofissionais, pois o TEA é de natureza heterogênea e neurodesenvolvimental, exigindo uma abordagem multidisciplinar, integrando os esforços médicos, da saúde mental, educacional, comunitária e familiar. Problemas comportamentais e emocionais se tornam um foco para o tratamento de pessoas com TEA, principalmente quando entram em idade escolar.

Um relatório do ano de 2001 do *National Research Council's Committee on Educational* sobre intervenções educativas para crianças com "autismo" recomendou o uso de modelos de tratamento abrangentes na educação de crianças com esse transtorno.

A maioria dos programas para a primeira infância com base em evidências com crianças com TEA compartilha estratégias educacionais e comportamentais comuns, incluindo o uso de instrução direta, suportes visuais e metas ancoradas no desenvolvimento da criança.

Odom, Boyd, Hall e Hume[66] definiram modelos de tratamento abrangentes como sendo compostos por múltiplos componentes, incluindo a instrução centrada na criança e um familiar; metas de tratamento e métodos que abordam vários domínios de desenvolvimento; instruções de alta intensidade com 25-40 horas por semana de estímulos e intervenções que ocorrem em um longo período de tempo, meses ou anos.

A Análise Aplicada do Comportamento, conhecido como método ABA, representa uma classe de programas abrangentes de tratamento com base em princípios de aprendizagem estabelecidos. Esse método não é originário para o TEA – foi desenvolvido para atender pessoas com deficiência intelectual, e tem suas raízes em práticas educativas de meados do século XX. A aplicabilidade para o TEA pode ser atribuída ao trabalho seminal de O. Ivar Lovaas, que utilizou os princípios básicos de aprendizagem e comportamento operante para ensinar sistematicamente novas habilidades e reduzir problemas de comportamento em crianças com TEA.

O Treinamento Discreto por Ensaio (TDE) é uma prática educativa que usa as técnicas operantes de modelagem e encadeamento, ensaios discretos para desconstruir habilidades e ensaiar cada habilidade com um elevado nível de precisão. Na prática, esse modelo inclui uma relação um a um (profissional/professor e a criança). Esse atendimento pode ser clínico ou em sala de aula, mas tipicamente realizadas com a criança sentada frente a uma mesa. O currículo é bastante específico, com metas e métodos de ensaios discretos para a aprendizagem, comportamentos que muitas vezes são ensinados sequencialmente.

As sessões de tratamento/aulas são organizadas em torno de um tutor/professor supervisionado por um analista do comportamento com a realização de ensaios discretos de tarefas específicas nas quais as instruções verbais são usadas como o antecedente, e a criança é treinada a responder com um comportamento; como consequência para seu comportamento, recebe uma recompensa.

Uma crítica muito comum a esses métodos de análise do comportamento é a tendência a produzir comportamentos robóticos ou automáticos em domínios que exigem respostas flexíveis e pensamentos inferentes. Estes programas não ensinam o uso flexível de habilidades para manter interações sociais naturais e tão pouco pensamento crítico.

Os programas de terapia de comportamento naturalista estão enraizados nos princípios da análise do comportamento e enfatizam a generalização e o aumento da flexibilidade de habilidades, portanto existe uma exigência maior da participação da criança reflexiva e atuante socialmente.

O *Pivotal Response Training* (PRT), um modelo da Nova Escócia, é uma abordagem que possui o maior suporte empírico de programas de comportamento naturalista existente. Esse programa enfatiza o ensino primordial, o desenvolvimento precoce das habilidades sociais pensadas para servir como base para as habilidades sociais e acadêmicas mais generalizadas.

O TEACCH foi uma das primeiras intervenções específicas para o TEA, e desde o princípio permitiu focar o tratamento em contextos educacionais. Embora o TEACCH não faça parte de um currículo específico como o ABA, a abordagem utiliza pontos fortes das pessoas com TEA no processamento visual e na memória visual, incorporando suporte visual durante todo o programa.

Outro programa abrangente projetado para fazer parte de programas educacionais é o Suporte de Regulação Transicional Social, Comunicação e Emoção (SCERTS). O SCERTS integra estratégias de várias abordagens comumente usadas, incluindo, ABA, TEACCH e PRT, dentro de contextos educacionais. O modelo centra-se na relação entre comunicação, desenvolvimento e regulação emocional, e enfatiza o uso de recursos visuais para a instrução[67].

Outro método que pode ser adaptado ao uso escolar é a Intervenção no Relacionamento e Desenvolvimento, uma intervenção popular com base no desenvolvimento e projetada na interação entre pais e filhos para construir habilidades sociais, emocionais e cognitivas em crianças com TEA. O modelo enfatiza a construção de habilidades centrais de relacionamento em vez de comportamentos sociais instrumentais ensinados em programas como o ABA. A Intervenção no Relacionamento e Desenvolvimento traça oito objetivos de tratamento específicos para facilitar o desenvolvimento de capacidades apropriadas dentro de contextos sociais: a colaboração, a deliberação, a flexibilidade, a fluência, a amizade, a iniciativa, a responsabilidade e a autogestão.

Existem tratamentos específicos para pré-escolares, como é o caso do Treinamento de Habilidades Sociais, uma estratégia comumente usada para tratar o *deficit* de socialização em crianças verbais com TEA. Esse treinamento pode assumir a forma de atendimento individual ou em grupo, por isso pode ser adaptado ao ambiente escolar com facilidade. Pode ser aplicado tanto em crianças pequenas como em pessoas mais velhas e pode lidar com uma série de *deficit*.

Os manuais publicados e disponíveis comercialmente para habilidades sociais com algum suporte empírico incluem: PEERS[68], intervenção de habilidades sociais em grupo[69] e treino para desenvolver amizades na infância[70].

Outro tratamento que pode ser usado no ambiente escolar é o direcionado para o desenvolvimento de habilidades sociais, conhecido como contar Histórias Sociais, ou seja, o desenvolvimento de histórias para ajudar as crianças a entender situações sociais. O desenvolvedor dessa intervenção delineou um formato prescritivo para a criação de histórias sociais, que inclui uma descrição do que as pessoas fazem, porque elas fazem isso e respostas comuns a uma situação social. As histórias sociais fornecem compreensão e um sentimento mais confortável em situações sociais que não podem ser facilmente decifradas por pessoas com TEA.

Deficit de comunicação centrais no TEA foram fortemente relacionados com as funções sociais da fala e linguagem. A Comunicação Aumentativa e Alternativa (AAC) é uma opção de tratamento usada para as pessoas minimamente verbais com TEA. As estratégias de AAC são vistas como base para a produção e o desenvolvimento da fala, facilitando a comunicação. As estratégias utilizadas incluem linguagem de sinais, dispositivos de comunicação aumentativa e sistemas de comunicação com base em imagem. As estratégias de AAC com recursos visuais são amplamente usadas em crianças com TEA e podem ser incorporadas em um programa de instrução sistemática.

Um programa interessante para uso com crianças com TEA é o Sistema de Comunicação e Troca (PECS). Este programa pode ser utilizado em tablets e dispositivos especializados (PECS®). O PECS é um programa de instrução que fornece um método sistemático para ensinar as crianças com TEA a se comunicar usando símbolos pictóricos[71].

Por fim, como já foi comentado neste capítulo, o TEA pode ser associado a uma gama de comportamentos motores estereotipados. Estímulos para Reestruturação Oromuscular Fonética (PROMPT) é um tratamento-alvo de deficiências motoras orais, adaptado de tratamentos para adultos com distúrbios neurológicos. O PROMPT pode integrar o sensorial, a parte motora e os domínios sociais para promover a articulação, a produção dos sons da fala e a comunicação social[72].

CONSIDERAÇÕES FINAIS

Ainda temos muito que entender sobre o Transtorno do Espectro Autista (TEA), quais os comprometimentos cognitivos e quais os sinais recorrentes em todos os pacientes, além da gravidade do comprometimento. Temos que percorrer o mundo científico em busca de resultados de pesquisas para saber quais os melhores tratamentos e as possíveis curas, se um dia isso for possível. Devemos sempre investir com bom senso na atuação multiprofissional para o melhor desfecho das consequências causadas pelo TEA no âmbito social, emocional e acadêmico.

REFERÊNCIAS

1. APA – American Psychiatric Association, et al. Diagnostic and statistical manual of mental disorders (DSM-5). Arlington: American Psychiatric Publishing; 2013.
2. Pennington BF. Genetics of learning disabilities. J of Child Neur. 1994;10:6976.
3. Pennington BF, Welsh M. Neuropsychology and developmental psychopathology. In: Cicchetti D, Cohen DJ, organizadores. Manual of developmental psychopathology. New York: John Wiley; 1995.
4. Rutter M. Autism spectrum disorders: Looking backward and looking forward. In: Amaral DG, Dawson G, Geschwind DH, organizadores. Autism spectrum disorders. New York: Oxford University Press; 2011.
5. Dawson G, Meltzoff AN, Osterling J, Rinaldi J. Neuropsychological correlates of early symptoms of autism. Child Development. 1998;69:1276–1285.
6. Frith U. Autism: explaining the enigma. Oxford: Blackwell; 1989.
7. Chevallier C, Kohls G, Troiani V, Brodkin ES, Schultz RT. The social motivation theory of autism. Trends in Cog Sci. 2012;16(4):231-239.
8. Rogers J, Viding E, Blair RJ, Frith U, Happé F. Autism spectrum disorder and psychopathy: shared cognitive underpinnings or double hit? Psyc Med. 2006;36:1789-1798.
9. Lord C, Jones RM. Re-thinking the classification of autism spectrum disorders. J Child Psychol Psychiatry. 2012;53(5):490-509.
10. Zilbovicius M, Meresse I, Boddaert N. Autismo: neuroimagem. Rev Br de Psiq. 2006;28(1):21-28.
11. Minshew NJ, Goldstein G, Siegel DJ. Neuropsychologic functioning in autism: profile of a complex information processing disorder. J of the Int Neuro Soc. 1997;3:303–316.
12. Karmiloff-Smith A. Crucial differences between developmental cognitive neuroscience and adult neuropsychology. Develop Neurop. 1997;13:513–524.
13. Pennington BF, Rogers SJ, Bennetto L, Griffith EM, Reed DT, Shyu V. Validity tests of the executive dysfunction hypothesis of autism. In: Russell J, organizadores. Autism as an executive disorder. Oxford: Oxford University Press; 1997.

14. Frith U, Cohen. Pais racionais. Crianças autistas. 2013. [acesso em: 2020 jul. 22]. Disponível em: http://www2.uol.com.br/vivermente/artigos/a_teoria_da_mente.html.

15. Lameira AP, Gawryszewski LG, Pereira A. Neurônios epelho. Psic USP. 2006; 17(4),123–133.

16. Hughes C, Russell J. Autistic children's difficulty with mental disengagement from an object: its implications for theories of autism. Develop Psych. 1993; 29:498–510.

17. Dennis M. Frontal lobe function in childhood and adolescence: a heuristic for assessing attention regulation, executive control, and the intentional states important for social discourse. Develop Neuro. 1991;7:327–358.

18. Robbins TW. Dissociating executive functions of the prefrontal cortex. Philo Trans of the Royal Society of London: Series B. 1996;351:1463–1471.

19. Shallice T. From neuropsychology to mental structure. Cambridge: Cambridge University Press; 1988.

20. Pennington BF, Ozonoff S. Executive functions and developmental psychopathology. J of Child Psy and Psych. 1996;37:51–87.

21. Duncan J. Attention, intelligence, and the frontal lobes. In: Gazzaniga M, organizador. The cognitive neurosciences. Cambridge, MA: MIT Press; 1995.

22. Golden CJ. The nebraska-luria children's battery: theory and formulation. In: Hynd GW, Obrzut GE, organizador. Neuropsychological assessment and the school-aged child. New York: Grune & Stratton; 1981.

23. Diamond A, Doar B. The performance of human infants on a measure of frontal cortex function, the delayed response task. Develop Psych. 1989;22:271–294.

24. Diamond A, Gilbert J. Development as progressive inhibiting control of action: retrieval of a contiguous object. Cog Develop. 1989;4:223–249.

25. Gerstadt C, Hong Y, Diamond A. The relationship between cognition and action: performance of 3 ½ – 7 year old children on a stroop-like day-night test. Cognition. 1994;53:129–153.

26. Hughes C. Executive function in preschoolers: links with theory of mind and verbal ability. British Journal of Developmental Psychology. 1998;16:233–253.

27. Hughes C. Finding your marbles: does preschoolers 'strategic behavior predict later understanding of mind? Dev Psychol. 1998;34(6):1326-39.

28. Welsh MC, Pennington BF, Groisser DB. A normative-developmental study of executive function: a window on prefrontal function in children. Develop Neuropsych. 1991;7:131–149.

29. Rumsey JM. Conceptual problem-solving in highly verbal, nonretarded autistic men. J of Autism and Develop Dis, 1985;15:23–36.

30. Damasio AR, Maurer RG. A neurological model for childhood autism. Archives of Neurology. 1978;35:777–786.

31. Berg EA. A simple objective technique for measuring flexibility in thinking. Jl of Genl Psych. 1948;39:15–22.

32. Bennetto L, Pennington B, Rogers S. Intact and impaired memory functions in autism. Child Develop. 1996;67:1816–1835.

33. Ozonoff S, Pennington BF, Rogers SJ. Are there emotion perception deficits in young autistic children? J of Child Psych and Psych. 1990;31:343–361.

34. Borys SV, Spitz HH, Dorans BA. Tower of Hanoi performance of retarded young adults and nonretarded children as a function of solution length and goal state. J of Exp Child Psych. 1982;33:87–110.b

35. Ozonoff S, Pennington BF, Rogers SJ. Executive function deficits in high-functioning autistic individuals: relationship to theory of mind. J of Child Psych and Psych. 1991;32:1081–1105.

36. Ozonoff S, Rogers SJ, Pennington BF. Asperger's syndrome: evidence of an empirical distinction from high-functioning autism. J of Child Psych and Psych. 1991;32:1107–1122.

37. Ozonoff S, McEvoy RE. A longitudinal study of executive function and theory of mind development in autism. Develop and Psych. 1994;6:415–431.

38. Feinberg TE, Farah M. The development of modern behavioral neurology and neuropsychology. In: Feinberg T, Farah M, organizadores. Behavioral neurology and neuropsychology. New York: McGraw-Hill; 1997.

39. Friedrich FJ, Rader S. Component process analysis in experimental and clinical neuropsychology. In: Maruish M, Moses J, organizadores. Theoretical foundations of clinical neuropsychology for clinical practitioners; 1996.

40. Ozonoff S. Causal mechanisms of autism: unifying perspectives from an information processing framework. In: Cohen DJ, Volkmar FR, organizadores. Handbook of autism and pervasive developmental disorders. New York: Wiley; 1997.

41. Ozonoff S. In: Russell J, organizador. Autism as an executive disorder. Oxford: Oxford University Press; 1997.

42. Russell J, Jarrold C, Henry L. Working memory in children with autism and with moderate learning difficulties. J of Child Psych and Psych. 1996;37:673–686.

43. Case R, Kurland DM, Goldberg J. Operational efficiency and the growth of short-term memory span. J of Exp Child Psych. 1982;33:386–404.

44. Dawson G. Neuropsychology of autism: a report on the state of the science. J of Autism and Develop Dis. 1996;26:179–184.

45. Brothers LA. The social brain: a project for integrating primate behavior and neurophysiology in a new domain. Concepts in Neuro. 1990;1:27–51.

46. Damasio AR. Descartes' error: Emotion, reason, and the human brain. New York: Avon Books; 1994.

47. LeDoux JE. Emotion, memory and the brain. Scientific American. 1994 June;50–54.

48. Bauman ML, Kemper TL. Neurobiology of autism. Baltimore, MD: Johns Hopkins University Press; 1994.

49. Boucher J, Warrington EK. Memory deficits in early infantile autism: some similarities to the amnesic syndrome. British J of Psych. 1976;67(1):73–87.

50. Bartak L, Rutter M, Cox A. A comparative study of infantile autism and specific developmental language disorder: I. The children. British J of Psych. 1975; 126:127–145.

51. Boucher J, Warrington EK. Memory deficits in early infantile autism: some similarities to the amnesic syndrome. British J of Psych. 1976;67:73–87.

52. Minshew NJ, Goldstein G. Is autism an amnesic disorder? Evidence from the California Verbal Learning Test. Neuropsychology. 1993;7:209–216.

53. Ameli R, Courchesne E, Lincoln A, Kaufman AS, Grillon C. Visual memory processes in high-functioning individuals with autism. J of Autism and Develop Dis. 18:601–615.

54. Munson J, Dawson G, Sterling L, Beauchaine T, Zhou A, Koehler E, et al. Evidence for latent classes of IQ in young children with autism spectrum disorder. Am J on Mental Ret. 2008;113(6):439-452.

55. Leyfer OT, Tager-Fulusberg H, Dowd M, Tomblin JB, Folstein SE. Overlap between autism and specific language impairment: comparison of autism diagnostic interview and autism diagnostic observation schedule scores. Autism Res. 2008;1(5):284-296.

56. Charman T, Pickles A, Simonoff E, Chandler S. Loucas T, Baird G. IQ in children with autism spectrum disorders: data from the Special Needs and Autism Project (SNAP). Psychological Medicine. 2011;41(3):619-627.

57. Gargaro BA, Rinehart NJ, Bradshaw JL, Tonge BJ, Sheppard DM. Autism and ADHD: how far have we come in the comorbidity debate? Neuro Biobehavioral Ver. 2011;35(5):1081-1088.

58. White SW, Oswald D, Ollendick T, Scahill L. Anxiety in children and adolescents with autism spectrum disorders. Clin Psych Ver. 2009;29(3):216-229.

59. Grzadzinski R, Di Martino A, Brady E, Mairena MA, O'Neale M, Petkova E, et al. Examining autistic traits in children with ADHD: does the autismo spectrum extend to ADHD? J of Autism and Dev Dis. 2011;41(9):1178-1191.

60. Mendelsohn NJ, Schaefer GB. Genetic evaluation of autism. Seminars in Ped Neuro. 2008;15(1):27-31.

61. Carter M, Scherer S. Autism spectrum disorder in the genetics clinic: a review. Clinical Genetics,. 2013;83(5):399-407.

62. Campbell DB, Buie TM, Winter H, Bauman M, Sutcliffe JS, Perrin JM, et al. Distinct genetic risk based on association of MET in families with co-occurring autism and gastrointestinal conditions. Pediatrics. 2009;123(3):1018-1024.

63. Brooks-Kayal A. Epilepsy and autism spectrum disorders: Are there common developmental mechanisms? Brain Develop. 2010;32(9):731-738.

64. Gillbert C, Billstedt E, Sundh V, Gillbert IC. Mortality in autism: a prospective longitudinal community-based study. J of Autism and Develop Dis. 2010;40(3): 352-357.

65. Sikora DM, Johnson K, Clemons T, Katz T. The relationship between sleep problems and daytime behavior in children of different ages with autism spectrum disorders. Pediatrics. 2012;130(suppl.2):S83-S90.

66. Odon SL, Boyd BA, Hall LJ, Hume K. Evaluation of comprehensive treatment models for individuals with autism spectrum disorders. J of Autism and Develop Dis. 2010;40(4):425-436.

67. Prizant BM, Wetherby AM, Rubin E, Laurent AAC. The SCERTS model: a transactional, family-centered approach to enhancing communication and socioemotional abilities of children with autism spectrum disorder. Infants and Young Children. 2003;16(4):296-316.

68. Laugeson EA, Frankel F, Gantman A, Dillon AR, Mogil C. Evidence based social skills training for adolescents with autism spectrum disorders: the UCLA PEERS program. J of Autism and Develop Dis. 2012;42(6):1025-1036.

69. DeRosier M, Swick D, Davis N. McMillen J, Matthews R. The efficacy of a social skills group intervention for improving social behaviors in children with high functioning autism spectrum disorders. J of Autism and Develop Dis. 2011;41(8):1033-1043.

70. Frankel F, Myatt R, Sugar C, Whitham C, Gorospe CM, Laugeson E. A randomized controlled study of parent-assisted Children's Friendship Training with children having autism spectrum disorders. J of Autism and Develop Dis, 2010;40(7):827-842.

71. Bondy AS, Frost LA. The picture exchange communication system. Seminars in Speech and Lang. 1998;19(4):373-388.

72. Rogers SJ, Hayden D, Hepburn S, Charlifue-Smith R, Hall T, Hayes A. Teaching young nonverbal children with autism useful speech: a pilot study of the Denver model and PROMPT interventions. J of Autism and Develop Dis. 2006;36(8):1007-1024.

CONSTRUINDO SOLUÇÕES PARA O ADULTO COM TEA ASSOCIADO A DEFICIÊNCIA INTELECTUAL DE GRAVE A SEVERA

Natália Costa
André Carvalho
Gizele Martins

Muitos estudiosos se dedicaram à pesquisa desses transtornos na infância, e hoje o transtorno do espectro autista na vida adulta em comorbidade com a deficiência intelectual tem sido um campo de trabalho vasto na área da saúde[1]. Todavia, contrariando as expectativas, há pouca relevância de estudos científicos com essa população. Segundo a Pesquisa Nacional de Saúde realizada pelo IBGE (Instituto Brasileiro de Geografia e Estatística), 0,8% da população brasileira apresenta algum nível de deficiência intelectual, e destes, 54,8% possui comprometimento intenso ou muito intenso[2]. Já sobre a população com transtorno do espectro autista, existem poucos estudos sobre a prevalência, especialmente em países da América Latina. Em um estudo brasileiro, estima se que 1,5 milhão de pessoas tenham TEA no Brasil[3]. Estudo específicos sobre a comorbidade entre TEA e DI são ainda mais escassos e com resultados heterogêneos. Em uma pesquisa realizada em 2006 por exemplo, Baird e colaboradores[4] afirmaram que 53% das crianças avaliadas tinham diagnóstico de TEA e DI, enquanto no estudo de Magnússon e Saemundsen realizado em 2001[5], 84% dos participantes apresentavam a comorbidade. A presença de DI no TEA precisa ser especificada no diagnóstico dada a sua relevância. Segundo o Manual Diagnóstico e Estatístico dos Transtornos Mentais[6], é necessário especificar se o TEA aparece com ou sem comprometimento intelectual concomitante ao diagnóstico.

Apesar da alta taxa de pessoas com essas condições, pouco se sabe sobre a vida da pessoa com TEA e deficiência intelectual na vida adulta. Quais tipos de comportamentos são mais comuns? Qual intervenção é mais indicada? Como a família, a escola e a sociedade podem auxiliar essas pessoas e melhorar sua qualidade de vida? Este capítulo tem o objetivo de esclarecer algumas destas dúvidas e expor questões importantes que ainda permanecem obscuras para a ciência psicológica.

A COMORBIDADE TEA E DI NA VIDA ADULTA

Apesar de nenhuma das condições terem cura, estudos mostram que a intervenção precoce pode auxiliar significativamente no desenvolvimento das habilidades de linguagem, sociais e outros aspectos cognitivos[7,8]. Apesar de serem morbidades elencadas nos manuais de saúde mental e não serem passíveis de cura, são atualmente tratadas pela comunidade científica e profissionais da área como uma condição inerente ao indivíduo. Assim sendo, as intervenções são realizadas com foco na remissão da sintomatologia psiquiátrica, clínica, neurológica e comportamental, e sobretudo com vistas a tornar o indivíduo mais independente e com mais qualidade de vida e longevidade. Para isso, o tratamento deve iniciar-se o quanto antes.

A intervenção precoce é indicada para crianças que apresentem risco para o transtorno, antes mesmo de fechar o diagnóstico. Na maioria dos casos o trabalho dos profissionais altera o curso do desenvolvimento patológico diminuindo a manifestação e o prejuízo dos sintomas. Essa atuação previne o surgimento de problemas comportamentais secundários e auxilia o indivíduo no manejo de crises durante toda a vida[9].

Muito esforço e muita descoberta têm sido feitos nos últimos anos, contudo, a algumas décadas atrás poucas evidências cientificas estavam disponíveis. Por este motivo, grande parte dos indivíduos que hoje são adultos com TEA e DI não receberam diagnóstico nem intervenções adequadas durante a infância. Essa realidade faz com que hoje, esse grupo de adultos apresente sintomas mais manifestos e severos assim como, demandam alto grau de apoio para realizar atividades de vida diária (AVDs).

É importante observar o grau de apoio demandado pelo indivíduo em ambos os diagnósticos. Tal apoio pode ser de natureza física, verbal ou não verbal e é classificado em leve, moderado ou intenso. O delineamento do nível de auxílio é imprescindível para a elaboração da intervenção. Através dele, o profissional planeja como se dará a assistência e quais atividades o paciente já pode realizar de modo independente. É indispensável que o paciente seja estimulado a realizar as atividades já aprendidas e que receba auxílio para a aquisição de repertórios em desenvolvimento.

A presença da deficiência intelectual no quadro de TEA é um importante fator para prognóstico e intervenção. Indivíduos com DI associada demandam um apoio muito mais especializado e intenso, assim como podem apresentar prognóstico mais desfavorável.

A intervenção para o quadro de TEA associado a DI, especialmente em adultos, não tem como objetivo a cura, mas sim uma diminuição dos sintomas e aumento qualidade de vida do indivíduo. Todavia, quanto mais grave o quadro e mais tardia a intervenção, mais lento é o aprendizado. As demandas de intervenção para esta população situam-se, mais comumente, nos primeiros degraus do comportamento funcional. São comportamentos base para o estabelecimento de outros repertórios e apesar de simples, podem ser difíceis de serem adquiridos por essa população, devido ao elevado grau de comprometimento. Podemos elencar como exemplo: permanecer sentado, manter contato visual, permanecer vestido etc.

As intervenções baseadas na psicologia comportamental são as que têm maior suporte empírico no aprendizado e manejo comportamental em indivíduos com TEA[10], promovendo mais mudanças comportamentais e resultados mais benéficos para essa população[11]. Diversas pesquisas demonstram que o uso de estratégias punitivas se mostra menos eficaz diante de estratégias reforçadoras como reforçamento diferencial. Programas estruturados também são amplamente utilizados para intervenção no espectro autista, porém a generalização destes estudos para o público adulto ainda é pouco estudada.

A AVALIAÇÃO

Antes de se elaborar a intervenção é necessário analisar o quadro comportamental dos indivíduos. Sabe se que no TEA uma série de comportamentos específicos do transtorno são observados, todavia, nos casos em que há DI associada, esses comportamentos são mais graves e persistentes. No caso da comorbidade, estes indivíduos tendem ainda a apresentar um quadro comportamental mais heterogêneo do que indivíduos com apenas um dos diagnósticos.

A análise funcional é sem dúvida uma das ferramentas mais importantes na avaliação do quadro comportamental. Ela permite delinear com mais clareza as contingências presentes naquele comportamento, direcionando com mais eficácia a intervenção e potencializando os resultados obtidos[11].

O maior benefício da avaliação funcional é que ela permite a modificação comportamental através da manipulação de antecedentes e consequências, em vez de simplesmente punir o comportamento continuamente. Ou seja, o primeiro passo da intervenção é localizar a função do comportamento alvo e a partir daí criar estratégias alternativas para que aquela função seja sanada de outras maneiras que não através dos comportamentos desadaptativos. Funções comportamentais comuns em pessoas com TEA e DI podem incluir fuga de demanda, busca de atenção e acesso a outros reforçadores.

O uso de reforçamento positivo é fundamental na intervenção comportamental. Contudo, existe uma questão de extrema relevância quando se trata de adultos com TEA e DI severos que é o estabelecimento de reforçadores. É comum que indivíduos com TEA tenham reforçadores incomuns e extremamente idiossincráticos. Quando em comorbidade com a DI, tal reforço tende a ser ainda mais escasso já que a gama de interesses do indivíduo é mais reduzida. Como em geral os interesses já estão mais bem estabelecidos nos adultos, a chance de inserir novos reforçadores é diminuída. Portanto, é necessário que o profissional tente encontrar no histórico do paciente os reforçadores potenciais para a intervenção ou sempre que possível, inserir novos reforçadores através de perguntas como: "Você prefere esta caneta ou este salgadinho?"

A avaliação pré-intervenção deve incluir também um levantamento de todas as habilidades e dificuldades do indivíduo, assim como quais delas foram adquiridas durante a infância e quais delas foram adquiridas mais tardiamente. Habilidades adquiridas na vida adulta precisam ser estimuladas continuamente para que não se percam, uma vez que as dificuldades nessa fase da vida tendem a ser mais persistentes[10]. Por outro lado, as habilidades adquiridas nos primeiros anos de vida tendem a estar mais bem estabelecidas e devem ser utilizadas, inclusive, como recurso para aquisição de novos repertórios.

As prioridades da intervenção devem levar em consideração primeiramente os comportamentos que incluem riscos a si e a terceiros. É de extrema importância que tais comportamentos sejam a base do tratamento uma vez que prejudicam a qualidade de vida do indivíduo, dos cuidadores e diminuem as chances de uma interação social de qualidade. A análise funcional do comportamento permite delinear quais consequências mantêm este comportamento. Paralelamente, recomenda-se o levantamento de repertórios alternativos que possam substituir tal repertório. A substituição deve ser ensinada utilizando estratégias comportamentais especialmente as de reforçamento diferencial, que serão explicadas posteriormente.

A participação da família no estabelecimento de metas para a intervenção é de suma importância, assim como a do próprio indivíduo quando possível. Paralelamente a diminuição de comportamentos de riscos é indicado o aprendizado de repertórios que possibilitem maior autonomia do paciente. Nesse contexto, a aquisição de habilidades básicas que permitam posterior aquisição de independência nas AVDs também deve ser privilegiada. Ao profissional, cabe receber as informações, analisar e definir as prioridades junto à família e ao paciente.

COMUNICAÇÃO

A comunicação é uma das habilidades mais prejudicadas nos indivíduos com TEA, enquanto na DI são comuns atrasos na aquisição da linguagem e dificuldades persistentes na compreensão verbal[12].

Tais dificuldades são ainda mais agravadas em indivíduos com a comorbidade e apesar de intervenções massivas, alguns estudos sugerem que cerca de 25% dos indivíduos nessa condição não desenvolvem linguagem funcional[13].

A intervenção para comunicação demanda avaliação a fim de determinar qual a melhor estratégia a ser adotada. Em alguns casos, o ensino de aspectos verbais e não verbais da linguagem são os mais indicados. Aqui, há uma interseção com as habilidades sociais, uma vez que o aspecto não verbal da linguagem perpassa pela teoria da mente e a leitura do ambiente. Nesses casos, as intervenções são direcionadas para o aprendizado de repertórios comunicacionais que promovam a socialização.

Há ainda a intervenção através de comunicação alternativa para aqueles que não adquiriram a fala. Nesses casos, o indivíduo é ensinado a expressar desejos, sentimentos e a descrever situações através de representações gráficas. As figuras ficam em um portfólio individual que podem conter desenhos, fotos e outras formas de representação contextualizadas à realidade daquela pessoa. O PECS (*Picture Exchange Communication System*) criado por Bondy e Frost em 1994[14] é um bom exemplo de programa de comunicação alternativa muito utilizado por adultos e crianças com TEA. É importante frisar, que a participação do profissional de fonoaudiologia é indicada para auxiliar nesta avaliação e intervenção.

HABILIDADES SOCIAIS

A interação social é um dos aspectos marcantes no diagnóstico do TEA e é alvo maciço de intervenção comportamental por facilitar a autonomia e independência destes indivíduos. A intervenção para as habilidades sociais é extremamente importante também na vida adulta, uma vez que muitos se sentem sozinhos e excluídos da sociedade. A dificuldade de inserção na vida social pode, por sua vez, aumentar a exclusão e agravar sentimentos de tristeza e solidão para adultos.

Uma questão **importante** é que o diagnóstico somente de DI não resulta necessariamente em declínio social. Contudo, quando em comorbidade com o TEA ele tende a ser um fator agravante para o isolamento social[15].

A intervenção para habilidades sociais do indivíduo com TEA e DI deve priorizar e valorizar sua participação na família e na sociedade. Atividades que o estimulem a estar com pares e aprender novos repertórios comportamentais devem ser incentivadas. A família como principal suporte social, deve ser instrumentalizada para fornecer o modelo social, reparar as dificuldades e encorajar o indivíduo a se expor.

Uma estratégia importante na aquisição de habilidades sociais é a intervenção mediada por pares. Nesta modalidade uma pessoa, que vamos chamar aqui de voluntário, é selecionada para dar o modelo e instruções diretas para o paciente. A presença de um voluntário com características parecidas com o paciente (colega de classe, primo, vizinho etc.) facilita não só a aproximação e socialização, mas também aumenta a frequência de comportamentos desejados. É imprescindível que o voluntário seja adequadamente orientado sobre como apresentar o modelo sobre como reforçar os comportamentos[10].

O uso de pares também é utilizado para auxiliar o indivíduo na aproximação social. Neste cenário o terapeuta instrui o paciente a se aproximar de uma pessoa e iniciar uma interação (ex: pedir uma informação, oferecer um lanche, cumprimentar etc.) e o voluntário responde de uma maneira combinada. Além do reforço natural, que é obter a atenção do colega, o paciente deve ainda ser reforçado com algo do seu interesse.

O uso de aprendizado por pares demanda que habilidades prévias de imitação estejam consolidadas, por isso a importância de uma avaliação inicial para delinear estratégias que podem ser utilizadas.

Um aspecto extremamente essencial que é pouco explorado é o aprimoramento das habilidades sociais também dos pais, professores e cuidadores de forma geral. Aprender a expressar sentimentos, pedidos e correções de forma assertiva é extremamente desafiador e os cuidadores também devem ser instruídos para tal função.

Diante de comportamentos problemáticos, pais e professores podem apresentar três tipos de respostas: punitiva, passiva ou assertiva. As repostas punitivas geralmente utilizam meios agressivos de expressão de sentimentos, como elevação da voz, ameaças, coerção etc. respostas agressivas geralmente tem êxito, contudo são contraindicadas pois não promovem aprendizado. Além disso, o indivíduo tende a reagir com sentimentos e comportamentos negativos e o mau comportamento repete-se posteriormente. Mesmo não sendo a mais indicada, as respostas punitivas são largamente utilizadas, pois apresentam efeito em curto prazo.

Já as respostas passivas acontecem quando os cuidadores decidem ignorar o mau comportamento, permitindo que o paciente descumpra combinados e apresente comportamentos inadequados. Geralmente, as repostas passivas evitam conflitos mas causam sensação de impotência e ansiedade nos responsáveis, além de obviamente, perpetuar o mau comportamento.

As respostas assertivas por sua vez são aquelas em que os cuidadores conseguem se expressar de maneira adequada sem alterações de humor e voz deixando clara a mensagem para o paciente sobre regras, sobre combinados, consequências e de comportamentos indesejados. Ao apresentar uma resposta assertiva o cuidador deve repetir o combinado, apresentar a falha e aplicar as consequências sem utilizar coerção, agressão ou qualquer meio que constranja o paciente.

O desenvolvimento da assertividade envolve escutar as demandas, os sentimentos e as necessidades do paciente ao mesmo tempo em que se exige o cumprimento de ordens e combinados que sejam importantes para o grupo. É necessário ressaltar que os pais e professores precisam ter uma noção clara das habilidades da pessoa e pedir somente aquilo que ele é capaz de fazer. Habilidades em desenvolvimento não devem ser exigidas em combinados.

Através de uma exposição clara de ambas as partes e de um trabalho em conjunto, cuidador e paciente devem chegar a um consenso que respeite a necessidade de ambos. A negociação e estabelecimento de regras é de extrema importância e sempre que possível deve ser feita previamente. Não é recomendado que as regras sejam feitas – ou flexibilizadas – durante discussões, pois podem estar submetidas a sentimentos negativos fazendo com que uma das partes envolvidas sejam prejudicadas ou coagidas.

Após o estabelecimento de combinados, paciente e cuidador devem estabelecer juntos as consequências. As consequências devem ter uma gradação que vai da advertência a interrupção do comportamento.

Por exemplo, cuidador e paciente combinam que o paciente trocará o comportamento indesejado de atirar objetos pelo comportamento de atirar uma bolinha de papel na lixeira. Primeiramente deve assegurar-se que ele sabe atirar uma bolinha na lixeira e que terá uma lixeira acessível. Posteriormente estabelece-se o combinado. Caso ele emita o comportamento desejado terá acesso ao reforçador estabelecido, por exemplo, um adesivo. A partir daí, da primeira vez que ele emitir o comportamento indesejado não terá o acesso ao reforço e será advertido, da segunda vez será impedido de realizar o comportamento podendo ser uma imposição física ou ambiental (ex: ser retirado da sala). Ao emitir o comportamento desejado ou não emitir o comportamento indesejado ele deverá ter acesso ao reforço. Esquemas de reforçamento diferencial serão esclarecidos no próximo tópico.

APLICAÇÃO DE ESTRATÉGIAS COMPORTAMENTAIS

Indivíduos com a TEA e DI apresentam ainda mais comportamentos desafiadores do que indivíduos com apenas um dos diagnósticos[15,16].

Um dos importantes aspectos da intervenção em adultos dentro desta condição é o quadro comportamental. Adultos com TEA e DI grave podem apresentar com mais frequência comportamentos de auto e heteroagressão. Ao elaborar uma intervenção para esta população deve-se contemplar duas linhas de trabalho. A primeira são os comportamentos verbais e não verbais positivos a serem aprendidos: sorrir, fazer contato visual, aproximar-se adequadamente de terceiros etc. A segunda e talvez mais desafiadora é de inibir comportamentos verbais e não verbais prejudiciais ou desadaptativos. Esses comportamentos além de não auxiliarem na interação social tendem a prejudicar ainda mais o contato, levando ao agravamento do isolamento nos quadros de TEA e DI. Dentre os comportamentos desadaptativos presentes neste quadro podemos citar: auto e heteroagressão, vocalizações, estereotipias etc.

Comportamentos podem ser reforçados por mediação social (ex: atenção, elogios, abraços, ganho de algum presente) ou por vários outros tipos de reforços a serem investigados por uma análise funcional. É importante que depois da análise funcional a equipe tenha clareza sobre que tipo de reforço está mantendo aquele comportamento e passar a reforçar comportamentos alternativos mais adaptativos. Ex: Um adulto que se auto agride para ganhar atenção, pode ser ensinado a pedir atenção através de um toque físico (comportamento alternativo) e então ser reforçado.

O uso da Psicologia Comportamental em adultos com TEA e DI é largamente conhecido como mais eficaz e disponibiliza diversas técnicas de mudanças de comportamento. O uso de intervenção não punitiva é privilegiado uma vez que propõe junto ao aprendizado de novos comportamentos a substituição de comportamentos inadequados sem a presença de estímulos aversivos.

O reforço diferencial é uma técnica que se mostra extremamente eficaz na intervenção com pessoas com TEA e DI[17] e consiste em reforçar comportamentos desejados e ignorar comportamentos alvo da extinção de acordo com critérios específicos para cada pessoa. Existem diferentes padrões de reforço diferenciais que serão descritos a seguir. Esta técnica é preconizada em adultos com TEA e DI pois permite um aprendizado mais eficaz de novos repertórios. Após identificar o comportamento desadaptativo e o reforço que vem sendo dado a tal comportamento o terapeuta passa a reforçar outros comportamentos seguindo uma das seguintes estratégias:

- Reforçamento Diferencial de Comportamento Incompatível: Ao utilizar essa estratégia, o indivíduo é ensinado e reforçado ao emitir algum comportamento que o impeça de manifestar o comportamento indesejado. Ex: Um adulto que atira objetos no chão pode ser ensinado a brincar de bater palmas (adoleta) e ser reforçado ao final. Enquanto ele estiver engajado na brincadeira não conseguirá utilizar as mãos para atirar objetos.
- Reforçamento Diferencial de Outro Comportamento: Reforçar o indivíduo quando ele NÃO apresentar o comportamento indesejado por um período. Ex: Um adulto que atira objetos no chão pode ser reforçado depois de ficar 2 minutos sem emitir este comportamento. Nesse tipo de estratégia o indivíduo pode apresentar qualquer outra ação ou pode não fazer nada nos 2 minutos que deverá ser reforçado. Por esse motivo, essa estratégia é utilizada quando o indivíduo é mais comprometido e tem um repertório de comportamentos reduzido, uma vez que não exige a execução de outras ações.
- Reforçamento Diferencial de Comportamento Alternativo: Utilizando esta estratégia o indivíduo passa a utilizar o comportamento indesejado de uma maneira alternativa que seja mais adaptada. Ex: O indivíduo que atira objetos é ensinado a atirar uma bola no cesto de basquete ou atirar lixos em uma lixeira. Esta estratégia também é indicada quando o paciente se mostra muito resistente

em extinguir determinado comportamento. É muito utilizada em casos de comportamentos estereotipados que são mais difíceis de serem desvanecidos.

Ao utilizar o reforçamento diferencial, o cuidador deverá estar ciente que outros comportamentos deverão ser ignorados. Por exemplo, se o paciente ficar 2 minutos sem atirar algum objeto no chão (comportamento alvo), porém se neste período ele reclamar, a reclamação deverá ser ignorada. Somente o desempenho exitoso do paciente deverá ser levado em conta e reforçado.

As estratégias de reforçamento diferencial são altamente aplicadas a adultos com TEA e DI por incluírem a possibilidade de exigir ou não um comportamento substituto, abrangendo indivíduos mais e menos comprometidos. Outro ganho indireto do reforçamento diferencial para esta população é que eles são reforçados pela presença de comportamentos apropriados e são estimulados a exibir novamente tal comportamento.

CONSIDERAÇÕES FINAIS

Até o momento, não foram desenvolvidos medicamentos específicos para os transtornos do espectro do autismo. Os psicofármacos atualmente disponíveis não tratam propriamente dos transtornos do autismo, pois não produzem melhoras nas características centrais, como as dificuldades sociais e de comunicação ou as limitações nas brincadeiras e nos interesses. Os medicamentos têm como objetivos certos sintomas acessórios quando indicam sofrimento e/ou prejudicam intensamente a convivência da pessoa com TEA em seu meio familiar, escolar e em outros âmbitos. Dentre esses "sintomas-alvo" se destacam as condutas agressivas e autolesivas, os episódios de raiva e descontrole, as dificuldades para conciliar o sono e a inquietude extrema. Algumas estereotipias motoras ou comportamentos repetitivos também podem ser atenuados com o uso de medicação psiquiátrica. Os medicamentos não devem ser utilizados como único ou principal recurso terapêutico para a pessoa com transtorno do espectro do autismo, mas sempre devem vir associados com outras estratégias de cuidado.

Nesse sentido, as intervenções comportamentais cumprem um papel indispensável ao propor o aprendizado de comportamentos que facilitam a inserção social e reduzem o sofrimento do indivíduo e sua família. É crucial que o suporte recebido seja precoce e multidisciplinar, proporcionando cada vez mais a redução de comportamentos desadaptados e maior independência do indivíduo e sua família.

REFERÊNCIAS

1. Bercherie P. Pinel. In: os fundamentos da clínica – história e estrutura do saber psiquiátrico. Rio de Janeiro: Jorge Zahar Editor; 1989.

2. Instituto Brasileiro de Geografia e Estatística. Pesquisa Nacional de Saúde 2013: ciclos de vida. Rio de Janeiro; 2015.

3. Paula CS, Fombonne E, Gadia C, Tuchman R, Rosanoff M. Autism in Brazil: perspectives from science and society. Rev da Ass Méd Bras. 2011;57(1):2-5.

4. Baird G, Simonoff E, Pickles A, Chandler S, Loucas T, Meldrum D, Charman T. Prevalence of disorders of the autism spectrum in a population cohort of children in South Thames: the Special Needs and Autism Project (SNAP). The Lancet. 2006;368(9531):210-215.

5. Magnússon P, Sæmundsen E. Prevalence of autism in Iceland. J of Autism and Develop Dis. 2001;31(2):153-163.

6. American Psychiatric Association. DSM-5: Manual diagnóstico e estatístico de transtornos mentais. Artmed Editora; 2014.

7. Dawson G, Rogers S, Munson J, Smith M, Winter J, Greenson J, Varley J. Randomized, controlled trial of an intervention for toddlers with autism: the Early Start Denver Model. Pediatrics. 2010;125(1):e17-e23.

8. Dawson G. Early behavioral intervention, brain plasticity, and the prevention of autism spectrum disorder. Develop and Psychop. 2008;20(3):775-803.

9. Howlin P. Autism and intellectual disability: diagnostic and treatment issues. J of the Royal Soc of Med. 2000;93(7):351-355.

10. Walton KM, Ingersoll BR. Improving social skills in adolescents and adults with autism and severe to profound intellectual disability: a review of the literature. J of Autism and Develop Dis. 2012;43(3):594-615.

11. Campbell JM. Efficacy of behavioral interventions for reducing problem behavior in persons with autism: A quantitative synthesis of singlesubject research. Res in Develop Dis. 2003;24(2):120-138.

12. Marrus N, Hall L. Intellectual disability and language disorder. Child and Adolt Psych Clinics. 2017;26(3):539-554.

13. Tager-Flusberg H, Paul R, Lord CE. Language and communication in autism. In: Volkmar F, Paul R, Klin A, organizadores. Handbook of autism and pervasive developmental disorders. New York: Wiley; 2005.

14. Bondy AS, Frost LA. The picture exchange communication system. Focus on Autistic Behavior. 1994;9(3):1-19.

15. Matson JL, Shoemaker M. Intellectual disability and its relationship to autism spectrum disorders. Research in Developmental Disabilities. 2009;30(6):11071114.

16. McClintock K, Hall S, Oliver C. Risk markers associated with challenging behaviours in people with intellectual disabilities: a meta-analytic study. J of Int Dis Res. 2003;47(6):405-416.

17. Chowdhury M, Benson B. A. use of differential reinforcement to reduce behavior problems in adults with intellectual disabilities: a methodological review. Res in Dev Dis. 2011;32(2):383-394.

18. Kanner L. Autistic disturbances of affective contact. Nervous Child; 1943.

19. Volkmar FR, Lord C, Bailey A, Schultz RT, Klin A. Autism and pervasive developmental disorders. J of Child Psych and Psychiatry. 2004;45(1):135170.

AUTISMO, LEGISLAÇÃO E ADAPTAÇÃO CURRICULAR, FRENTE AO DESCOMPASSO DO ATUAL ESPECTRO NA EDUCAÇÃO PÚBLICA

Rosana Mendes Ribeiro
Clecia Cristina da Silva Souza
Ângela Mathylde

INTRODUÇÃO

O autismo foi descrito por Leo Kanner em 1943 como sendo caracterizado por alterações na interação social, na linguagem e no comportamento formando uma tríade relevante. Segundo Lima[1], em 1949, Kanner publicou um estudo sobre o autismo, enfatizando a relação autismo e personalidade dos pais. Psiquiatra e pioneiro na descrição do autismo, explicitou sua observação clínica descrevendo que as crianças autistas possuíam, em sua maioria, pais inteligentes, porém pouco calorosos. Apesar de ter apontado essa associação, não implicando causalidade e talvez justificada pela falta de receptividade do afeto dedicado à criança, conforme nos informa Lima, quem popularizou o termo e a teoria da "mãe geladeira" foi o psicanalista Bettelheim (1903-1990). Bernard R., psicólogo e pai de uma criança autista, discordava dessa teoria e, consequentemente, das ideias defendidas por Bettelheim. Para Bernard, a causa do autismo não se tratava de ausência afetiva, mas, sim, da presença de traços leves, cujos pesquisadores atualmente tem denominado de "fenótipo ampliado do autismo"[2].

Pela primeira vez, em 1980, cerca de 95 anos mais tarde, após o cumprimento de exigências rígidas às publicações, o autismo entra no *Diagnostic and Statistical Manual of Mental Disorders* – o DSM. Também nesse ano, o trabalho do austríaco Hans Asperger foi traduzido para o inglês e se somou ao conhecimento geral sobre o tema. Até 1980, o "Transtorno da Síndrome de Asperger", não era considerado uma entidade separada da esquizofrenia. Já em 1987 o DSM III-R instituiu critérios diagnósticos com uma perspectiva de desenvolvimento e foram estabelecidos dois diagnósticos, apresentados sob o termo "Transtorno Invasivo (ou global) do Desenvolvimento": (1) autismo; e (2) transtorno invasivo (ou global) do desenvolvimento não especificado (TID-NE)[3].

Em 2008 a Organização das Nações Unidas (ONU) cria e identifica o dia 2 de abril como o Dia Mundial da Conscientização do Autismo, inserindo e reconhecendo sua participação nas ações do Programa Nacional dos Direitos da Pessoa com Deficiência[4].

Em 2013, após muitos documentos, pesquisas e publicações, o Transtorno de Asperger é excluído do DSM-5, quando os Transtornos Globais do Desenvolvimento, que incluíam o Autismo, Transtorno Desintegrativo da Infância, Síndrome de Asperger, Síndrome de Rett foram absorvidos em único diagnóstico.

Atualmente identificado como *Transtornos do Espectro Autista* (TEA), com sintomas que envolvem *deficit* na comunicação e interação social, com padrão de comportamentos que variam quanto ao grau de acometimento, interesses e atividades restritas e repetitivas. A partir de 2013, a nova revisão do DSM-5 inclui uma definição diferente de TEA (ASD em inglês), assim como descrito pela American Psychiatric Association em 2014[5], envolvendo apegos extremos e dificuldades de integração sensorial, além da ausência de brincadeiras típicas.

Para padronização e critérios diagnósticos, o CID-10 (Classificação Internacional das Doenças) e o atual DSM-5 (*Diagnostic and Statistical Manual of Mental Disorders*) são os instrumentos utilizados pelos profissionais da Saúde. Destacando-se que para ser diagnosticado com TEA o indivíduo deve ter apresentado sintomas que comecem precocemente na infância e que devem comprometer a capacidade do indivíduo em função da sua vida e seu cotidiano.

As manifestações do transtorno do espectro autista diferem de um indivíduo para o outro. Sua distinção clínica baseia-se no tipo, na frequência e na intensidade do comportamento e, em 2018, o anunciado, porém ainda sem vigorar CID-11, trará uma unificação nos termos e passará a conversar de forma estreita com o DSM-5, no que diz respeito ao diagnóstico e suas especificidades em relação aos prejuízos ou não, no desenvolvimento da linguagem funcional e na presença ou ausência de Deficiência Intelectual.

Partindo do pressuposto de que pesquisas e publicações impulsionam especialistas ao entendimento e ao aperfeiçoamento diário de suas condutas frente ao TEA e que o poder público brasileiro parece não transparente quanto às especificidades do quadro no âmbito educacional, o presente estudo será dividido em dois momentos, Parte I e Parte II, para que seja apresentado com mais clareza.

A Parte I abordará a educação brasileira e a evolução das políticas públicas, além de discutir sobre o descompasso entre políticas garantidas por lei e a postura do poder público frente ao TEA atual. Já a Parte II discorrerá sobre as implicações desse descompasso na inclusão e na adaptação curricular do TEA.

EDUCAÇÃO E POLÍTICAS PÚBLICAS

O cenário da Educação no país passa por um processo de mudanças, ressalte-se, desde a década de sessenta. A Declaração de Salamanca[6], documento elaborado na Conferência Mundial sobre as Necessidades Educacionais Especiais em 1994, teve como objetivo principal diretrizes básicas para a formulação de reformas políticas e de sistemas educacionais, conforme o movimento de inclusão social, com reafirmação de todos os participantes que o ensino deveria ocorrer no sistema comum de educação para todas as crianças e adultos com necessidades educacionais especiais.

Sabemos, contudo, que nem todas as escolas e estruturas estão preparadas para incluir; os profissionais, muitas vezes, não se sentem aptos para atender adequadamente os escolares com necessidades educacionais especiais. Além disso, a legislação é excelente ao estabelecer "o que fazer", mas deixa grandes lacunas em "como fazer".

Subsidiados pelos princípios da Constituição Federal de 1988[7], dispositivos legais relacionados aos aspectos educacionais, tais como: a Declaração de Salamanca/1994; LDB 9394/96; Plano Nacional de Educação/CNE/2000; Resolução nº 2 CNE/CEB/2001, e Parecer nº 17 CNE/CEB/2001; a Convenção sobre os Direitos de Pessoas com Deficiência/ONU/2006, e o Decreto Legislativo 90/08, promulgado em 09/07/2008, preconizam a matrícula dos portadores de necessidades educativas especiais na rede regular de ensino[8]. O Estatuto da Criança e do Adolescente, no capítulo IV, Art. 53, apresenta o direito à Educação como forma de garantir seu preparo para o exercício da cidadania assegurando condições igualitárias ao acesso e permanência na escola.

A Lei nº12.764/12, em seu art. 2º, apresenta diretrizes da Política Nacional de Proteção dos Direitos da Pessoa com TEA: a intersetorialidade no desenvolvimento das ações e das políticas, a participação da comunidade na formulação de políticas públicas e o controle social da sua implantação, acompanhamento e avaliação; a atenção integral às necessidades de saúde, diagnóstico precoce, atendimento multiprofissional e acesso a medicamentos e nutrientes.

Aborda também o estímulo à inserção da pessoa com TEA no mercado de trabalho, observando-se as peculiaridades da deficiência; a responsabilidade do poder público quanto à informação pública relativa ao transtorno e suas implicações; o incentivo à formação e à capacitação de profissionais especializados e o estímulo à pesquisa científica no país.

Em contraponto ao exposto anteriormente, que aborda o espectro autista em todo seu contexto, vale retomar a já citada como subsídio legal, Lei n° 9.394/96, que estabelece as diretrizes e bases para a educação nacional e que menciona em seu art. 4°, as pessoas com autismo, ao decretar como dever do Estado "atendimento educacional especializado gratuito aos educandos com deficiência, transtornos globais do desenvolvimento e altas habilidades ou superdotação, em qualquer nível, etapa ou modalidades, preferencialmente na rede regular de ensino"[9].

Apesar das peculiaridades do espectro serem mencionadas legalmente, a partir de 2012, observa-se manutenção da equiparação dos autistas apenas sob a ótica da deficiência, um descompasso frente ao espectro demonstrado pela literatura das diversas manifestações com presença ou ausência de deficiência.

Outra questão que demonstra o descompasso aqui discutido é o fato de que o tratamento do TEA é comumente direcionado aos Centros de Atenção Psicossocial (CAPs), locais que inúmeros familiares e profissionais alegam não ser o mais adequado, pois é carente de profissionais especialistas e com enfoque claro em doenças mentais, no qual o autismo não está inserido. Também não incomum é o fato de nos depararmos com alunos com TEA serem submetidos a estratégias comuns, mesmo estando em diferentes graus dentro do espectro, sem expectativas de aprendizagem.

Vale ressaltar que, apesar do Brasil ser reconhecido como referência na proteção e nos direitos das pessoas com deficiência, com significativo avanço nos últimos anos, a implementação de políticas públicas para atender minimamente às especificidades do TEA se mostram desatualizadas e ineficientes na Educação.

Com a absorção em um único diagnóstico e dentro de um espectro, o autismo passa a demandar de forma emergencial a implementação de políticas públicas que respeitem e considerem suas especificidades e permitam o efetivo exercício da cidadania.

De acordo com Barcellos[10], o conceito de Políticas Públicas é bastante amplo, ao passo que além de ser relativo às atividades executadas diretamente pelo Estado, concerne também com ações normativas, reguladoras e de fomento.

A melhoria da qualidade do ensino público, inclusivo ou não, tem representado um desafio que a sociedade brasileira enfrenta em sua trajetória e desenvolvimento. Especificamente sobre o autismo, o que a sociedade estabelece como sendo padrão do autista faz com que o indivíduo que não responda como a maioria seja segregado ou excluído. *Valorizar as diversidades, dentro de um mesmo quadro, aceitar as diferenças individuais, reconhecendo-os como ser único, contribui para que inclusão seja efetiva.*

Os cérebros são singulares, porém os estímulos favorecem as conexões neurais que funcionam como pontes para o aprendizado. Seja um aluno autista, com altas habilidades, com deficiência ou sem deficiência, a ação educativa deve ser de qualidade, como para a grande maioria dos alunos.

A adequação para a inclusão e, consequentemente, o aprendizado, necessita da mobilização de toda a equipe escolar, que vai desde o gestor até o auxiliar de serviços gerais, além da participação de uma equipe multidisciplinar, envolvendo fonoaudiólogo, psicólogo, psicopedagogo, dentre outros[11].

Para uma possibilidade de superação dos entraves ou impedimentos vivenciados pela escola faz-se necessária uma reorganização, na perspectiva de uma educação democrática, que considere o princípio de acesso, a permanência e apropriação do conhecimento. Para tanto, é importante equipar-se de variados recursos pedagógicos, assim como a capacitação dos professores, para que estejam preparados para lidar com a diversidade nas especificidades do espectro autista.

As parcerias se fazem necessárias para que a escola, que é um espaço de transformação da sociedade, apresente-se como instrumento ativo no processo de construção da cidadania. Mousinho et al[12] discorre que as relações que se dão nessa parceria precisam acontecer de forma que contribuam para o objetivo comum, que é a inclusão dessas crianças na essência da palavra.

A inclusão tem como pilares de sustentação a formação do professor e do aluno, amparados por todos envolvidos, buscando a melhoria na qualidade do ensino. Dentre essas parcerias profissionais ressalta-se que o fonoaudiólogo é um importante parceiro para o enfrentamento dos desafios[13].

É importante a contribuição do fonoaudiólogo educacional desde o projeto político pedagógico da escola, que deve contemplar dinamicidade e flexibilidade buscando respostas educativas que realmente atendam aos escolares com TEA[14].

O professor, que faz de sua sala de aula um espaço privilegiado para uma constante reflexão e investigação de sua prática, contempla a formação continuada como uma possibilidade de superação frente aos novos desafios[15]. Compreender como cada criança com TEA acessa a aprendizagem torna-se algo importante e relevante para a superação das defasagens no processo ensino aprendizagem.

UM CAMINHO A PERCORRER

Há um profundo descompasso entre as demandas, as atualizações científicas e as políticas públicas, revelando um longo caminho a percorrer para garantir a dignidade e cidadania a todos os incluídos no chamado *Espectro Autista*. Cada criança é única na sua forma de ser, de aprender, bem como de não aprender[16].

Portanto, há que se compreender que, apesar de uma vasta e rica literatura sobre os transtornos de aprendizagem, sejam eles nomeados de distúrbios específicos de aprendizagem ou não, independentemente da nomenclatura que se tenha, pouco, ou quase nada, se encontra a respeito do processo de aprendizagem, numa abordagem didática, por assim dizer, que apresente o espectro autista, em seus diferentes níveis.

Esses níveis se apresentam com uma diversidade de caminhos para o processamento e assimilação do aprendizado, os processos para assimilação da linguagem, das operações lógicas, das funções executivas em seu percurso sináptico a percorrer, porém respeitando as bases anátomo-funcionais de cada indivíduo[17].

Nesse contexto, envolvendo as habilidades cognitivas, linguísticas e processamento sensorial das crianças com necessidades educacionais especiais, no caso o TEA, não se pode enxergar todo o espectro como um homogêneo macro conjunto.

As etapas do processamento sensorial favorecerão a execução da tarefa, que por muitas horas e semanalmente serão realizadas no ambiente de sala de aula. Para tanto, o professor deve reconhecer que o aprendizado também depende de organização do ambiente, estímulo adequado e respeito aos potenciais individuais[18].

Conforme Sampaio e Freitas[16], por mais que existam instituições especializadas e métodos de intervenções, é importante buscar um olhar sensível, reflexivo e individualizado e que, por mais severo que possa ser caracterizado no espectro, não há escassez para as possibilidades de aprendizagem. É um processo de muitas mãos, onde acreditar é fundamental, compreender é essencial e adequar é relevante.

Destacado por Campbell[11], compreender o desenvolvimento da criança autista é o primeiro passo para que as intervenções educacionais sejam ressignificadas e atinjam o melhor resultado possível. Devido à singularidade de suas necessidades e competências, cada caso exige uma adequação específica de estratégias e, em se tratando da escolarização, há que se respeitar sua funcionalidade cognitiva e motivação para que se realize, abordagens pedagógicas que despertem seu desejo pelo aprender.

Não se pode continuar segregando crianças, autistas ou não, em escolas ditas regulares, ou inclusivas. A Declaração de Salamanca[6], em seu art. 3º, diz que todas as escolas deveriam incluir e isso não significa inserir, mas respeitar, atender e ensinar.

Destacamos Ribeiro[19], que apresentou, em forma de um protocolo, seu inquietante questionamento *"Por que não estão sendo dadas oportunidades para que todos os alunos aprendam?"*. Através do Protocolo CDRA – Classificação Digital para Reenquadramento de Aprendizagem, destinado ao professor, busca-se a identificação de seus alunos com problemas para o aprendizado.

O protocolo realiza um rastreio para o reenquadramento da aprendizagem e o direcionamento para possíveis encaminhamentos. Destaca-se que, na *Fase 1 – Formação*, busca-se apresentar ao professor conhecimento teórico relacionado à sua vivência numa sala de aula heterogênea; o conhecimento específico sobre os transtornos de aprendizagem, e como foco desse estudo, especificamente, o TEA, assim como, capacitá-lo a ressignificar sua prática pedagógica para inclusão de todos os escolares.

Na Fase 2, ocorre o denominado, *Mapeamento*, dentro da Metodologia CDRA, que objetiva o mapeamento de uma sala de aula em quatro níveis diferentes de aprendizagem, abordados como grupos I, II, III e IV.

Aprendizagem Regularizada é referida como grupo I; as Dificuldades Escolares como grupo II; os Transtornos Funcionais como grupo III e, finalmente, as Deficiências Intelectuais como grupo IV. Nesse estudo não serão abordadas as especificidades de cada grupo em relação a todos os transtornos de aprendizagem, mas será discutido o TEA e suas especificidades.

Considerando o TEA sob a ótica da presença ou ausência de Deficiência Intelectual, alguns casos poderão estar presentes no grupo III, Transtornos Funcionais e outros casos no grupo IV, da Deficiência Intelectual. É importante salientar que esse reenquadramento a partir desses níveis supracitados não é uma classificação diagnóstica clínica, porém remete como está a funcionalidade cognitiva da criança com TEA no presente contexto de aprendizagem.

Muitas vezes a aprendizagem não é compatível com a escolarização, ou seja, talvez a criança esteja fazendo parte do grupo-classe adequado para a idade cronológica, mas seu acompanhamento é defasado pedagogicamente. Lançando mão da adaptação curricular espera-se que as atividades pedagógicas sejam compatíveis com sua funcionalidade cognitiva e autonomia para a execução das propostas possibilitando a cada conquista, melhora no processo ensino-aprendizagem.

Destaca-se a ampliação de seu interesse, pois há um visível resgate da autoestima e, consequentemente, a redução da defasagem pedagógica, pois há respeito à sua capacidade intelectual e à sua presença na sala de aula regular, não apenas como espectador. O conteúdo programático não é deixado de lado, mas adaptado e ajustado numa relação significativa "o QUE se ensina e COMO se aprende".

Essa situação é que viabiliza a inclusão desses alunos na Fase 3, denominada *Intervenção*, que se concretiza através da produção de atividades e provas adequadas e/ou adaptadas para os diferentes níveis que o espectro exige (20). Uma abordagem atual, que preza pela formação do professor, por instrumentos de avaliação e pela intervenção pautada no respeito as diferentes formas de aprendizagem e na recuperação de defasagens educacionais.

CONCLUSÃO

O presente artigo teve como foco o descompasso entre políticas públicas educacionais e as crescentes atualizações publicadas sobre o autismo, agora absorvido em um único diagnóstico e dentro de um conceito — o espectro — que envolve situações e apresentações muito diferentes umas das outras e em gradações que variam de leves a graves.

Buscamos demonstrar que atualizações, mesmo que embasadas cientificamente, foram abordadas de forma superficial pelo sistema público de ensino, que acabou por fragilizar a atuação de profissionais por desconhecimento, falta de formação e informação e, principalmente, com relação ao que tange aos processos inclusivos efetivos para alunos com TEA.

Foram ressaltados os significativos avanços na proteção e na promoção dos direitos das pessoas com TEA, principalmente a partir de 2012, com a Política Nacional de Proteção dos Direitos da Pessoa com Transtorno do Espectro Autista (Lei nº 12.764), que atualizou conceitos, firmados pelo atual DSM-5, e que, apesar de firmar diretrizes para a criação e o desenvolvimento de Políticas públicas voltadas à melhor qualidade dos acessos (saúde, educação, tratamentos multidisciplinares, inserção no mercado de trabalho e incentivo às pesquisas direcionadas aos autistas), acaba por entrar em conflito por determinações também legais, *porém* não revogadas, e que acabam por manter conceitos não mais utilizados em torno do autismo.

Com esse estudo deseja-se desconstruir a visão sobre TEA, em seu amplo espectro, confuso aos olhos de nossos professores, principalmente da rede pública de ensino, que os colocam sob condições radicais geralmente de "o deficiente grave" ou "o autista superinteligente", todos sob o mesmo olhar jurídico e sem intervenções específicas para suas reais necessidades.

Demonstrou-se através de autores atuais, como Mousinho e Ribeiro, que atuações multidisciplinares existem e serão cada vez mais necessárias para alunos com TEA. É preciso sair da zona de conforto, na busca de romper todos os obstáculos e vencer os desafios juntos — escola, família, profissionais e sociedade, trazendo a garantia e o direito à existência, tornando real o que uma minoria acredita que é possível.

Nesse sentido é possível afirmar que há uma necessidade urgente de que sejam preenchidas as lacunas existentes entre a lei e as práticas inclusivas das escolas públicas.

As ações do Poder Público precisam ir além das campanhas contra atitudes discriminatórias, ir além do "que fazer" e começar a demonstrar o "como fazer" e entenderem que a ciência já nos comprova que o espectro autista possui diferentes graus, os quais se manifestam de formas variadas, mudando de caso a caso e que precisam, por parte do Estado, ter seus direitos fundamentais respeitados e garantidos.

REFERÊNCIAS

1. Lima RC. A construção histórica do autismo (1943-1983). Ciências Humanas e Sociais em Revista. 2014;36(1):109-123.
2. Stelzer FG. Uma pequena história do autismo. São Leopoldo: Associação Mantenedora Pandorga; 2010.
3. Gadia CA, Tuchman R, Rotta NT. Autismo e doenças invasivas de desenvolvimento. J. Pediatr. 2004;80(2, supl.):83-94.
4. Brasil. Secretária Geral. 2018. [acesso em 2020 jul. 22]. Disponível em: http://www.planalto.gov.br/ccivil_03/_ato2015-2018/2018/Lei/L13652.htm.
5. American Psychiatric Association. DSM-5: manual diagnóstico e estatístico de transtornos mentais Porto Alegre: Artmed; 2014.

6. Unesco. Ministério da Educação. 1994. [acesso em 2020 jul. 22]. Disponível em: http://portal.mec.gov.br/seesp/arquivos/pdf/salamanca.pdf.

7. Brasil. Constituição da República Federativa do Brasil. Brasília; 1988. [acesso em 2020 jul. 22]. Disponível em: http://www.planalto.gov.br/ccivil_03/constituicao/constituicao.htm.

8. Cunha AE. Práticas pedagógicas para a inclusão e diversidade. Rio de Janeiro: Wak; 2014.

9. Brasil. Lei nº 9.394: Estabelece as diretrizes e bases da educação nacional. 1996. [acesso em 2020 jul. 22]. Disponível em: http://www.planalto.gov.br/ccivil_03/leis/l9394.htm.

10. Barcellos APd. Direitos fundamentais, orçamento e "reserva do possível". In: Sarlet IW, Timm LB, organizadores. Constitucionalização das políticas públicas em matéria de direitos fundamentais: o controle político-social e o controle jurídico no espaço democrático. Porto Alegre: Livraria do Advogado Editora; 2008.

11. Campbell SI. Múltiplas faces da inclusão Rio de Janeiro: Wak; 2009.

12. Mousinho R, Porto A, Gikovate C. Quem canta, seus males espanta: um ensaio sobre autismo, cegueira, canto, inclusão, superação e sucesso. Rev. Psicopedagogia. 2016;33(101):196-205.

13. Sistema de Conselhos Federal e Regionais de Fonoaudiologia. Contribuições do fonoaudiólogo educacional para seu município e sua escola: perguntas frequentes de educadores e gestores educacionais. Brasília: Conselho Federal de Fonoaudiologia; 2015.

14. Costa VAd. Os processos de inclusão dos alunos com necessidades educativas especiais: políticas e sistemas Rio de Janeiro: UNIRIO/CEAD; 2007.

15. Goffredo VLFSd. Fundamentos da educação especial Rio de Janeiro: UNIRIO/CEAD; 2007.

16. Sampaio S, Freitas IB. Transtornos e dificuldades de aprendizagem: entendendo melhor os alunos com necessidades educativas especiais Rio de Janeiro: Wak; 2011.

17. Ciasca SM. Distúrbios de aprendizagem: proposta de avaliação interdisciplinar. São Paulo: Casa do Psicólogo; 2003.

18. Momo ARB, Silvestre C, Graciani Z. Atividades sensoriais: na clínica, na escola, em casa São Paulo: Memnon Edições Científicas; 2012.

19. Ribeiro RM. CRA – Classificação para Reenquadramento de Aprendizagem São Paulo: Editora Desafio; 2015.

20. Ribeiro RM. Manual master de avaliativas adaptadas para Educação Inclusiva São Paulo: Editora Desafio; 2015.

21. Ferreira V. Organização funcional do cérebro no processo de aprender. In: Ferreira V. Dislexia e outros distúrbios da leitura – escrita: letras desafiado a aprendizagem. São José dos Campos: Pulso; 2009.

22. Assencio-Ferreira VJ. O que todo professor de ensino fundamental precisa saber sobre neurologia São José dos Campos: Pulso; 2004.

23. Greenspan SI. Filhos emocionalmente saudáveis, íntegros, felizes, inteligentes. Rio de Janeiro: Campus; 2000.

24. Sacaloski M, Alavarsi E, Guerra GR. Fonoaudiologia na Escola. São Paulo: Ed. Louise; 2000.

25. Moore DP. The little black book series: psiquiatria Ribeirão Preto: Novo Conceito Editora; 2009.

26. Brasil. Lei Federal nº 8069. Brasília; 1990. [acesso em 2020 jul. 22]. Disponível em: http://www.planalto.gov.br/ccivil_03/leis/l8069.htm.

27. Junior P. Inclusive – inclusão e cidadania. 2010. [acesso em 2020 jul. 22]. Disponível em: http://www.inclusive.org.br/arquivos/14832.

28. Crochik JL. Preconceito, indivíduo e cultura. São Paulo: Casa do Psicólogo; 2006.

29. Zaboroski AP. Atualização da fonoaudiologia na escola: reflexões e prática. Rio de Janeiro: Wak; 2013.

30. Mousinho R, Schimid E, Mesquita F, Pereira J, Mendes L, Sholl R, et al. Mediação escolar e inclusão: revisão, dicas e reflexões. Rev. Psicopedagogia. 2010;27(82):92-108.

31. Sampaio S. Dificuldades de aprendizagem: a psicopedagogia na relação sujeito, família e escola. Rio de Janeiro: Wak; 2010.

32. Soares ÂM, Simão JOR, Neves LM. Caminhos da aprendizagem e inclusão: entretecendo múltiplos saberes. Belo Horizonte: Artesã; 2019.

POSFÁCIO

Kátia Badin

Gabriela Dias

Fábio Barbirato

É com imenso prazer que finalizamos esta obra, que possuiu um excelente conteúdo técnico e conseguiu reunir grandes profissionais especializados no cuidado a indivíduos com autismo.

Com o aumento crescente das matrículas de crianças com autismo nas escolas regulares, esta obra chega para melhor capacitar os professores sobre o tema.

Percorrer cada capítulo do livro nos instigou a fazer reflexões sobre o assunto.

Se por um lado a ciência nos permite delimitar sinais e sintomas que caracterizam o Transtorno do Espectro do Autismo, não há como limitar o perfil excepcionalmente individual de cada aluno com esse diagnóstico.

A criança com diagnóstico de TEA traz inúmeros desafios ao professor, que terá que definir os conteúdos mais relevantes a serem ensinados e de que maneira os mesmos podem ser aprendidos.

A sobreposição dos *deficit* cognitivos característicos do transtorno e a heterogeneidade das manifestações comportamentais exigem que o professor esteja preparado para modular a quantidade de informações oferecidas, assim como fazer uso de técnicas assistivas em sala de aula que garantam o acesso a estas informações.

Torna-se fundamental que os planos pedagógicos construídos contemplem, para além das habilidades preditoras e associadas ao aprendizado formal, hábitos relacionados ao autocuidado e independência. É essencial pensarmos nesse indivíduo na vida adulta e em como podemos potencializar seu desenvolvimento para que ele seja inserido no mercado de trabalho.

Parabenizamos as autoras e a todos os coautores que, através desta obra, irão instrumentalizar os profissionais de educação, fornecendo conteúdos capazes de dimensionar as reais necessidades de um indivíduo com autismo.

SOBRE AS ORGANIZADORAS

ÂNGELA MATHYLDE SOARES

Formação em psicanálise (Brasil-Londres-França) e Psicopedagogia (Brasil-Argentina). Especialização em Especialização em Psicologia, Escolar, Neuropsicologia, Psicopedagogia, Neurociências, Psicanálise e outros. Psicopedagoga Clínica Pela Escuela de Psicopedagogia de Buenos Aires - sob a supervisão de Alicia Fernandes Mediadora do PEI 1 ,2 e Básico The International Center For The Enhancement Of Learning Potential Hadassah-Wizo-Canada Research Institute-Prof. Reuven Feuerstein. Mestre e Doutora em Estudos Psicanalíticos pela Escola de Psicanálise clínica /(RJ) filiada a UK Psychoanalytical Society-(London). Doutora em Teoria e Prática Clínica Psicanalítica e Psicopatologia (MIAMI FLORIDA-USA). Conselheira Nacional da Associação Brasileira de Psicopedagogia (ABPp), Presidente do Congresso Internacional Brain Connection Brasil, Diretora do Grupo de Investigação Clínica em Saúde e Educação da União Europeia /G3TES. Vice-diretora acadêmica da Associação Mineira de Psicanálise (AMAP). Master em Neurociências pela Universidade da Florida, Pôs Doutora em Neuropsicologia (Florida). Doutora Honoris Causa em Psicologia-Neuroaprendizagem (Flórida).

draangelamathyldesoares@gmail.com
www.angelamathylde.com.br

RENATA MOUSINHO

Fonoaudióloga. Doutora e Mestre em Linguística, Universidade Federal do Rio de Janeiro (UFRJ). Pós-doutorado em Psicologia, UFRJ. Especializada em Psicomotricidade, ISRP-Paris. Especializada em Educação Inclusiva, UGF. Professora titular da Faculdade de Medicina, departamento de Fonoaudiologia. Universidade Federal do Rio de Janeiro. Coordenadora do Projeto ELO: escrita, leitura e oralidade.

renatamousinho.ufrj@gmail.com

SOBRE OS AUTORES

ALINE ANDRIOTTI DE MORAES

Fonoaudióloga, Mestranda em Saúde da Comunicação Humana pela Faculdade de Ciências Médicas da Santa Casa de São Paulo.

andriottialine@gmail.com

ALINE KABARITE

Fonoaudióloga, Mestre em Educação (UNESA), especializada em Patologias da Diretora do Instituto Priorit. Linguagem (UNESA) e Psicopedagogia Institucional (PUC-Rio).

alinekabarite@hotmail.com

ANA HELENA SCHREIBER

Graduada em Terapia Ocupacional com especialização no método neuro-evolutivo (Bobath), psicomotricidade (Paris VI) e psicopedagogia. Possui a Certificação Internacional em Integração Sensorial de Ayres/WPS. Coordena o Centro de Terapia Ocupacional do Rio de Janeiro. Atua principalmente nos seguintes temas: integração sensorial, estimulação visual, desenvolvimento neuro-psicomotor e comunicação alternativa.

anahelena.schreiber@gmail.com

ANA LUIZA MORRONE GEBARA

Fonoaudióloga, Mestre em Saúde da Comunicação Humana pela Faculdade de Ciências Médicas da Santa Casa de São Paulo.

analuiza.s.morrone@gmail.com

ANDRÉ LUÍS PIRES DE CARVALHO

Graduado em Medicina pela Universidade de Marilia – SP, Residência Médica em Psiquiatria e em Psicoterapia pelo Instituto Raul Soares – FHEMIG, Especialista em Psiquiatria pela Associação Brasileira de Psiquiatria – ABP, Especialista em Transtorno do Espectro Autista pelo Child Behavior Institute – CBI of Miami, Membro da Comissão de Residência Médica – COREME do Instituto Raul Soares em 2005, Desde 2007 médico cooperado da Unimed BH e desde 2010 médico do Hospital Espírita André Luiz – HEAL. Diretor Técnico Médico do CENSA Betim desde 2011.

psiquiatracensa@gmail.com

ANDREA CARLA MACHADO

Linguista, Pedagoga e Psicopedagoga. Mestre e Doutora em Educação Especial pela Universidade Federal de São Carlos – UFSCar. Estágio doutoral em Special Education pela University of Georgia, UGA, EUA. Pós-doutorado em Psicologia pela UFSCar. Pós-Doutoranda em Educação pela Universidade Estadual Paulista – FFC/UNESP – Marília – SP. Membro do Laboratório de Investigação dos Desvios de Aprendizagem –LIDA. Pesquisadora e Psicopedagoga Clínica do Centro de Pesquisa e Desenvolvimento Infantil (CPEDi). Consultora e supervisora na área de Educação Especial e Inclusiva.

decamachado@gmail.com

CARLA GIKOVATE

Médica, neurologista formada pela Universidade Estadual do Rio de Janeiro, UERJ. Mestre em psicologia pela Pontifícia Universidade Católica, PUC-Rio. Especialista em Educação Inclusiva, UGF. Professora Assistente da Faculdade de Medicina de Petrópolis.

gikovate@hotmail.com

CLECIA CRISTINA DA SILVA SOUZA

Fonoaudióloga, especialista em Linguagem com enfoque nos Distúrbios de Linguagem, Aprendizagem e na Atuação em Âmbito Educacional - CEFAC Saúde e Educação; especialista em Educação Especial/Deficiência Mental - UNIRIO; Docente especialista no curso de Fonoaudiologia da Universidade Redentor de Itaperuna; Mediadora da Metodologia CDRA (Classificação Digital para Reenquadramento de Aprendizagem) - Mapeamento e Intervenção.

clecia_fono@yahoo.com.br

EDUARDO LEITE RIBEIRO DO VALLE

Doutorando em Neurociências na Faculdade de Medicina da Universidade do Porto - FMUP. Graduado em Medicina e Título de Especialista em Neurologia clínica, com ênfase em Neurofisiologia clínica e Medicina do Sono. Professor da Faculdade de Medicina UNIFAE - São João da Boa Vista – SP.

edulrvalle@gmail.com

EUGÊNIO CUNHA

Doutor e mestre em educação, graduado em jornalismo, palestrante, professor da educação básica e do ensino superior, pedagogo, psicopedagogo e especialista em educação especial inclusiva. Autor de diversos artigos na área da educação que tratam, principalmente, de práticas de ensino inclusivas. Autor dos livros "Afetividade na prática pedagógica", "Afeto e aprendizagem" "Autismo e inclusão", "Práticas pedagógicas para inclusão e diversidade", "Autismo na escola: um jeito diferente de aprender, um jeito diferente de ensinar" e "Educação na família e na escola".

eugenio@eugeniocunha.com.br

EVELIN SCHMID

Fonoaudióloga. Mestre em Linguística, Puc-Rio. Especializada em Educação Inclusiva, UGF. Fonoaudióloga da Equipe Lexus. Fonoaudióloga do Projeto ELO: escrita, leitura e oralidade.

evelinschmid@hotmail.com

FABIO BARBIRATO

Fabio Barbirato. Médico Psiquiatra pela UFRJ e Titulado pela ABP. Coordenador do Setor de Psiquiatria da Infância e Adolescência da Santa Casa do Rio de Janeiro. Professor Coor- denador do Curso de Atualização em Psiquiatria da Infância e Adolescência da Santa Casa do Rio de Janeiro.

barbirato.fabio@gmail.com

FELIPE GUIMARÃES DE CASTRO AMORIM

Psiquiatra da infância e adolescência, mestrando em medicina molecular (UFMG), coordenador do ambulatório dos transtornos do espectro autista do HCUFMG e subcoordenador da residência médica em psiquiatria da infância e adolescência do HCUFMG.

felipe.guimaraes.ca@gmail.com

FERNANDA MESQUITA

Fonoaudióloga. Mestre em Psicologia UFRJ. Especialização em Educação Inclusiva, UGF. Pesquisadora do no projeto ELO (UFRJ): escrita, leitura e oralidade. Fonoaudióloga da Equipe Lexus.

fernanda.mesquita76@gmail.com

FRANCISCO B. ASSUMPÇÃO JR

Professor livre-docente pela Faculdade de Medicina da USP, professor associado do Instituto de Psicologia da Universidade de São Paulo, Pós doutorado em Psicologia pela PUC-SP, membro das Academias Paulista de Medicina (cad.118) e Psicologia (cad.17)

cassiterides@bol.com.br

GABRIELA DIAS

Médica. Mestre em Psiquiatria e Saúde Mental pela UFRJ. Médica voluntária do Ambulatório de Psiquiatria Infanto-Juvenil da Santa Casa de Misericórdia do Rio de Janeiro. Professora convidada do Curso de Atualização em Psiquiatria Infantil (Cursomedi / Santa Casa-RJ). Professora do Curso de Especialização em Terapia Cognitivo Comportamental Aplicada a Infância e Adolescência (PUC-RJ).

dragabrieladias@gmail.com

GIZELE MARTINS

Psicóloga graduada pela Universidade Federal de Minas Gerais e mestre em Neurociências pela mesma instituição. Tem formação em Psicobiologia pela Universidade Federal de São Paulo (UNIFESP) e formação e em Análise do Comportamento Aplicada ao autismo. Atualmente atende adultos com múltiplas deficiências no CENSA Betim, onde realiza intervenções comportamentais com educandos com deficiência intelectual associada a outras comorbidades, e respectivas famílias e cuidadores.

psicologiacensa@gmail.com

GLORIA MARQUES

Psicóloga, Neuropsicóloga , Especialista em Saúde Mental e Desenvolvimento na Infância e Adolescência , Especialista em Neuropsicologia , Coordenadora do

Departamento de Psicologia do Instituto PRIORIT , Psicóloga do Colégio Curso Desafio. Atua na área Clínica , de Neuropsicologia e Escolar.

glorianeuropsi@gmail.com

JULIANA PEREIRA

Fonoaudióloga. Mestre em Linguística,UFRJ. Especializada em Educação Inclusiva, UGF em Desenvolvimento Infanto Juvenil e Saude Mental pela SCM-RJ e em Intervenções Precoces no Autismo. Fonoaudióloga da Equipe Lexus

fgajuliana@gmail.com

KAMILLY GUEDES MODESTO

Fonoaudióloga, Mestranda em Saúde da Comunicação Humana pela Faculdade de Ciências Médicas da Santa Casa de São Paulo.

kamillysgp@gmail.com

KATIA BADIN

Fonoaudióloga. Mestranda em Ciências da Educação: Educação Especial - Universidade Fernando Pessoa (UFP-PT)

Fonoaudióloga voluntária do Setor de Psiquiatria da Infância na Santa Casa da Misericórdia do Rio de Janeiro. Professora e Supervisora Clínica no curso de especialização em Transtorno do Espectro do Autista: intervenção em múltiplos contextos (CCE-PUC-Rio).

katia.badin@gmail.com

LÍVIA STOCCO SANCHES VALENTIN

Pós-Doutora em cirurgia pela Faculdade de Medicina da Universidade de São Paulo-FMUSP em sanduíche com a Harvard Medical School-HMS (2017); Doutora pela Faculdade de Medicina da Universidade de São Paulo-FMUSP em anesteologia em sanduíche com a Duke University-NC-USA. Psicóloga, Pedagoga, Filósofa formada pela USP, Especialista em Neuropsicologia, Psicomotricidade e Psicopedagogia pela FMUSP.

lssv@usp.br

LUCIANE BEZAMAT ALVIM

Professora de Fundamental 1 e Educação infantil, alfabetizadora, Psicóloga, psicopedagoga, Neuropsicóloga em formação, Mestranda em ciência da educação e educação especial. Especialista em TEA com treinamento TEACCH na Universidade da Carolina do Norte. Terapeuta TCC, e ABA. Fundadora e Diretora clínica do NTG (Núcleo Terapêutico Global).

lubezamatpacientes@gmail.com

LUIZA ELENA LEITE RIBEIRO DO VALLE

Psicóloga, Mestre em Psicologia Escolar e Educacional (PUCC), Doutora em Ciências pela USP/PST/SP. Especialista em Psicologia Clínica, Psicopedagogia e Psicologia do Sono. MBA em Gestão de Pessoas. Membro do Conselho Consultivo da ABBri, da revista da ABPp e da Educação em Revista (Unesp, Marília).

luevalle@usp.br

MÁRCIA TAVARES RODRIGUES

Pedagoga. Mestranda em ciência da educação e educação especial na Universidade do Porto. É fundadora e diretora do Núcleo de Desenvolvimento. Já atuou como professora regente em turma de educação infantil e ensino fundamental I. Participou como terapeuta do treinamento Teacch na Universidade da Carolina do Norte.

tavaresmarcia@globo.com

MARIANA BRAIDO

Psicóloga, Universidade Federal de São Carlos (UFSCar) e Mestre e Doutora em Psicologia,Pontifícia Universidade Católica do Rio de Janeiro (PUC-Rio). Professora da Central de Cursos de Extensão da (CCE) da PUC-Rio nos cursos de especialização sobre Transtorno do Espectro Autista e Terapia Cognitivo Comportamental aplicada à Infância e Adolescência. Atua desde 2014 no ambulatório de autismo da Santa Casa de Misericórdia do Rio de Janeiro como psicóloga do PAPRÉ (Programa de Atenção ao Pré-Escolar).

marianabraido@hotmail.com

NATÁLIA COSTA

Psicóloga graduada pela PUC MG, Mestre em Psicologia do Desenvolvimento Humano pela Universidade Federal de Minas Gerais. Pós Graduanda em Transtorno do Espectro Autista pelo Child Behavior Institute – CBI of Miami, especialista em Gestão de Negócios e especialista em Pesquisa e Projetos pelo PREPES PUC MG, especialista em Recursos Humanos pelo CEPEMG, especialista em Gestão Hospitalar e Serviços de Saúde pela UNAERP. Professora de Pós

Graduação e MBA de Educação da PUC Minas. Diretora Presidente do CENSA Betim, Diretora de Projetos do Instituto Ester Assumpção, vice diretora regional do SINEP MG.

diretoria@censabetim.com.br

NOEMI TAKIUCHI

Fonoaudióloga, Professora Adjunta da Faculdade de Ciências Médicas da Santa Casa de São Paulo

noemi.takiuchi@fcmsantacasasp.edu.br

PATRICIA BARROS

Psicóloga. Pós-Doutoranda em Psicologia Aplicada, Universidade do Minho, Portugal. Pós-Doutora em Psicologia Clínica, USP, Brasil. Mestre e Doutora em Psicologia Social, UERJ, Brasil. Certificada em Transtornos do Espectro Autista, Davis Mind Institute, UC, Estados Unidos, e pelo Programa PEERS para treinamento em habilidades sociais, UCLA, Estados Unidos. Diretora Clínica do Espaço Infância e Adolescência-Psicologia do Desenvolvimento no Brasil e em Portugal.

ia@infanciaeadolescencia.com

PATRICIA PORTO

Psicóloga. Mestrado em Psicologia UFRJ. Formação em neuropsicologia e terapia cognitivo-comportamental. Especialista em Saúde e Desenvolvimento Infanto-Juvenil, Santa Casa de Misericórdia-RJ.

portopat@gmail.com

RAYSSA SANTOS LIMA

Psicóloga, Mestranda em Saúde da Criança e do Adolescente pela Faculdade de Medicina da UFMG. Atua com intervenções precoces naturalistas para crianças em atraso no desenvolvimento, avaliação neuropsicológica de crianças e adolescentes, orientação parental e com psicoterapia pelo modelo Terapia de Regulação Emocional (TRI) para ansiedade e depressão infanto-juvenil.

rayssalima4@gmail.com

ROBERTA MARCELLO

Especialização em Terapia Cognitiva Comportamental na Infância e Adolescência e Especialização em Autismo - CTCVEDA – SP.

robertamarcello@hotmail.com

ROSANA MENDES RIBEIRO

Fonoaudióloga Educacional, pós-graduada em Neuroeducação, Doutoranda em Ciências da Saúde e da Educação, integra a equipe do GI3TES-Lab. de Investigação Europeia Multid. CEO. do Núcleo Aprende. Prof. do CEFAC em SP, PE, RJ e Goiânia. AUTORA DO PROTOCOLO CRA - Classificação para Reenquadramento de Aprendizagem, dos MANUAIS de Modelos de Avaliativas Adaptadas dos ensinos Fundamental e Médio (2015) e do FALABETIZANDO (2020).

rosanamendesribeiro@gmail.com

SIMONE APARECIDA CAPELLINI

Fonoaudióloga. Livre Docente em Linguagem Escrita – FFC/UNESP-Marília-SP. Docente do Departamento de Fonoaudiologia e dos Programas de Pós-Graduação em Educação e em Fonoaudiologia da Faculdade de Filosofia e Ciências e Coordenadora do Laboratório de Investigação dos Desvios da Aprendizagem (LIDA) – FFC/UNESP. Bolsista de Produtividade em Pesquisa no CNPq. Coordenadora do Departamento de Fonoaudiologia Educacional da Sociedade Brasileira de Fonoaudiologia (SBFa) gestão 2020-2022.

sacap@uol.com.br

SUZELEI FARIA BELLO

Fonoaudióloga, especialista em Fonoaudiologia Educacional, Mestre e Doutora em Educação Especial pela Universidade Federal de São Carlos – UFSCar. Pós-doutorado em Ciência Tecnologia e Sociedade pela UFSCar. Pesquisadora e Fonoaudióloga Clínica do Centro de Pesquisa e Desenvolvimento Infantil (CPEDi).

suzebello@gmail.com

Construindo ideias
e conectando mentes

Este livro foi composto com tipografia ITC Berkeley Oldstyle Std
e impresso em papel Offset 75 g/m² na Gráfica Formato em julho de 2021.